VÉRITABLE

GUIDE PARISIEN.

PARIS, IMPRIMERIE D'AD. BLONDEAU,
rue du Petit-Carreau, 26.

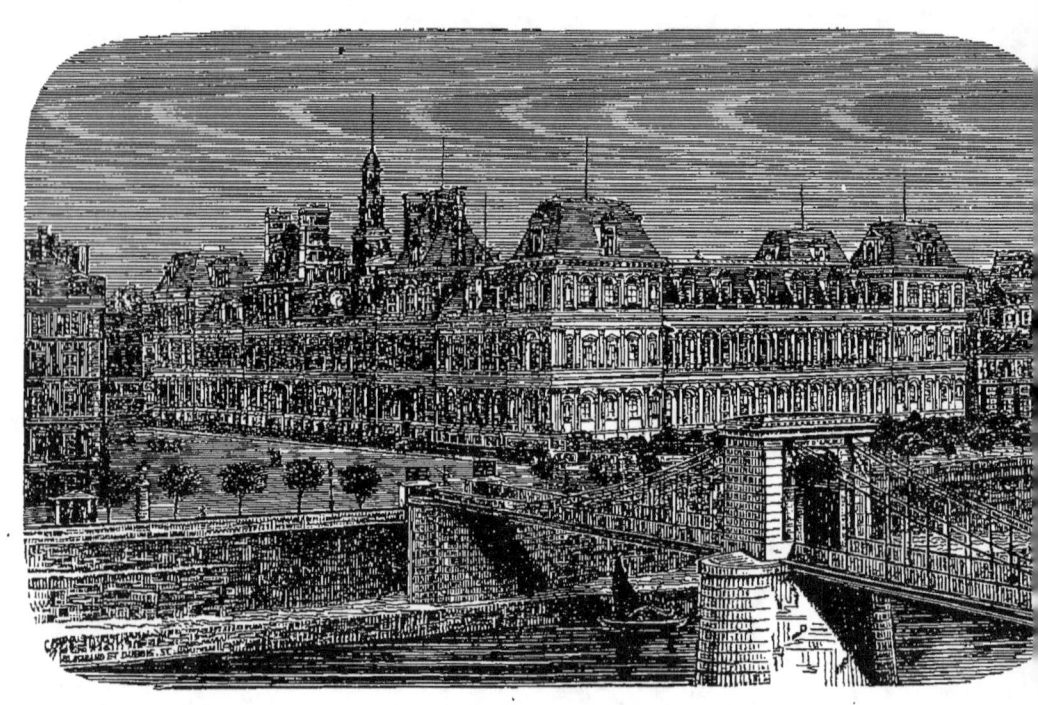

L'HOTEL-DE-VILLE.

VÉRITABLE
GUIDE PARISIEN

POUR LES ÉTRANGERS

PAR

M. T. FAUCON.

PARIS

COULON-PINEAU, LIBRAIRE,

PALAIS-ROYAL, GALERIE-D'ORLÉANS, 16.

1855.

INTRODUCTION.

L'Exposition universelle de 1855, qui va créer des éléments nouveaux par la masse de déplacements qu'elle va produire, créera par cela même de nouveaux besoins.

Cela posé, il importe de s'adresser une question : existe-t-il un livre qui, sans spéculation préméditée, sans vénalité, puisse servir de *vade mecum*, de conseil aux étrangers qui visiteront Paris ? existe-t-il un livre qui leur tienne lieu d'expérience dans cette capitale plus vaste encore par la diversité de ses usages que par son étendue ?

Nous répondons hardiment : non ; un tel livre n'existe pas.

Entendons-nous bien cependant : il existe en plusieurs ouvrages, c'est-à-dire que l'on a publié d'excellents almanachs donnant les renseignements topographiques de Paris, les lignes d'omnibus avec leurs correspondances, les prix des places aux différents théâtres, les heures d'entrée, les jours d'audience dans les ministères, etc... On a imprimé aussi des histoires abrégées qui donnent une idée du Paris moderne et des avis aux étrangers.

Mais d'abord, ces livres, pour la plupart, remontent à trois ou quatre années et l'on se contente de les réimprimer tous les ans en changeant le titre et le millésime. Paris est le Protée par excellence qui change de forme à chaque instant, le Paris d'hier n'est jamais le Paris d'aujourd'hui ; puis — et cette raison est sans contredit la plus grave — toutes ces matières indispensables à l'étranger se trouvent disséminées en vingt publications qu'il faudrait d'abord connaître et ensuite réunir pour en former un GUIDE complet.

Exposer toutes ces lacunes et toutes ces difficultés, c'est développer de la façon la plus complète le but et le plan de l'ouvrage que nous publions aujourd'hui, ouvrage modeste par excellence, sans prétention à la science et au style, modeste comme tout ce qui est utile et qui pourrait inscrire sur son blason cette devise qui a servi à tant d'autres et qui trop souvent n'a été qu'un leurre :

Moins de mérite que d'utilité !

L'étranger arrive à Paris ; que son but soit le plaisir ou les affaires, la première chose qu'il demande c'est un renseignement ; il les trouvera tous dans les pages qui vont suivre. Ce sera d'abord un plan de Paris, raisonné, étendu, historique. La promenade dans Paris est un voyage, et le voyage reste insipide et sans fruit quand on ne peut attacher ni un nom ni un souvenir soit aux monuments, soit aux accidents naturels que l'on rencontre. Les masses de pierre, si hardiment qu'elles soient élevées, les merveilles de la nature si miraculeuses qu'elles paraissent, sont bientôt oubliées et ne disent rien à l'imagination quand elles ne lui parlent pas avec la voix des temps passés; l'homme, ses désirs, ses passions, ses malheurs ou ses victoires éclairent toutes les beautés matérielles. Que seraient les Pyramides si elles ne nous conservaient l'idée de l'art et des superstitions de la vieille Egypte? Notre livre ne se contentera donc pas d'une sèche description, il fera parler les pierres et ces pierres raconteront ce qu'elles auront vu.

Devra-t-il s'en tenir là? Non, sans doute, tout le monde n'est pas antiquaire; nous ne pouvons pas oublier que nous écrivons avant tout pour l'homme du monde et surtout pour le voyageur de 1855. Il est une foule de notions qui aideront le commerçant, le fabricant, l'artiste dans ses recherches, l'homme de plaisir dans ses flâneries. Nous voulons qu'en trois jours il en sache autant, au moins en théorie, que le plus vieux parisien.

En regard de ce qu'il faut rechercher, nous dirons ce qu'il faut fuir, ou tout au moins ce dont il faut se défier. La voiture de place qui vous prend au débarcadère, l'hôtel où l'on vous conduit, le restaurant où vous prenez votre premier repas, le spectacle, le concert où vous passez votre première soirée sont autant de mystères qu'il serait long et dangereux de n'étudier que par la pratique. Nous n'en sommes plus au temps où « *faire une école* » était considéré comme un tribut nécessaire.

Les *guides* du voyageur à Paris qni existent, ou plutôt qui ont existé, car depuis longtemps dejà le mépris public et le ridicule en ont fait justice, se contentent de vous dire : Vous pouvez faire ceci, vous pouvez aller là !... Voilà en vérité un bel avantage ! Est-ce que, pour obtenir ce renseignement, il ne vous suffirait pas d'une promenade de deux heures ; quand on s'abstient du conseil et du conseil motivé surtout, est-ce que les portes béantes ne sont pas l'avis le plus simple ? Et il y a, dans Paris, tant de portes béantes qu'il est dangereux ou au moins inutile de franchir !

Nous devons nous arrêter ici, car nous croyons en avoir dit assez pour qu'on ait compris notre dessein ; l'exécution vaut mieux que les promesses ; sans autre préambule, nous allons donc entrer en matière.

Un dernier mot : L'énumération des renseignements contenus dans ce livre ne peut entrer dans un avant-propos. Que le lecteur ait donc recours à la table générale quand il voudra s'assurer sur le champ si nous avons traité le sujet qui peut lui être utile, nous pouvons affirmer d'avance qu'il ne cherchera jamais en vain.

A L'ÉTRANGER.

Quelque soin, quelque conscience que l'on apporte dans la composition d'un livre comme celui que nous entreprenons, il est impossible de tracer un plan qui satisfasse toutes les impatiences. Comme nous avons en vue l'intérêt de tous, il nous faut bien adopter un ordre général, logique qui permette à chacun de trouver ce qu'il désire à une place convenue ; l'important, en pareille matière, est que rien ne soit sacrifié. Cent personnes, par exemple, qui vont feuilleter un dictionnaire ne peuvent toutes rencontrer à la première page le mot qui les intéresse ; mais toutes doivent être satisfaites de l'ordre alphabétique qui leur permet de le trouver après une recherche régulière.

Ici l'ordre logique veut que nous commencions par un aperçu du Paris ancien, pour arriver par une transition naturelle au Paris moderne. Mais avant cela encore se présente la topographie qui ne change pas ; ce sera une carte parlée qui fixera dans la mémoire les grandes artères et les veines principales comme points de conduite et de comparaison.

TOPOGRAPHIE.

Le fleuve de la Seine traverse Paris entier horizontalement de l'est à l'ouest, formant une courbe légère qui décline vers le sud-est. La Seine divise la ville actuelle en deux parties inégales. Par une singularité qui, du reste, est une loi fatale des choses de ce monde, la partie située sur la rive gauche, qui fut autrefois la principale, a aujourd'hui perdu ce rang, et la rive droite s'est accrue non seulement de tout ce qu'a perdu sa rivale, mais encore de tout ce qui arrive de la province comme alluvion à cette population immense. Nous nous étendrons sur ce sujet, mais ce n'est pas ici la place de ces développements. Le parcours de la Seine dans la ville de Paris, bien connu de l'étranger, doit devenir pour lui l'instrument de précision dans ses courses. Ainsi, s'il a étudié avec quelque soin le plan de Paris, le seul cours de l'eau lui donnant la direction horizontale de l'est à l'ouest doit, par analogie, conduire ses pas, sinon au lieu même où il veut se rendre, du moins dans la vraie direction de ce lieu pour les quartiers situés au nord et au sud. Une autre artère principale, en quelque sorte parallèle de la Seine, sera d'une importance extrême : les boulevards. — Partant de la Seine à l'est, presque à la naissance de Paris, et aboutissant à la Seine à l'ouest presqu'à son extrémité, ils forment un arc de cercle dont le fleuve serait la corde. La courbe formée par les boulevards est nécessairement beaucoup plus prononcée que celle de la Seine, et entre ces deux grandes voies existe aujourd'hui la partie la plus importante de Paris comme commerce, comme industrie, comme monuments.

Maintenant, que le lecteur se figure ces deux voies coupées perpendiculairement à peu près au centre de la ville et, par conséquent, du nord au sud, par deux artères principales et parallèles. La première se décompose ainsi, — comme dénominations du moins, car elle va toujours en ligne droite : — De l'extrémité nord, barrière de la Villette, faubourg Saint-Martin jusqu'au boulevard qu'elle coupe verticalement, comme nous l'avons dit, du boulevard jusqu'à la Seine, c'est la rue Saint-Martin. Elle traverse, sous le nom de rue de la Cité, l'île dans laquelle était renfermé le vieux Paris, puis la rue du Petit-Pont et enfin la rue Saint-Jacques jusqu'à la barrière d'Arcourt.

La seconde, qui lui est parallèle et qui la cotoie, pour ainsi dire, dans tout son parcours, prend les noms de faubourg Saint-Martin, rue Saint-Denis, rue de la Barillerie, rue de la Harpe et rue d'Enfer. Les quatre voies qui se croisent étant bien connues, prenant comme centre leurs points d'intersection, on voit quel rayon l'on peut parcourir à coup sûr.

Cette méthode n'est pas nouvelle, et nombre de voyageurs arrivant dans une ville tout à fait inconnue, ont l'habitude de s'orienter sur le cours de la rivière qui la traverse. Cependant Paris étant, dans ce cas, hors de comparaison, l'étranger fera bien d'examiner sur le plan les points les plus importants indiqués soit par une place, soit par un monument, soit par un établissement public qui servent de désignations. Dans le langage usuel pour indiquer une direction quelconque, les écritaux, les itinéraires des voitures dites omnibus n'ont point d'autres explications. Tels sont pour les limites de la ville ou à peu près : la place de la Bastille, le cimetière du Père-Lachaise, la barrière du Trône, le Jardin des Plantes, la Salpétrière à l'est ; les Gobelins, le Panthéon, le Val-de-Grâce, l'Observatoire, le Luxembourg au sud ; les Invalides, le Champ-de-Mars, l'Arc-de-Triomphe de l'Étoile à l'ouest ; les embarcadères du Nord, de Strasbourg, etc., au nord; et dans l'intérieur le Louvre, les Tuileries, le Palais-Royal, le Palais-de-Justice, etc., etc.

Le lecteur comprend bien que cet aperçu doit être complété par les indications précises que donneront plus loin nos listes et nos tableaux. Ce n'est pas encore l'étude de Paris, mais seulement l'art d'étudier Paris.

LE VIEUX PARIS.

Au centre de la ville moderne, sur le fleuve, est une île aujourd'hui appelée la Cité et qui fut tout Paris autrefois. Les savants et ceux qui croient l'être ont donné à sa fondation les origines les plus bizarres et même parfois les plus ridicules.

Voici les principales, le lecteur jugera :

Des auteurs fabuleux prétendent que Samothe, qui vivait du temps de Noé, jeta les premiers fondements de cette ville ; d'autres assurent qu'elle fut bâtie par des Troyens échappés à l'incendie de Troye et qu'elle fût nommée Paris en l'honneur du fils de Priam ; d'autres enfin en attribuent la fondation à un certain Paris XVII, roi des Gaulois et successeur de Romus,

Pour arriver à des témoignages plus sûrs, Jules César parle de cette ville, aussi bien que Julien l'Apostat qui s'y arrêta longtemps pendant son séjour dans les Gaules. Les Grecs et les Latins l'ont appelée diversement ; mais tout cela est extrêmement suspect et moins vraisemblable que le sentiment des auteurs qui rapportent l'origine de Lutèce, son ancien nom, aux marais voisins qui la rendaient extrêmement boueuse : *Lutetia* de *Lutum* qui signifie boue. Ce qu'on nomme aujourd'hui le Palais-de-Justice était l'ancienne demeure des rois de France. Bientôt l'île ne suffit plus à la population, et sur les deux rives de la Seine, autour de la Cité se groupèrent des constructions qui furent reliées par des ponts à la ville mère. Cet accroissement commença lorsque Clovis eut choisi Paris pour sa demeure. La première partie construite fut la partie méridionale et qu'on désigna longtemps sous le nom de l'Université. Balzac, un illustre et savant écrivain du XVIIe siècle, l'appela, le premier, *le pays latin*. Plusieurs auteurs voulurent faire prédominer l'expression plus élégante et plus choisie de *Cité des lettres*, mais la dénomination de Balzac l'emporta et elle existe encore, ce qu'elle doit précisément peut-être au pittoresque de sa concision qui la faisait repousser par les docteurs un peu pédants de cette époque.

La partie septentrionale ou rive droite est de beaucoup plus basse que les deux autres.

Comme dans la notice particulière à chaque monument nous remonterons à son origine, il serait superflu d'en parler ici ; nous croyons aussi d'un médiocre intérêt l'histoire du Parlement de Paris que Philippe-le-Bel rendit fixe, les Cours de justice, Prévôté, etc... Ces choses ont disparu depuis longtemps et ne peuvent être d'aucune utilité.

Paris souffrit beaucoup par les courses des Normands, qui vinrent devant cette ville en 845 et 856, et en firent le siége en 886 et 890. Elle fut encore ravagée sous le règne de Louis d'Outre-mer. Sous le règne de Charles VII, les Anglais s'en rendirent maîtres, et les partisans de la Ligue le furent aussi sous Henri III qui fut assassiné quand il assiégeait cette ville, en 1589.

Elle avait été presque toute brûlée dès l'an 585. Grégoire de Tours rapporte à ce propos une chose assez étrange fondée sur une croyance superstitieuse des Parisiens et à laquelle cependant le vieil historien semble ajouter foi : Cette ville, selon la légende, avait été bâtie sous une constellation qui la défendait de l'embrasement, des serpents et des souris ; mais, peu de temps avant cet incendie, on avait, en fouillant une arche de pont, trouvé un serpent et une souris d'airain qui étaient les talismans préservatifs. En 1034, Paris souffrit d'un autre incendie non moins considérable que le premier, et en 1226 d'une terrible inondation. A partir de cette époque, Paris n'a plus d'histoire particulière, c'est l'histoire de France qu'il faut lire et consulter si l'on veut obtenir des détails sur les événements historiques dont cette ville a été le théâtre. La prise de Paris par Henri IV, la guerre civile dite de la Fronde, pendant la minorité de Louis XIV, ce qui plus tard engagea ce monarque, par prudence, par rancune peut-être, à créer Versailles pour y transporter le siége du gouvernement; les scènes de la révolution, les invasions de 1814 et 1815, la révolution de juillet 1830, celle de février 1848 sont autant de faits qui appartiennent à l'histoire de France. Un mot de Charles-Quint donnera une idée des accroissements successifs de cette ville. Il disait, après son séjour en France, qu'il y avait vu un monde, une ville et un village. Le monde, c'était Paris; la ville, Orléans; le village, Poitiers. Au xviiie siècle, les historiens y comptaient 24,000 maisons, 300 grands hôtels, 660 rues, 52 couvents d'hommes, 78 de filles; les faubourgs n'entraient pour rien dans cette statistique. On verra, par la notice consacrée au Paris moderne, quels progrès se sont opérés seulement depuis ce temps.

L'histoire de quelques monuments, aujourd'hui disparus ou transformés, rentre dans la description du vieux Paris; c'est cette dernière lacune que nous allons combler rapidement.

Le Palais des Thermes. — Ce qui reste de ce palais, c'est-à-dire une vaste salle, une voûte et quelques piliers, est sans contredit la plus curieuse ruine, qui existe si l'antiquité et les souvenirs qui s'y rattachent font seuls le mérite d'une ruine. Dans l'espace compris entre la rue de la Harpe et la rue Saint-Jacques était le Palais des Thermes. Nous sommes de l'avis de ceux qui attribuent sa construction à l'empereur Julien, nommé plus tard Julien l'Apostat. Il séjourna longtemps dans les Gaules et passa deux hivers à Paris que, dans un de ses écrits, il appelle sa chère Lutèce. Les rois de France l'habitèrent pendant un certain temps, et il fut ravagé et ruiné à la première invasion des Normands.

La Bastille. — Le 22 avril 1371, Hugues Aubriot posa la première pierre du château de la Bastille qui a laissé son nom à la place sur laquelle il existait, disent les historiens, et cependant Piganiol de la Force fait remarquer avec raison que le roi Charles V n'a pu que rebâtir la Bastille, puisque, sous le règne du roi Jean, son père, Etienne Marcelle, prévôt des marchands, fut tué dans cette forteresse où il s'était réfugié.

La Bastille était composée de huit grosses tours rondes jointes l'une à l'autre par d'énormes massifs. Henri IV faisait garder le trésor royal dans son enceinte. Sully dit dans ses mémoires que le roi avait « quinze millions, huit cent soixante-
» dix mille livres d'argent dans les chambres voûtées, coffres
» et caques étant à la Bastille; outre dix millions qu'on en
» avait tirés pour bailler au trésorier d'Espagne. »

On sait que la Bastille fut prise par le peuple parisien dans la journée du 14 juillet 1789, puis démolie. Il faudrait un volume pour écrire l'histoire des différents prisonniers d'Etat que cette forteresse a renfermés. Le mystérieux homme au masque de fer y fut retenu et ne la quitta que pour être conduit aux îles Marguerite.

La Samaritaine. — Ce nom est resté dans les traditions populaires de Paris, bien que la Samaritaine n'ait jamais été un monument proprement dit, et qu'il ait plutôt dû sa célébrité à l'originalité de sa construction toute exceptionnelle qu'au mérite de son architecture. C'était tout simplement la cage d'une machine hydraulique qui faisait monter l'eau dans le quartier du Louvre. La Samaritaine était sur le Pont-Neuf, tout à fait à l'extrémité de la Cité, un peu au-dessous de la statue équestre de Henri IV ; elle était composée de trois étages. Il y avait une horloge et un carillon à sujets. Au-dessus du cadran, Bertrand et Fremin avaient sculpté un groupe qui représentait Jésus-Christ et la Samaritaine ; de là le nom du monument.

La tour de Nesle. — Les monuments ont leurs fatalités comme les hommes. L'hôtel de Nesle, la porte de Nesle et la tour qui en faisaient partie seraient sans doute complètement oubliés aujourd'hui des gens du monde et ne demanderaient point une notice spéciale, si un célèbre auteur dramatique contemporain n'avait écrit sous le titre de *la Tour de Nesle* un drame qui obtint un succès immense il y a un peu plus de vingt ans. Comme monument, comme antiquité c'était fort peu de chose que la tour de Nesle, mais l'auteur a rattaché à ce nom une légende terrible que l'histoire a pris soin de justifier, et aujourd'hui ce nom est dans la mémoire de tous. « Il y avait une reine, dit Brantôme, qui se tenait à
» l'hôtel de Nesle, laquelle faisait le guet aux passants ; ceux
» qui lui plaisaient et agréaient le plus, de quelque sorte de
» gens que ce fussent, les faisait appeler et venir à elle, et,
» après en avoir tiré ce qu'elle en voulait, les faisait précipiter
» de la tour en bas de l'eau. Je ne veux pas dire, ajoute Brantôme, que cela soit vrai ; mais la plupart de Paris l'affirme,
» et il n'y a personne qui ne le dise en montrant la tour..... »
Le poète Villon a écrit ces vers :

..... Où est la reine
Qui commanda que Buridan
Fût jeté en un sac en Seine ?

La tour de Nesle était située sur l'emplacement aujourd'hui occupé par le palais de l'Institut, vis-à-vis le pré aux Clercs. Ce fut en 1661 que cette construction disparut pour faire place au collége Mazarin.

L'hôtel Saint-Paul. — Charles V fit bâtir l'hôtel Saint-Paul, ou plutôt réunit sous une même dénomination plusieurs hôtels et jardins particuliers. Néanmoins il est probable qu'il fit faire quelques additions et de grands embellissements dans le bâtiment qui fut destiné à devenir demeure royale. Un édit de 1364 prouve que cette construction fut achevée à cette époque. L'hôtel Saint-Paul occupait tout l'espace compris entre la rue Saint-Antoine et la Seine, depuis les fossés de la Bastille jusqu'à l'église Saint-Paul; les rues Beautreillis et de la Cerisaie devaient leurs noms aux anciens jardins plantés exclusivement d'arbres fruitiers. On avait rassemblé dans son enceinte une grande quantité de volatiles engraissées pour les tables du roi. C'est au point qu'on avait été forcé de placer à toutes les fenêtres un léger treillage pour que les pigeons n'entrassent point dans les appartements. Si l'on veut avoir une idée du luxe royal de ce temps, on peut lire la description emphatique qui est faite par les vieux auteurs des décorations et du mobilier de l'hôtel Saint-Paul :

« Les vitres, peintes de différentes couleurs et chargées
» d'armoiries, de devises et d'images de saints et de saintes,
» ressemblaient aux vitres de nos vieilles églises; les solives
» des principaux appartements étaient enrichies de fleurs de
« lys d'étain doré; les siéges étaient des escabelles, des bancs,
» et le roi avait des chaises à bras garnies de cuir rouge avec
» des franges de soie. »

En 1549, François Ier vendit quelques-uns des édifices qui composaient ce palais, que les rois ses prédécesseurs avaient alors depuis longtemps abandonné pour habiter le palais des Tournelles.

Puis enfin, peu de temps après, divers particuliers se rendirent acquéreurs des terrains et y percèrent des rues.

LE NOUVEAU PARIS.

Il n'entre point dans le cadre que nous nous sommes tracé l'obligation de suivre Paris dans ses transformations successives; de savants et consciencieux écrivains l'ont fait, et n'ont pas eu trop de plusieurs volumes pour donner au complet ce travail. Nous ne pouvons donc ici faire de l'histoire ; et, après avoir donné quelques aperçus de Paris et de ses premiers temps, nous allons en arriver à un tableau de Paris moderne, en insistant surtout sur les développements qui peuvent être utiles aux étrangers et aux personnes de la province à qui ce livre est destiné.

De tous temps, dans les villes importantes, les différentes industries se sont groupées par quartiers et par rues : les noms de rue des Fourreurs, rue des Lombards, etc..., sont là pour l'attester. Bien qu'aujourd'hui les commerces et les métiers ne forment plus comme autrefois des corporations, ils restent fidèles à cette vieille coutume, et, à vrai dire, ils y ont un intérêt réel ; le consommateur vient alors les trouver, et, certain de rencontrer dans ce centre un grand choix d'articles et une concurrence qui est pour lui une garantie de bon marché, il se garde bien d'acheter dans les maisons qu'il peut rencontrer par hasard. Ainsi presque toutes les sections de Paris sont le siége d'une industrie particulière. Nous allons d'abord indiquer ces divisions et subdivisions, en donnant au lecteur une idée de la spécialité propre à chaque quartier.

Paris est divisé en douze arrondissements, dont chacun comprend plusieurs sections ; il y a quarante-huit sections et autant de bureaux de commissaires de police.

Le *premier arrondissement*, situé tout à fait à l'ouest de Paris et sur la rive droite, est borné à l'ouest et au nord par les murs d'enceinte; au sud par le fleuve, et à l'est par la place du Carrousel, les rues Louis-le-Grand, de la Chaussée-d'Antin et de Clichy. Il comprend cinq sections.

1re section des Tuileries; commissaire de police, rue Saint-Nicaise, 4.

2e section de la Madeleine; commissaire de police, passage Sandrié, 7.

3e section de l'Élysée; commissaire de police, rue de Penthièvre, 12.

4e section des Champs-Élysées; commissaire de police, rue de la Pépinière, 22.

Nous nous étendrons dans des articles spéciaux sur le rang et les attributions des différents magistrats de Paris, mais nous pouvons dire sur-le-champ que le commissaire de police est le juge le plus direct auquel on doit s'adresser en cas de contestation imprévue, en cas d'accident, de vol, d'attaque, etc. Sa légalisation est nécessaire pour la signature des certificats qui doivent faire preuve en justice; il faut l'avis préalable du commissaire de police de sa section pour se faire délivrer les pièces constatant une identité, un passe-port, etc., enfin tout ce qui est du ressort de la préfecture de police.

Composé comme nous venons de l'indiquer, le premier arrondissement est un quartier de luxe. Il contient plus d'hôtels particuliers que de maisons de commerce. Cependant les carrossiers distingués, les marchands de chevaux occupent presque les alentours des Champs-Élysées.

C'est sur la place de la Concorde que se célèbrent les fêtes publiques; là sont toujours tirés de splendides feux d'artifice qui attirent une foule innombrable. Du reste, ce quartier, le plus beau de Paris et le plus riche en monuments remarquables, avec ses voies larges et nombreuses, se prête admirablement à cette destination. Dans les Champs-Élysées s'élève le palais de l'Industrie, où va s'ouvrir l'Exposition universelle. — La mairie du premier arrondissement est située rue d'Anjou-Saint-Honoré, n° 11.

Le *deuxième arrondissement*, borné à l'ouest par les limites du premier; au nord par les boulevards extérieurs; au sud par la rue Saint-Roch, et à l'est par les rues Neuve-des-Bons-Enfants, Vivienne et du faubourg Poissonnière, comprend cinq sections.

6° section du Palais-Royal; commissaire de police, rue de Valois, 7.

7e section des Italiens; commissaire de police, rue Favart, 2.

8e section de l'Opéra; commissaire de police, faubourg Montmartre, 33.

9e section, Saint-Georges; commissaire de police, rue de Breda, 18.

10e section, Montholon; commissaire de police, rue Papillon, 10.

Dans la partie sud de cet arrondissement se trouve le Palais-Royal, autour duquel sont groupés les tailleurs qui vendent des effets tout confectionnés; puis la rue de Richelieu, où se trouvent les magasins de plumes et de fleurs de luxe; puis, en appuyant vers l'est, remontant la rue Louis-le-Grand, traversant le boulevard, on trouve tout le quartier de la Chaussée-d'Antin, séjour des grandes maisons de banque. Plus haut est un quartier encore neuf, bâti à la moderne, où résident les riches employés, et surtout cette population féminine à laquelle la rue Notre-Dame-de-Lorette a laissé un nom qui restera dans la langue française, toujours avide, dans son extrême délicatesse, d'expressions détournées ou allégoriques.

La mairie du deuxième arrondissement est située rue Drouot, n° 6. L'hôtel des ventes a été transféré depuis peu dans ce quartier. Sur le boulevard des Italiens, depuis le célèbre café Tortoni jusqu'au passage de l'Opéra, on rencontre avant midi et après trois heures et demie une foule de personnes qui se livrent à des transactions de Bourse, ou plutôt à des jeux sur la hausse et la baisse de la rente et des valeurs industrielles. C'est ce qu'on appelle la *Petite Bourse* ou la *Coulisse*. Ces spéculateurs, jouant la plupart du temps sur des opérations fictives, se passent du ministère des agents de change. Ils ne sont plus, du reste, tolérés que dans la mesure du possible, il leur faut se cacher pour inscrire leurs marchés.

Le *troisième arrondissement*, situé entre les rues Poissonnière à l'ouest et les rues Saint-Denis et du faubourg Saint-Denis à l'est, a pour limite, au nord, les murs d'enceinte, et, au midi, les rues Coquillière et de Rambuteau. Il comprend trois sections :

11ᵉ section, Saint-Eustache; commissaire de police, rue Jean-Jacques-Rousseau, 21.

12ᵉ section, Saint-Joseph; commissaire de police, rue Montmartre, 144.

13ᵉ section, Hauteville; commissaire de police, rue d'Enghien, 18.

Dans la partie de cet arrondissement située sur le côté droit du boulevard Bonne-Nouvelle se trouvent les rues les plus commerçantes de Paris, surtout par rapport aux marchands en gros. La place des Victoires et ses environs est habitée surtout par les marchands de châles; dans les rues des Fossés-Montmartre et Neuve-Saint-Eustache sont les marchands de soierie, de foulards et de broderies; dans la rue du Caire, les fabricants de chapeaux de paille. C'est sur la place du Caire que l'on va chercher les cardeuses de matelas que l'on occupe à la journée. Quelques industries de tissus ou de petits châles, destinés surtout à l'exportation, se sont reeéguées dans les rues étroites qui bordent ce quartier du côté du midi. Les marchands de cuirs occupent la rue Mauconseil et ses environs. Dans la rue du Sentier, dans la rue des Jeuneurs sont les grandes maisons de blanc de coton, calicots, percales, etc., les fabricants de tissus imprimés. Il faut citer la rue Montorgueil, centre du commerce d'huîtres, qui a pris à Paris un développement considérable depuis plusieurs années. Dans cette même rue, les dimanches et jours de fêtes, se tiennent les musiciens que l'on vient y engager pour aller les soirs jouer des contre-danses dans les bals publics. De l'autre côté du boulevard, on trouve, dans les rues du faubourg Poissonnière, du faubourg Saint-Denis, des Petites-Écuries, Martel, etc..., les faïenciers en gros et en détail.

La mairie est située rue la Banque, 8.

Le quatrième arrondissement, qui a pour limite au nord celle du troisième, au midi la Seine et à l'est la rue Saint-Denis, est le plus petit arrondissement de Paris et cependant le plus peuplé. Il renferme toutes les halles et comprend trois sections :

14e section de la Banque; commissaire de police, rue du Cloître Saint-Honoré, 6.

15e section du Louvre; commissaire de police, rue Saint-Germain-l'Auxerrois, 86.

16e section des Marchés; commissaire de police, à la Halle aux toiles.

Nous avons peu de choses à dire des Halles, dont le nom seul parle et décrit mieux que nous ne saurions le faire. Elles ont été dernièrement reconstruites, et cet immense et magnifique travail n'est point encore achevé. Autour de la Halle aux blés sont les marchands grainetiers qui vendent en gros les légumes secs ; la rue de la Poterie est presque tout entière consacrée à l'herboristerie. Ce quartier vient d'être transformé par le passage du prolongement de la rue de Rivoli. La partie nommée quartier des Bourdonnais, comprise entre la Seine et la rue Saint-Honoré, est le centre du commerce en gros des toiles, coutils, étoffes pour habillements d'hommes, draperies, etc., etc. Sur la place Saint-Germain-l'Auxerrois, sont les librairies d'occasion. Ces marchands sont vulgairement nommés bouquinistes ; du reste, leur commerce s'étend tout le long du cours de la Seine où l'on peut voir leurs livres étalés sur les parapets.

La mairie est située place du Chevalier-du-Guet, 4.

Le cinquième arrondissement, borné au nord et à l'est par les boulevards extérieurs, par la rue du faubourg Saint-Denis à l'ouest, et au midi par le boulevard Saint-Martin et la rue du faubourg du Temple, comprend cinq sections :

17e section Saint-Sauveur ; commissaire de police, rue Mondétour, 31.

18e section Bonne-Nouvelle ; commissaire de police, rue Beauregard, 16.

19e section, Saint-Laurent ; commissaire de police, rue Neuve-de-la Fidélité, 28.

20e section, du faubourg Saint-Martin ; commissaire de police, rue des Vinaigriers, 22.

21e section, de la Douane ; commissaire de police, rue de l'Entrepôt, 11.

Nous avons parlé dans le paragraphe qui précède, des rues Bourbon-Villeneuve, du Caire, etc., enfin de presque toute la partie de cet arrondissement située en deçà des boulevards. Il ne nous reste plus qu'à parler de la rue Saint-Denis dans laquelle sont réunis depuis un temps immémorial, les merciers en gros, les passementiers, les fabricants de plumes et de fleurs artificielles. Dans toute la partie, beaucoup plus considérable comme espace, située au-delà du boulevard, nous n'avons pas à signaler d'industrie particulière qui s'y soit fixée. Cependant, un assez grand nombre de forgerons, mécaniciens, constructeurs de machines, etc., ont leurs ateliers dans le haut du faubourg Saint-Martin. On pourrait signaler aussi les bords du canal comme habités par les mouleurs en plâtre, industrie devenue fort importante, et qui a choisi ce quartier pour être à proximité des fabricants de bronze dont ils reproduisent les modèles.

La mairie a été établie, il y a deux ans environ, rue du faubourg Saint-Martin à l'angle de la rue du Château-d'eau. Ce bâtiment, qu'on a remis à neuf, était avant la révolution de février une caserne de garde municipale.

Le sixième arrondissement, comprend depuis la nouvelle rue de Rivoli qui est sa limite au sud, l'espace compris entre les rues Saint-Denis et Saint-Martin, puis ce qu'on appelle le carré Saint-Martin, le Temple, boulevard du Temple, et tout l'espace au-delà du boulevard compris entre les rues du faubourg du Temple et de Ménilmontant jusqu'aux barrières. Il contient quatre sections.

22e section Bourg-l'Abbé; commissaire de police, rue Quincampoix, 39.

23e section des arts et métiers ; commissaire de police, rue Neuve-Saint-Denis, 5.

24e section du Temple; commissaire de police, rue Percée-du-Temple, 1.

25e section des théâtres; commissaire de police, rue du Grand-Prieuré, 21.

Dans cet arrondissement, depuis la Seine jusqu'aux boulevards, on trouve les fabricants de chapellerie, les doreurs, les ciseleurs et les cartonniers ; la tabletterie et le maroquinage se font sur un côté de la rue Saint-Martin et dans la rue aux Ours. Du reste, plus nous avançons de ce côté de Paris, plus la population s'entasse. Aux grandes fabriques succèdent des milliers d'ateliers particuliers pour mille articles divers. L'ouvrier travaille chez lui, et ses premiers apprentis sont ses enfants. La rue Saint-Martin est principalement le siége du commerce de rouennerie, c'est-à-dire les indiennes de Rouen, les cotonnades, etc., etc. Le boulevard du Temple est spécialement consacré aux théâtres, qui y sont au nombre de huit. Le faubourg du Temple, quoique très-populeux et habité en grande partie par des ouvriers, n'a point d'industrie qui lui soit particulière. C'est le chemin par lequel on monte à cette fameuse barrière de la Courtille. Nous avons réservé à dessein le marché du Temple (on dit vulgairement le Temple) pour le dernier, car, outre son importance comme mouvement commercial, il donne naissance à une foule d'établissements particuliers aux environs de son enceinte. Le marché du Temple était autrefois exclusivement consacré au trafic du vieux linge et des vieux habits. C'est là surtout que se rendait le consommateur peu aisé pour y trouver des marchandises d'occasion. Peu à peu les marchands du Temple se sont étudiés à réparer les articles qu'ils revendent pour leur donner de l'apparence, puis ils ont eu des marchandises neuves achetées par eux dans les ventes forcées, puis enfin des marchandises qu'ils se procurent en fabrique comme tous les autres marchands. Il faut bien dire que le marché du Temple n'est plus du tout ce qu'il était autrefois, à de très-rares exceptions près; il attire les consommateurs par sa vieille réputation, et ceux-ci sont le plus souvent étonnés de payer aussi cher et même plus cher dans ce bazar que chez les marchands ordinaires ; le Temple ne vit plus que de sa vieille réputation. Les plus modestes revendeurs négligent leur spécialité d'occasion et ne veulent plus vendre que du neuf ; ils y trouvent cet avantage que si l'acheteur est peu expérimenté, tout en croyant faire une économie il paye aussi cher qu'autre part des marchandises de qualité inférieure. Les modistes font aujourd'hui le principal commerce du Temple, et chez aucune d'elles on ne trouverait un chapeau qui ne fût pas neuf. Cependant l'endroit dit la Rotonde, qui n'est qu'une faible partie de ce marché, a conservé ses vieilles coutumes. Là se sont réfugiés les vêtements usés et hors de mode; les galons flétris, les uniformes anciens et surtout les morceaux d'étoffes diverses, telles que draps, mérinos, etc. ; c'est là ce qu'on appelle la spécialité du rassortiment. Ce commerce de hasard se faisait autrefois sous les piliers des halles, mais depuis les dernières démolitions, il s'est tout à fait réfugié dans le Temple.

La mairie du 6e arrondissement est située rue de Vendôme, 11.

Le septième arrondissement, dont les limites sont au nord la rue des Gravilliers et la rue de Bretagne, à l'est le bas de la rue Culture-Sainte-Catherine et le haut de la rue Vieille-du-Temple, est borné au midi par le quai de Gèvres, le quai Pelletier et une partie de la rue Saint-Antoine ; il a pour frontière à l'ouest la rue Saint-Martin ; il comprend trois sections :

26e section Saint-Merry ; commissaire de police, rue du Cloître-Saint-Merry, 6.

27e section du Mont-de-Piété ; commissaire de police, rue Pavée (au Marais).

28e section des Archives ; commissaire de police, rue du Grand-Chantier, 7.

Entre les rues Saint-Martin et du Temple, sont les rues Chapon, Transnonain, Beaubourg et quelques autres dont toutes les maisons, de la cave au grenier, sont pleines de meubles et de boiseries d'occasion. C'est le Temple du mobilier et de la menuiserie. Il est vrai que là, comme au Temple, les revendeurs ont la prétention de s'élever jusqu'à la qualité d'ébénistes; ils commencent à vendre du neuf. Ce serait une singulière revue que celle de tous ces meubles vermoulus, de ces châssis vitrés, de ces cloisons entières entassés dans ce quartier. Un terrible incendie, qui a pris le nom d'incendie de la rue Beaubourg, a éclaté dans ce quartier, il y a environ un an, et dévoré quatre maisons en moins d'une nuit; sans l'énergie et le dévouement des pompiers et des citoyens, tout ce quartier pouvait disparaître dans cette catastrophe. Les batteurs d'or sont dans la rue Aumaire. Les fabricants de jouets d'enfants à 5 et 10 centimes, article que l'on désigne sous le nom de *camelot*, et qui est vendu au détail dans les rues par des marchands ambulants, logent dans ce quartier. Les cartonniers de luxe sont rue Molay et rue du Grand-Chantier. Enfin, des ateliers des produits désignés sous les noms d'article de Paris, de pacotille ou article d'exportation, sont répandus en quantité innombrable dans cet arrondissement; la coutellerie, les nécessaires, les bijoux faux, etc., etc. Les fabricants de bronze occupent la rue Vieille-du-Temple.

La mairie est située rue Sainte-Croix-de-la-Bretonnerie, 20.

Le huitième arrondissement est un des plus vastes. En partant de la Seine par le boulevard Contrescarpe, en suivant le haut de la rue Saint-Antoine, la rue Culture-Sainte-Catherine, le haut de la rue Vieille-du-Temple, la rue de Ménilmontant, puis les boulevards extérieurs jusqu'à la Seine, à la barrière de la Rapée, on fait le tour de cet arrondissement qui forme l'extrémité est de Paris. Il comprend cinq sections :

29e section du Marais; commissaire de police, rue du Harlay, 4.

30ᵉ section Popincourt; commissaire de police, rue Saint-Sébastien, 22.

31ᵉ section de la Roquette; commissaire de police, rue du faubourg Saint-Antoine, 269.

32ᵉ section, du faubourg Saint-Antoine; commissaire de police, rue du Faubourg-Saint-Antoine, 194.

33ᵉ section des Quinze-Vingts; commissaire de police, rue de Charenton, 78.

Sur le boulevard des Filles-du-Calvaire et le boulevard Beaumarchais sont établis les fabricants de chaises, de fauteuils et de meubles sculptés qui sont fort en usage aujourd'hui. La spécialité des marbres d'appartement se trouve aussi dans cette même voie. Il serait trop long de désigner les usines de tout genre que l'on trouve dans cet arrondissement. Cependant, les fabricants de meubles occupent tout le bas du faubourg Saint-Antoine; la chaudronnerie, la rue Louis-Philippe (ancienne rue de Lappe); les brasseries, le haut du faubourg; et, dans la rue de Reuilly et la rue de Charenton, sont les fabricants de papiers peints. La rue de la Roquette, qui conduit au cimetière du Père-Lachaise, est presqu'exclusivement occupée par des marbriers qui ont la spécialité des tombes et monuments funéraires. Sur le boulevard Bourdon se tient la foire aux jambons, et la foire aux pains d'épice, une fois par an se tient au rond-point de la barrière du Trône.

La mairie est située place Royale, 14.

Le neuvième arrondissement, borné au nord par la rue Saint-Antoine, au sud par la Seine et à l'est par le boulevard Bourdon, comprend, outre la partie située sur la rive droite, l'île Saint-Louis et la Cité, moins l'enceinte du Palais de Justice. Il renferme trois sections :

35ᵉ section de l'Arsenal; commissaire de police, rue de l'Orme, 18.

36ᵉ section des îles; commissaire de police, quai Napoléon, 7.

Cet arrondissement ne renferme aucune industrie particulière. L'île Saint-Louis seule contient quelques vastes ateliers d'impression sur étoffes.

La mairie est située rue Geoffroy-l'Asnier, 25.

Comme on l'a vu, ces neuf arrondissements de Paris sont situés sur la rive droite du fleuve, et prennent leurs numéros d'ordre en allant de l'ouest à l'est.

Les trois derniers sont situés sur la rive gauche et dans le même ordre.

Le dixième arrondissement, limité au nord par la Seine, à l'ouest par les boulevards extérieurs, au sud par les rues du Cherche-Midi et du Four-Saint-Germain, finit à l'est à la rue Dauphine. Il comprend quatre sections :

37ᵉ section de la Monnaie; commissaire de police, rue Jacob, 37.

38ᵉ section des ministères; commissaire de police, rue de Belle-Chasse, 30.

39ᵉ section de Babylone; commissaire de police, rue Oudinot, 7.

40ᵉ section des Invalides; commissaire de police, rue Saint-Dominique, 170.

Dans cet arrondissement, il y a peu de commerce et d'industrie; ce sont de vastes et riches hôtels habités par la haute noblesse; le quai seul est le centre du commerce de la librairie classique. C'est cette partie de la rive gauche de la Seine qui

34ᵉ section de l'Hôtel-de-Ville; commissaire de police, place Baudoyer, 6.

est principalement désignée sous la dénomination de faubourg St-Germain. Les principaux ministères sont dans ce quartier.

La mairie est située rue de Grenelle-Saint-Germain, 7.

Le onzième arrondissement, qui comprend le Palais de Justice dans la Cité et va du nord au sud jusqu'aux boulevards extérieurs, a pour limites, à l'ouest, les rues du Cherche-Midi et du Four-Saint-Germain, et à l'est la rue Saint-Jacques. Il comprend quatre sections :

41e section du Palais de Justice ; commissaire de police, cour du Harlay, 22.

42e section de l'École de Médecine ; commissaire de police, rue de Suger, 13.

43e section de la Sorbonne ; commissaire de police, rue Hautefeuille, 5.

44e section du Luxembourg ; commissaire de police, rue de l'Ouest, 35.

Les fabricants d'instruments de chirurgie se sont naturellement groupés aux environs de l'École de Médecine. Les librairies spéciales et scientifiques, les cabinets de lecture et d'étude abondent dans ce quartier qui commence *le pays latin*.

La mairie est située place Saint-Sulpice.

Le douzième arrondissement, borné par la Seine et les boulevards extérieurs, comprend la partie sud-est de Paris. Il renferme quatre sections.

45e section de la place Maubert ; commissaire de police, quai Montebello, 5 :

46e section de l'Observatoire ; commissaire de police, rue des Postes, 10.

47e section du Jardin des Plantes ; commissaire de police, rue Guy-la-Brosse, 8.

48ᵉ section Saint-Marcel; commissaire de police, rue du Marché-aux-Chevaux, 16.

C'est le pays latin par excellence ; les principaux lycées, les écoles préparatoires, l'École polythecnique, les institutions particulières y ont depuis longtemps leur place. Les étudiants abondent dans ce quartier; puis, par une bizarre anomalie, l'extrémité de ce quartier renferme la population la plus misérable de Paris ; dans la rue Mouffetard et aux environs de la rivière de Bièvre, sont des raffineries de sucres, des fabriques de noir-animal, des ateliers de teinture, des tanneries et surtout des marchands de chiffons. Dans de vastes et horribles magasins viennent chaque soir et matin s'engouffrer les produits des laborieuses recherches des chiffonniers. Ces malheureux occupent, dans ce pauvre quartier, des mansardes, des greniers, des caves, des soupentes, et vivent avec insouciance au milieu d'une épouvantable misère.

La mairie est située place du Panthéon.

On s'étonnera peut-être que dans ce travail sur chaque arrondissement, nous n'ayons point fait entrer les monuments et les établissements publics ; mais ils doivent être l'objet chacun d'une notice spéciale.

La banlieue de Paris. On désigne ainsi de véritables faubourgs qui, se fondant aux portes de la ville en dehors du premier mur d'enceinte, sont devenus peu à peu de véritables villes dont quelques-unes renferment jusqu'à quarante mille âmes, et finissent par atteindre presque l'enceinte continue des fortifications de Paris : tels sont Batignolles, Montmartre, La Chapelle-Saint-Denis, La Villette, Belleville, etc., etc., qui nous fourniront des sujets d'étude à part.

LES ÉCUEILS.

Prudence. — La voiture de place. — Le commissionnaire. — L'hôtel garni. — Les restaurants. — Les grands établissements. — Le bonjourien. — Précautions. — Les rencontres. — Une anecdote. — Les compères. — Les cafés. — Lorettes. — Les tables d'hôte. — Les poivriers.

Nous nous rappelons avoir lu autrefois dans nous ne savons plus quel auteur, grand ami du grotesque, une instruction destinée à la jeunesse. C'était un traité complet de savoir-vivre et des écueils à fuir pour les jeunes gens inexpérimentés. Cette instruction, divisée en cent articles au moins, entrait dans les détails les plus puérils. Ainsi, on recommandait gravement, comme une maxime de sagesse, de prendre toujours, pour passer sur un pont, le côté d'où vient le vent, afin que si votre chapeau vous est enlevé il tombe sur la chaussée et non dans la rivière. C'était là sans doute, de la part du malin auteur, une critique de ces prétendues lignes de conduite qui n'enseignent rien de sérieux. Nous ne voudrions pas tomber dans ce ridicule, mais il nous paraît cependant utile de signaler au voyageur quelles sont les légitimes défiances qu'il doit concevoir, au milieu d'une ville qui lui est inconnue et qui contient dans son sein toute une population à part, occupée à tendre des piéges et qui s'attaque particulièrement aux étrangers. Nous voulons donc recomposer par conjecture la journée d'un voyageur à Paris et le mettre en garde contre toutes les fraudes dont il peut être victime par son inexpérience. Les dangers que nous allons signaler peuvent exister et doivent exister dans toutes les grandes villes, dans les capitales surtout; mais ils ont dans chaque pays des formes inhérentes aux caractères et aux usages des habitants. N'oublions jamais que nous sommes à Paris.

La première industrie dont l'étranger est tributaire en arrivant à Paris est la voiture de place qui le conduira du débarcadère à son hôtel; nous commencerons donc par quelques recommandations à ce sujet. Une ordonnance de police très-étendue et très-minutieuse soumet à Paris le cocher à des règlements fixes qui permettent au voyageur de savoir d'avance à quelles conditions il prend une voiture; celui-ci doit donc ne pas monter dans un cabriolet ou dans un fiacre sans avoir dit s'il entend le prendre à l'heure ou à la course. Pour connaître ses droits à cet égard, il devra lire avec soin l'ordonnance de police dont nous publierons le texte plus loin ; quant au prix, il trouvera dans la voiture même un tarif imprimé. Si un cocher élève des prétentions en dehors du tarif ou du règlement, le voyageur, sûr de son droit, peut se faire conduire à la première station de voiture sur place, où un employé spécial lui fera rendre justice. La menace seule d'une semblable réclamation suffit le plus souvent pour faire céder le cocher.

Il importe que le voyageur ne s'en rapporte qu'à lui-même sur le choix de l'hôtel qu'il veut habiter, ou tout au moins si quelque personne de connaissance n'a pu lui recommander une maison de ce genre, qu'il désigne au cocher à peu près la rue ou le quartier qui se trouvera au centre de ses occupations. Le choix d'un hôtel n'est point du tout indifférent, le caractère, les habitudes, l'éducation sont autant de motifs qui doivent diriger ce choix, et, plus que tout cela, les dépenses que l'on a l'intention de faire, le budget que l'on s'est fixé.

Paris est la ville qui peut le mieux convenir à toutes les fortunes, grandes ou petites ; on y loge, on y mange à tous prix : il ne s'agit que de choisir avec discernement le degré de l'échelle sur laquelle on veut se placer. En général, les hôtels garnis placés sous la surveillance immédiate de la police sont des maisons sûres dont les propriétaires au moins peuvent inspirer toute confiance. Les rares exceptions qui peuvent se présenter n'offrent que peu de péril : il est dans l'aspect des maisons malfamées quelque chose qui avertira le voyageur. Mais s'il en est ainsi des propriétaires, on comprend que ceux-ci ne peuvent jamais répondre des voisins qu'ils vous donnent. Les malfaiteurs savent fort bien prendre l'extérieur d'honnêtes gens. Il y aura donc toujours prudence utile de la part de l'étranger à ne communiquer avec ses voisins qu'avec la plus extrême circonspection.

Puisque nous avons parlé des voitures de place, c'est le moment de dire un mot des commissionnaires, si utiles aux personnes que de nombreuses affaires attirent à Paris. Ici, nous n'avons heureusement à donner qu'une règle générale : le voyageur qui veut confier à un commissionnaire, soit une lettre importante, soit un paquet, soit même des valeurs, peut le faire en toute sécurité, après s'être assuré toutefois que le commissionnaire porte la médaille numérotée que donne la préfecture de police aux hommes qui exercent cette profession. Cette médaille est à elle seule un brevet de scrupuleuse exactitude et de probité complète. Le prix d'une course se débat à l'amiable selon la longueur du parcours, l'importance de la commission ou le poids du paquet à porter, mais il faut des circonstances bien exceptionnelles pour qu'une course de commissionnaire soit payée plus de 1 fr. 25 c.

Le voyageur fera bien, dans certains hôtels modestes surtout, de prendre ses repas dans la maison ; mais s'il a de longues courses et veut déjeuner au dehors, les restaurants à la carte sont ce qu'il y a de plus avantageux pour lui. Au café, on déjeune bien, il est vrai, et l'on n'y trouve que des mets choisis, mais les prix sont en général fort élevés, et nous ne croyons pas trop dire en avançant que l'on double sa dépense en déjeunant au café. Ce que, par allusion à une vieille anecdote, nous appelons le *quart d'heure de Rabelais*, le moment de payer la carte cause, dans ces cas-là, une douloureuse surprise au voyageur inexpérimenté. Les restaurants dits à *prix fixe* seraient avantageux si, dans ces maisons, le voyageur était servi comme dans quelques rares établissements que nous vous désignerons, notamment le *Diner du Commerce*, passage des Panoramas, qui a adopté un mode tout particulier; en dehors de ces exceptions, les garçons des restaurants à prix fixe vous y servent avec négligence ; c'est une cuisine dont tous les plats ont un goût uniforme, qui déplaît et répugne même bientôt par sa monotonie.

Il est pour le voyageur à Paris une maxime que nous oserons presque élever au rang d'axiome : en tout et pour tout, préférer les grands établissements aux petits. La vue d'une grande maison, montée avec le luxe qui, de nos jours, est devenu un besoin, vous inspire-t-il des craintes pour votre bourse ? C'est à tort. Les établissements de ce genre basent précisément leur spéculation sur le grand nombre de clients que doit leur procurer le confortable qu'ils vous offrent ; allez où va tout le monde, c'est le plus sage.

Nous n'oublierons pas de vous prémunir contre un genre de vol très-commun à Paris, et qui s'exerce dans les meilleures maisons. Les voyageurs, pour faciliter le service du garçon, ont le plus souvent la mauvaise habitude de laisser leur clef sur leur porte pendant la nuit. Or, on comprend comme il est facile à un adroit filou un peu proprement vêtu, de pénétrer dans les escaliers, soit en donnant au concierge le nom d'un voyageur qu'il a pris sur des listes officielles imprimées au profit du commerce, soit même en se faisant passer pour un locataire, chose facile dans une maison qui voit tous les jours se renouveler ses hôtes. C'est le matin, le voyageur est fatigué; son sommeil est le plus souvent très profond. L'inconnu ouvre la première porte qui se présente, ou même souvent encore celle d'une chambre à lui désignée comme étant habitée par un riche étranger ; il marche bien doucement, il s'empare d'une montre, d'une bourse, d'un habit, d'une malle, d'une valise même et disparaît. Que risque-t-il ? Si le voyageur se réveille, il en est quitte pour saluer poliment et prétend s'être trompé de porte, il croyait entrer, dit-il, chez son ami, *monsieur un tel* (le premier nom venu), et comme vous ne connaissez pas vos voisins et que d'ailleurs ce filou est bien vêtu et porte un figure toute gracieuse, vous lui rendez son salut et vous laissez retomber votre tête sur l'oreiller. Ce genre de vol, si commun que nos tribunaux correctionnels en ont au moins un et quelquefois plusieurs à punir chaque jour, a pris un nom caractéristique ; c'est le *vol au bonjour*; le voleur s'appelle un *bonjourien*, un barbarisme fort élégant.

Mais voici l'heure des courses dans Paris; nouvelles précautions à prendre. Comme vous avez dans cette grande ville tant à voir, tant à connaître, il est vraisemblable que souvent vous vous trouverez dans la foule; ayez soin de ne porter aucun bijou apparent qui mette sur votre piste les voleurs *à la tire*. Sachez bien que ces hommes-là sont doués par instinct, par état, par nécessité, — et c'est, dit-on, la meilleure des écoles — de l'art de reconnaître un étranger parmi mille passants ; persuadez-vous tout de suite que vous êtes déjà reconnu pour tel; si vous vous faites supposer riche, vous serez observé, circonvenu, suivi, et votre portefeuille, votre bourse, votre montre, ou tout au moins votre mouchoir de poche courra de grands dangers.

Ceux qui, dans Paris, font métier de l'escroquerie rendraient des points aux plus illustres philosophes pour la connaissance du cœur humain ; ils savent que le premier mobile de l'homme c'est l'intérêt, et ils exploitent largement cette corde. C'est toujours par l'appât d'un gain, quelquefois illicite, que certains escrocs dépouillent leurs victimes. Méfiez-vous de tout inconnu qui vous aborde dans la rue, ne voulût-il que vous demander son chemin ; votre qualité d'étranger vous donne un prétexte tout naturel pour éconduire convenablement le questionneur. Il faut que je vous raconte une scène qui s'est renouvelée cent fois peut-être sous mes yeux.

Dans une rue, qu'il est parfaitement inutile de vous nommer, existait un magasin d'assez belle apparence. Devant la porte des foulards de soie étaient affichés à CINQ sous en gros chiffres (on ne comptait pas alors par centimes). C'étaient de vrais foulards en tissu des Indes avec impression anglaise, qui se vendaient alors partout de six à huit francs.

Deux messieurs fort bien vêtus, le chapeau sur la tête, comme des promeneurs, allaient chacun, de son côté, d'un bout de la rue à l'autre. Ils n'avaient nullement l'air de se connaître ni même de connaître le magasin en question. Tout à coup, l'un d'eux avisait-il un visage à sa convenance qu'il s'avançait très-poliment et disait au passant :

— Monsieur, pourriez-vous m'indiquer dans cette rue le magasin où l'on vend des foulards à *cinq sous* ?

— Monsieur, je ne sais pas..... à *cinq sous*, mais c'est incroyable !

— Oh ! je suis bien certain que c'est cette rue que l'on m'a désignée ; mais je ne puis trouver la maison.

Ce dialogue variait peu ; le naïf passant s'étonnait fort et faisait sur cet incroyable bon marché mille commentaires auxquels le poussait du reste son habile interlocuteur.

Alors passait l'autre monsieur très-bien mis, qui feignait d'avoir saisi à la volée et par hasard quelques mots de conversation.

— C'est le magasin des foulards à *cinq sous* que vous cherchez, messieurs, j'y vais précisément; on vient de me l'indiquer ; tenez, c'est à cette porte.

— Mais, hasardait le premier compère avec un doute qui devait donner une haute idée de sa bonne foi, est-ce bien vrai ? n'est-ce pas une mystification ?

— Et qu'est-ce que nous risquons ? allons-y !

Et prenant la victime chacun par un bras, ils l'entraînaient dans la boutique dont nous avons parlé.

Là, les ressources pécuniaires de l'étranger étaient appréciées sur-le-champ par des yeux habiles ; on mesurait aussi ce que l'on pouvait oser avec lui à la dose d'intelligence qu'on lui supposait, et alors, selon le résultat de ce double examen, on le laissait acheter et payer bon nombre de foulards à cinq sous ; mais il était alléché ; d'autres marchandises étaient étalées devant lui. Croyant trouver le même avantage dans l'achat de tous les articles, l'étranger se laissait aller à *profiter de l'occasion* et il emportait quelquefois pour trois ou quatre cents francs une valeur réelle de cinquante francs. Cinq minutes après le départ de la victime, la maison se trouvait fermée comme par enchantement.

Je répète que cent fois peut-être de ma fenêtre, j'ai vu se jouer cette comédie. Il est vrai qu'il y a plusieurs années de cela et que la police a dû mettre ordre à ce trafic ; mais les escrocs sont doués d'une activité d'imagination qui leur permet de transformer au moins la forme de leurs ruses quand elles commencent à vieillir; et depuis, des centaines de moyens de cette nature ont été employés, usés, renouvelés.

Il vous arrivera de rencontrer, principalement sur les grandes voies de communication, des marchands en plein vent qui vous offrent sur un léger éventaire des bijoux à bon marché, des cannes, etc., etc... Arrêtez-vous un instant et observez-les : vous les verrez entourés d'un grand nombre de passants. Dans cette foule, il y a moitié de curieux et moitié de compères. Ces derniers examinent, poussent des exclamations sur le bon marché, achètent, paient et s'en vont ; mais, avec dix minutes de patience, vous les verrez se réunir et rapporter les articles qui reprennent leur place sur l'éventaire. Parfois aussi le marchand, sans se soucier le moins du monde des nombreux acheteurs qui semblent se disputer ses articles, va plier bagage avec précipitation et disparaître. Des sentinelles intelligentes, placées par lui sur tous les points, l'ont averti sans doute de l'approche d'un agent de l'autorité.

L'étranger qui entre dans un café, à Paris, ne doit jamais entamer une partie, à quelque jeu que ce soit, avec un inconnu ; la partie ne fût-elle pas intéressée, car on saurait bientôt, soit par des sollicitations progressives, soit en jouant le dépit à propos de pertes qui, dans ce cas, sont calculées, soit en piquant votre amour-propre, vous amener à jouer de l'argent, et votre chance favorable cesserait bientôt tout à fait. Si vous regardez jouer les autres, ne vous avisez jamais de donner votre avis sur un coup douteux ; c'est presque toujours de cette imprudence que profite un joueur de profession pour entamer une connaissance dont vous ne pouvez manquer de payer seul les frais tôt ou tard.

Il ne faudrait cependant pas voir des filous et des escrocs dans tous les joueurs paisibles des établissements publics ; il est sans doute des gens fort recommandables pour qui ces délassements sont une habitude ; mais la prudence exige qu'à première vue vous ne les jugiez ni trop favorablement ni avec trop de sévérité.

Il est un sujet, délicat entre tous, que nous ne traitons qu'en tremblant, on comprendra qu'il nous faut mettre la plus extrême réserve dans nos observations. Il existe dans les hauteurs du faubourg Montmartre, les rues Saint-Georges, Notre-Dame-de-Lorette, Navarin, Bréda, etc., etc., et un peu, du reste, dans tous les quartiers de Paris, une autre population exceptionnelle qui sème de fleurs le chemin du danger.

Beauté, élégance, savoir-vivre, excellent ton, ne vous fiez à rien, à rien absolument ; votre bourse est plus en danger que votre cœur. Là, du moins, si le péril est plus attrayant, vous avez le temps et la réflexion pour vous, car les engagements, s'ils ont pour origine une rencontre fortuite, ne se prennent jamais le premier jour. Un conseil : Consultez les gravures de Gavarni et méditez profondément les enseignements de ce profond philosophe.

A propos du déjeûner, nous vous avons donné quelques avis que nous allons compléter en vous parlant du dîner. Il est encore un moyen de faire un repas convenable et pour un prix raisonnable : c'est de venir à une table d'hôte en qualité d'habitué. Mais là encore il faut choisir et bien choisir. Si le repas vous paraissait n'être pas payé son prix, entrez soudain en défiance ; c'est qu'on a compté vous le faire payer plus cher qu'il ne vaut. Après le café, au moment où le corps se livre à toutes les béatitudes de la digestion ; quand l'esprit bien disposé voit tout en rose, quand le cœur s'attendrit et est disposé à s'épancher, un charme invincible qui pénétrera en vous par tous les sens, vous invitera traîtreusement à vous reposer dans ce salon si confortable. Quelques femmes sont là qui ont des toilettes charmantes. La chaleur est douce, les fauteuils sont moelleux, la causerie est délicieuse; tous les visages vous sourient ; le piano même fera résonner pour vous sous de jolis doigts, des mélodies enchanteresses ; vous voilà vaincu. Négligemment on dresse une table de jeu, machinalement vous y prenez place, et... le reste se devine, votre soirée vous revient à quelques centaines de francs. Notre cadre ne nous suffirait certainement pas si nous voulions parcourir la gamme des dangers que l'on court dans certaines tables d'hôtes. Prenez de bons renseignements d'abord, puis informez-vous de la confiance que mérite celui qui vous les aura fournis.

Depuis longtemps, à Paris, il n'y a plus de maisons de jeu autorisées ; mais les tripots clandestins existent toujours. Les journaux enregistrent dix fois par mois la découverte d'un de ces antres périlleux. Mais il paraît que le métier est fort lucratif, car la vigilance de la police n'est jamais longtemps en défaut à cet égard, et il est rare que le secret soit un secret pour plus d'un mois ou six semaines. Eh bien ! pour les bénéfices possibles de ces trente ou quarante jours, le lendemain même d'une catastrophe, il se trouve toujours un individu pour risquer la prison et une condamnation correctionnelle. Celui qui se hasarde à jeter son argent à ces roulettes clandestines s'expose de toutes les façons. Comment d'abord peut-il être certain qu'on joue loyalement contre lui; sait-il s'il ne sera pas dévalisé par les inconnus dont il est entouré ? Puis, n'a-t-il pas toujours suspendue sur sa tête une autre épée de Damoclès, l'arrivée subite d'un commissaire de police et de ses agents ? Il vous faudra alors, dans ce lieu honteux ou tout au moins suspect, décliner votre nom, votre qualité, votre demeure, qui peuvent être reproduits le lendemain par les organes de la publicité, accolés aux identités les plus douteuses.

Nous vous avons recommandé d'éconduire avec une froideur polie les gens qui pourraient vous aborder pendant le jour ; à plus forte raison, la nuit fuyez les rencontres. Quand on se trouve éloigné de son pays, qu'il faut rompre avec ses habitudes, manger où l'on se trouve, il peut arriver à l'homme le plus sobre et le plus prudent de se laisser entraîner à quelque excès qui lui trouble un peu la raison. Dans ce cas, prenez une voiture ou du moins rentrez chez vous tout droit et de votre pas le plus rapide. Nous allons terminer par une anecdote qui se rattache au sujet; nous la tenons du héros principal qui était un parisien.

Ce parisien avait assisté à un repas de corps et revenait chez lui avec cette gravité fausse, cette raideur de l'homme qui n'est pas bien certain de sa solidité, et qui voudrait que les autres y crussent. Le grand air acheva le travail du madère et du champagne, et bientôt notre héros se trouva, sans trop savoir comment, donnant le bras à plusieurs individus à qui il racontait en s'attendrissant ses affaires les plus secrètes. Plusieurs fois, ils s'arrêtèrent pour s'embrasser tendrement comme des amis de trente années. Il va sans dire qu'on était entré souvent dans différents cafés.

A trois heures du matin, mon héros qui avait repris un peu de connaissance se trouva devant sa porte avec *ses amis*. Il commençait à trouver suspecte leur obstination à ne le point quitter, sous le charitable prétexte qu'il n'était point en état de se conduire et de se protéger seul.

— Nous quitterons-nous, sans le coup de l'étrier? dit tout à coup l'un d'eux, en retenant le bras de mon héros qui allait agiter le marteau de sa porte cochère.

— Mais les cafés sont fermés.

— J'en connais un qui reste ouvert toute la nuit, reprit un autre; mais c'est fort loin.

— Alors, vous irez sans moi, répondit mon héros agité d'une crainte vague.

— Très-bien, mais nous n'avons plus d'argent!

— Mais... ni moi non plus.

— Vous vous trompez, mon cher ami, vous avez encore dix

francs dans votre gousset de droite, un franc cinquante dans votre gousset de gauche, et huit sous dans la poche de votre pantalon.

Le compte était juste ! Mon héros garda le silence et se consulta en lui-même. Bien loin de pouvoir se défendre, il se sentait tout au plus la force de crier. Il songea qu'il valait mieux donner son argent que de s'exposer à être battu. Il *prêta* donc ses onze francs quatre-vingts centimes à ses amis qui lui donnèrent rendez-vous pour le lendemain et le serrèrent dans leurs bras... peut-être pour s'assurer s'il n'avait pas quelque réserve cachée.

Ils avaient bien compté. Il n'y avait que les onze francs quatre-vingts centimes; qu'ils emportèrent sans rabattre les centimes.

Ces messieurs-là font profession, le soir, de guetter les gens ivres et de les dévaliser. Du reste, ce qu'il y a de consolant, c'est qu'ils ne frappent que quand on leur résiste. Ce sont les voleurs *au poivrier*, ou du moins, ces messieurs se donnent ce nom-là entre eux.

Nous n'avons pas la prétention d'avoir signalé tous les écueils que l'on peut rencontrer à Paris, mais nous avons indiqué les principaux. Heureux si nos avertissements de pilote peuvent sauver un seul navire du naufrage.

RENSEIGNEMENTS GÉNÉRAUX.

SUPERFICIE DE PARIS A DIFFÉRENTES ÉPOQUES.

Paris contenait :

En			
362	Sous l'empereur Julien	39	hectares.
1223	Sous Philippe-Auguste	253	»
1422	Sous Charles IV	439	»
1549	Sous Henri II	483	»
1653	Sous Louis XIII	568	»
1715	Sous Louis XIV	1,104	»
1774	Sous Louis XV	1,357	»
1793	Sous Louis XVI	3,370	»
1848	Sous Louis-Philippe Ier	3,459	»

La population a varié ainsi qu'il suit :

En 1314	—	49,000 habitants.
1789	—	524,186 »
1802	—	547,856 »
1821	—	713,966 »
1825	—	898,705 »
1831	—	912,033 »
1836	—	909,126 »
1841	—	935,261 »
1847	—	1,053,897 »
1852	—	1,200,000 »

AMBASSADEURS.

Les étrangers ont surtout besoin de connaître la situation de toutes les ambassades. En voici la liste avec les adresses.

L'ambassade d'Angleterre est située faubourg Saint-Honoré, 139.

L'ambassade d'Autriche, rue de Grenelle-Saint-Germain, 87.

L'ambassade du Grand-Duché de Bade, rue Ville-L'Évêque, 17.

L'ambassade de Bavière, rue d'Aguesseau, 15.

L'ambassade de Belgique, rue de la Pépinière, 97.

L'ambassade de Bolivie, rue Laffitte, 31.

L'ambassade du Brésil, rue de la Pépinière, 106.

L'ambassade du Chili, rue de l'Université, 69.

L'ambassade de la Confédération argentine, rue Saint-Georges, 36.

L'ambassade de Costo-Rica, place de la Bourse, 4.

L'ambassade du Danemark, rue de la Pépinière, 88.

L'ambassade des Deux-Siciles, faubourg Saint-Honoré, 47.

L'ambassade d'Espagne, rue de la Chaussée-d'Antin. 45.

L'ambassade des États-Romains, rue de l'Université, 69.

L'ambassade des États-Unis, rue de Matignon, 19.

L'ambassade de Grèce, faubourg Saint-Honoré, 70.

L'ambassade de Hanovre, rue Miroménil, 16.

L'ambassade de la Hesse-Électorale, rue de Ménars, 4.

L'ambassade du Mexique, rue de Tivoli, 10.

L'ambassade de Nassau, rue de la Ville-l'Evêque, 10.

L'ambassade de Nicaragua, rue de la Ferme, 13.

L'ambassade des Pays-Bas, rue de Suresnes, 28.

L'ambassade de Portugal, rue de Lille, 77.

L'ambassade de Prusse, rue de Lille, 78.

L'ambassade de Russie, faubourg Saint-Honoré, 33.

L'ambassade de Sardaigne, rue Saint-Dominique-Saint-Germain, 133.

L'ambassade de Saxe, place de la Madeleine, 2.

L'ambassade de Suède et Norwège, rue d'Anjou-Saint-Honoré, 74.

L'ambassade de Suisse, rue Chauchat, 9.

L'ambassade de Toscane, rue Caumartin, 3.

L'ambassade de Turquie, rue des Champs-Elysées, 5.

L'ambassade d'Uragay, rue Notre-Dame-de-Lorette, 17.

L'ambassade des villes libres et anséatiques, rue Trudon, 6.

L'ambassade de Wurtemberg, rue d'Aguesseau, 13.

THÉATRES.

Le Grand-Opéra est situé rue Lepelletier et contient 1,950 personnes.

Le Théâtre-Français, rue de Richelieu; il contient 1,650 personnes.

Le Théâtre Italien, place Ventadour; il contient 1,700 personnes.

L'Opéra-Comique, place Boïeldieu; il contient 1,500 personnes.

L'Odéon, place de l'Odéon, faubourg Saint-Germain; il contient 1,650 personnes.

Les Variétés, boulevard Montmartre, 7; il contient 1,250 personnes.

Le Vaudeville, place de la Bourse; il contient 1,300 personnes.

Le Gymnase, boulevard Bonne-Nouvelle, 38; il contient 1,300 personnes.

Le Palais-Royal, rue Montpensier, 40; il contient 930 personnes.

La Porte-Saint-Martin, boulevard Saint Martin, 16 et 18; il contient 1800 personnes.

L'Ambigu-Comique, boulevard Saint-Martin; il contient 1,900 personnes.

Le Théâtre-Lyrique, boulevard du Temple, 72; il contient 1750 personnes.

La Gaîté, boulevard du Temple, 58; il contient 1,800 personnes.

Le Cirque-Impérial, boulevard du Temple, 70 ; il contient 2,000 personnes.

Les Folies-Dramatiques, boulevard du Temple, 62; il contient 1,200 personnes.

Le théâtre du Luxembourg, rue Madame, 39 : il contient 950 personnes.

Les Délassements-Comiques, boulevard du Temple, 52 ; il contient 1,200 personnes.

Les Funambules, boulevard du Temple, 54. Il contient 850 personnes.

L'Hippodrome est situé barrière de l'Étoile.

Les Arènes sont situées rue des Terres-Fortes, derrière le chemin de fer de Lyon.

Ces deux derniers sont des spectacles équestres.

Après avoir donné ces listes, nous publierons plus loin une histoire spéciale de chacun de ces théâtres. Nous allons entamer maintenant une histoire des monuments de Paris, et nous commencerons naturellement par ceux qui sont le siége du chef de l'Etat et de ses grands pouvoirs.

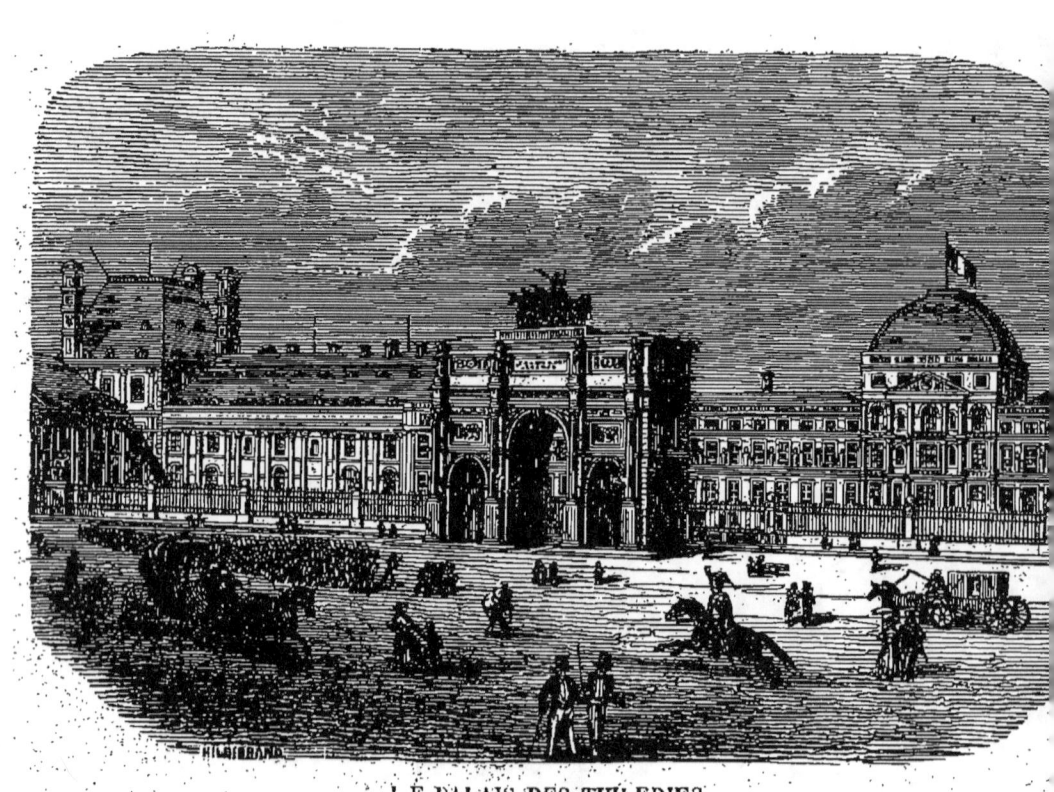

LE PALAIS DES TUILERIES.

PREMIÈRE SÉRIE.

LE PALAIS DES TUILERIES.

Ce palais, demeure des rois de France depuis bien longtemps et aujourd'hui encore de l'Empereur Napoléon III, est un monument qui, sous le rapport de l'architecture, a des défauts essentiels, mais qui n'en est pas moins une magnifique création. Son histoire expliquera, mieux que toutes les descriptions, ce qu'il peut avoir de défectueux au point de vue de l'art régulier.

C'est au moins une singulière anomalie que le nom d'une demeure royale, traversant plusieurs siècles et empruntant son origine à une fabrique. Il est aujourd'hui à peu près certain que, sur le terrain où s'élève ce palais, il existait une tuilerie ou fabrique de tuiles, sous le règne de Charles VI.

Ce fut seulement en 1564 que Catherine de Médicis fit construire le pavillon du milieu, les deux corps de logis qui ont chacun une terrasse faisant face au jardin, et les deux pavillons qui en formaient alors les extrémités. Les additions que firent successivement Henri IV, Louis XIII et Louis XIV, augmentèrent l'étendue et l'importance de ce palais, mais lui enlevèrent tout caractère. Aujourd'hui encore on peut rester saisi d'admiration devant le Louvre; mais le palais des Tuileries n'éveille aucune idée de grandeur artistique.

Il est utile de dire pourquoi Catherine de Médicis laissa tout à coup son ouvrage imparfait, ordonnant à Philibert Delorme et à Jean Bulant, premiers architectes du château des Tuileries, de cesser leurs travaux et de laisser peut-être leur plan primitif incomplet. Un astrologue, qu'elle avait osé consulter sur l'heure de sa mort, en présence d'une question si délicate faite par une reine, s'était tiré de ce mauvais pas, comme se tirent des difficultés de leur vaine profession les devins de tous les temps, par un oracle à double ou triple sens, assez vague pour que la superstition puisse toujours y adapter l'événement avec sa foi robuste ordinaire ; il répondit à la reine : Ayez méfiance de Saint-Germain !

On comprend que Catherine de Médicis qui, malgré sa vaste intelligence, croyait à l'astrologie judiciaire, ne voulût plus, depuis cette époque, faire un voyage à Saint-Germain-en-Laye; mais étendant encore le sens de la prédiction, elle ne voulut plus habiter les Tuileries qui se trouvaient sur la paroisse de Saint-Germain-l'Auxerrois. C'est alors qu'elle fit bâtir l'hôtel de Soissons. Pourquoi faut-il que, par une étrange coïncidence, le nom de l'évêque qui l'assista à ses derniers moments, ait en quelque sorte donné raison à la prédiction de l'astrologue. Quand la reine Catherine de Médicis connut le nom de son confesseur, elle se dit perdue et se prépara sérieusement à quitter le monde. Ajoutons que, très-probablement, cette circonstance hâta ses derniers moments.

Cependant, dans le palais des Tuileries, fut donnée, quatre jours avant le massacre de la Saint-Barthélemy, un fête impie, abominable, qui semblait prophétiser cet épouvantable massacre. Or, il est impossible de penser que, quatre jours avant cette nuit fatale, la reine mère et le roi n'avaient point déjà formé leur plan. Un ballet allégorique, dans lequel étaient mêlés le christianisme et le paganisme, fut comme la répétition générale de la Saint-Barthélemy ; et, par une raffinerie infâme, les acteurs, chargés de défendre le Paradis, étaient le roi, ses deux frères et les gentilshommes catholiques les plus connus ; tandis que ceux qui devaient être chargés d'attaquer le Paradis se trouvaient être les plus célèbres personnages de ce temps faisant profession de la religion réformée ; à leur tête marchaient le roi de Navarre et le prince de Condé.

Un étrange rapprochement nous ferait pourtant douter que le nom de *Tuileries* eût été donné à ce palais à cause de la fabrique de tuiles qui aurait existé sur cet emplacement du temps du roi Charles VI, c'est que le plus beau jardin public d'Athènes portait le nom de *Céramique*, qui veut dire tuilerie. Ce nom n'aurait-il pas, comme bien d'autres, été donné au nouveau palais en imitation des usages de la Grèce ? Nous signalons ce fait, sans oser nous prononcer.

Si nous écrivions pour la postérité, il conviendrait d'entreprendre la description complète du château et des jardins des Tuileries tels qu'ils existent aujourd'hui ; mais nous devons nous borner à dire au voyageur que les jardins dessinés par le célèbre architecte Lenôtre sont admirables pour ceux que charme cette nature régulière et de convention : c'est là et plus que partout ailleurs le cachet du règne de Louis XIV. Les jardins comme les galeries intérieures abondent en chefs-d'œuvre de peinture et de sculpture qui méritent un long et sérieux examen.

Nous allons compléter en quelques mots l'histoire des Tuileries : Louis XIV, comme nous l'avons dit dans une précédente notice, se hâta d'abandonner les Tuileries quand il eut fait construire Versailles, qui devint le séjour de la cour jusqu'à la première révolution. Un mouvement populaire força le roi Louis XVI et sa famille de revenir habiter le palais des Tuileries ; l'attaque du 10 août ensanglanta les appartements de ce palais qui demeura vide jusqu'au consulat.

Le 29 juillet 1830, le peuple attaqua et prit le château des Tuileries.

Louis-Philippe le quitta volontairement le 24 février 1848, après l'avoir habité pendant les dix-huit années de son règne. Ce monarque y avait fait de grands embellissements, qui, du reste, comme tous les travaux qui y furent successivement exécutés en dehors du plan primitif, eurent pour résultat d'altérer le caractère du monument.

Le palais des Tuileries est aujourd'hui habité par l'empereur Napoléon III.

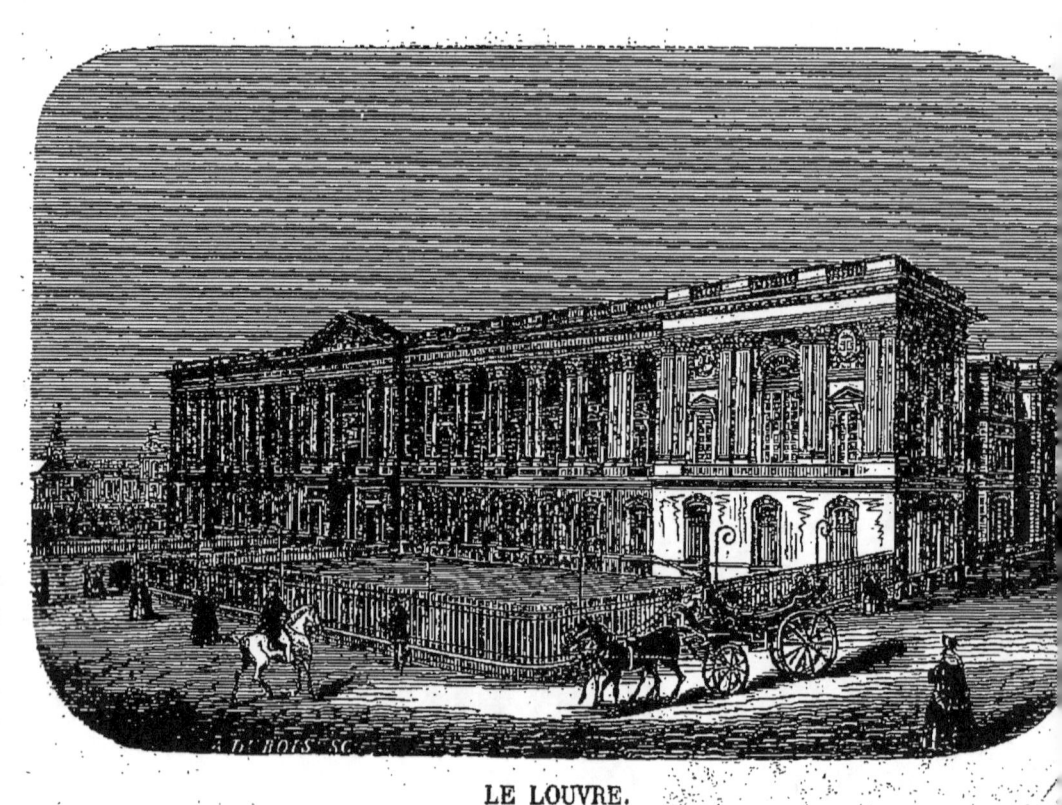

LE LOUVRE.

LE LOUVRE.

Toute la rive droite de la Seine était autrefois un bois touffu qui n'avait même pas entièrement disparu du temps de Saint-Louis. Si l'on veut admettre l'opinion qui donne à la dénomination de *Louvre* l'étymologie de *Lupara* (*louve*), il faut en conclure que, sur cet emplacement, était d'abord un simple rendez-vous de chasse. Cette opinion serait d'autant plus vrai-

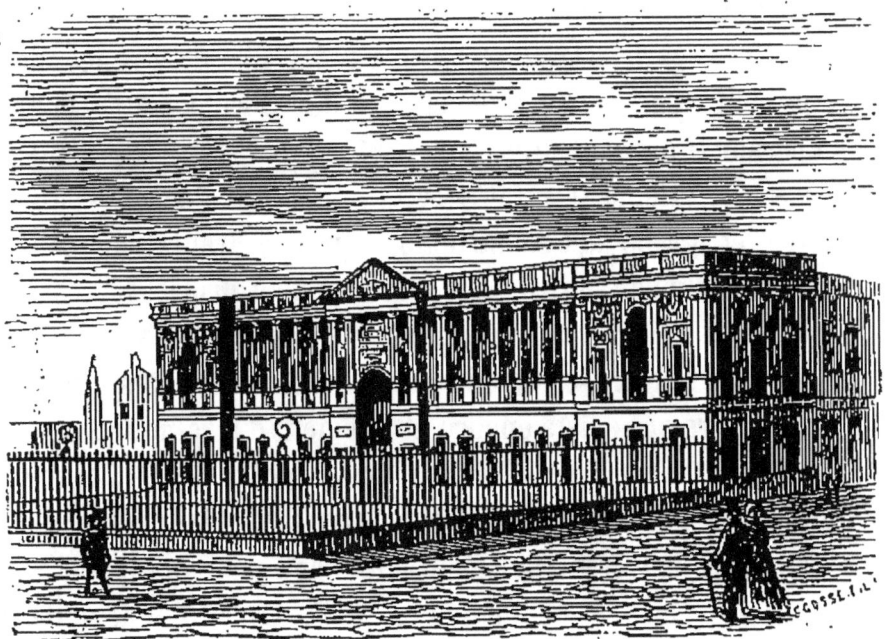

semblablement admise, que nous trouvons dans de vieux historiens, que le roi Dagobert logeait là ses chiens, ses chevaux de chasse et ses piqueurs.

Ce serait, selon les conjectures les mieux justifiées, le roi Philippe-Auguste qui le premier aurait fait bâtir là une tour qui n'existe plus depuis longtemps. Cette tour, à laquelle s'en reliaient d'autres moins élevées, devenait une espèce de citadelle environnée de larges fossés. Elle était, disent les historiens, d'un aspect fort triste et fort sombre, et elle servit de prison à de grands personnages; Jean de Montfort, qui disputait le duché de Bretagne à Charles de Blois, Charles le Mauvais, roi de Navarre, y furent enfermés. Charles V dépensa, dit-on, cinquante mille livres à rehausser ce palais et à en améliorer l'intérieur, et commença une nouvelle enceinte de Paris en 1367. Cette enceinte, achevée sous Charles VI, renfermait dans Paris la citadelle du Louvre qui, jusqu'à cette époque, se trouvait hors des murs.

Manuel, empereur de Constantinople, et Sigismond, empereur d'Allemagne, furent logés dans la tour du Louvre, quand ils vinrent à Paris, vers l'an 1380, car les rois de France n'en firent point leur demeure à cette époque. François Ier y logea l'empereur Charles-Quint en 1539. Les rois de France, Charles IX, Henri III, Henri IV et Louis XIII demeurèrent au Louvre, et, grâce aux constructions qu'ils y firent exécuter, les tours de Philippe-Auguste ont complétement disparu.

Le palais du Louvre se rattache, comme le château des Tuileries, à la triste histoire de la Saint-Barthélemy. C'est, dit-on, d'une fenêtre qui existe encore et qui vient d'être nouvellement restaurée avec un luxe intelligent, que le roi Charles IX, armé d'une arquebuse, tirait sur les malheureux qui, blessés, s'efforçaient de traverser la Seine à la nage pour échapper à la mort. Cette fenêtre historique est à l'extrémité de la galerie d'Apollon. Ce fut ce même roi Charles IX qui commença la construction de la galerie qui va rejoindre les Tuileries, galerie dont le parallèle, en cours d'exécution aujourd'hui du côté de la rue de Rivoli, va enceindre la magnifique place du Carrousel.

A partir du règne de Louis XIV, le Louvre devint véritablement un palais hors ligne ; le ministre Colbert se passionna pour ce palais. François d'Orbay et surtout Perrault, le médecin, que Boileau a poursuivi de ses épigrammes et de ses satires, travaillèrent à ses embellissements. Perrault (Claude), est l'auteur de cette magnifique colonnade qui fait face à l'église Saint-Germain-l'Auxerrois. Le Louvre, tel que nous le voyons, mais non tel que nous le verrons avant quelques mois, a été achevé par l'empereur Napoléon Ier à qui l'on doit le plan gigantesque que l'on exécute aujourd'hui.

Le Louvre fut aussi le théâtre d'une grande bataille en juillet 1830.

Dans les galeries du Louvre est renfermé ce que le pays a de plus précieux comme monuments des arts anciens et modernes. Les galeries de peinture, de sculpture, d'antiquités de tous les continents forment une collection unique en Europe. Napoléon, dans le cours de ses conquêtes, avait enrichi les musées de chefs-d'œuvre qui furent repris par les armées étrangères, lors de l'invasion de 1815. On raconte — et ceci honore notre nation — que les commissaires des gouvernements étrangers ne trouvèrent pas un seul commissionnaire ou portefaix qui voulût, quel que fût le prix offert, se charger de sortir du Louvre les tableaux ou les statues.

LE PALAIS-ROYAL.

En 1629, le cardinal Richelieu fit commencer la construction du *Palais royal*, qui dut longtemps à cette origine le nom de *palais Cardinal*. Le ministre, souvent, dans ses accès d'orgueil, justifiés du reste par le pouvoir absolu que lui laissait Louis XIII et par sa supériorité réelle, aimait à jouer au sou-

verain ; mais il était assez perspicace pour ne pas bientôt comprendre qu'il pouvait se perdre par ses magnificences, et il savait alors tout sacrifier à son ambition. C'est ainsi seulement que l'on peut s'expliquer le don volontaire qu'il fit au roi Louis XIII de ce palais qu'il s'était fait construire. C'est alors

LE PALAIS-ROYAL.

que le nom de *Palais royal* fut substitué, et très-vraisemblablement pour toujours, à celui de *palais Richelieu* ou *palais Cardinal*. Cependant cette demeure princière ne demeura pas longtemps la propriété de la couronne. Pendant la minorité de Louis XIV, Anne d'Autriche en fit sa demeure ; mais le roi, devenu majeur, céda ce palais à son frère Philippe. Le régent l'habita et y mourut.

Le premier mouvement sérieux de la révolution de 1789 commença au Palais-Royal. Le célèbre Camille Desmoulins, monté sur une chaise du jardin, y harangua les jeunes gens de la bourgeoisie, et les feuilles des arbres devinrent un signe de ralliement pour le parti révolutionnaire. Ce fut aussi le point de départ de plusieurs autres agitations, et là fut décidée l'expédition de Versailles, qui eut pour objet et pour effet de ramener le roi Louis XVI au sein de la ville de Paris.

Pendant la révolution, le Palais-Royal prit tour à tour les noms de *palais Egalité* et de *palais du Tribunal*. C'était la propriété et la demeure de Louis-Philippe, duc d'Orléans, et de sa famille quand survint la révolution de 1830. Louis-Philippe, nommé lieutenant général du royaume, y resta jusqu'à son avénement à la couronne, et ne le quitta que pour aller prendre possession des Tuileries comme roi des Français.

Ce fut pour ainsi dire à partir de ce moment que le *Palais royal* commença à perdre de sa splendeur. Dans les derniers temps de la restauration, il avait une réputation européenne, et les étrangers venaient avant tout visiter ses galeries. Le mouvement et le commerce de luxe y étaient remarquables ; toutes les boutiques situées sous les arcades qui entourent le jardin étaient occupées par des joailliers et des bijoutiers. Les trop célèbres *galeries de bois*, sur l'emplacement desquelles on a construit depuis la galerie d'Orléans, ou la galerie vitrée, étaient envahies tous les soirs par une foule compacte. Il faut bien le dire, ce luxe et ce mouvement prodigieux n'avaient pas une source très-pure : là étaient les plus célèbres maisons de jeux et de débauche, et le vice alimentait ce centre de corruption qui déshonorait un de nos plus riches monuments. On n'a rien à regretter de cette splendeur perdue, au moins au point de vue de la morale.

Après la révolution de 1848, le Palais-Royal devenait le Palais-National, mais il a repris son ancien nom depuis la proclamation de l'Empire. Le jardin est maintenant pendant le jour le rendez-vous des petits enfants et leur promenade favorite, mais ses galeries sont assez tristes pendant les soirées d'hiver.

PALAIS DU CORPS LÉGISLATIF.

La place de la Concorde, aujourd'hui l'un des plus beaux ensembles que possède aucune ville d'Europe, présente à la vue un chef-d'œuvre d'architecture à ses quatre points cardinaux. L'arc de triomphe de l'Étoile, avec la perspective de la grande allée des Champs-Élysées, l'église de la Madeleine, le château des Tuileries, et enfin le palais Bourbon, palais de la chambre des députés et maintenant du Corps législatif.

La duchesse douairière de Bourbon employa une somme énorme à la construction de ce palais, qui présente véritablement un aspect grandiose. Continué par le prince de Condé, il ne fut achevé qu'en 1789.

Ce palais fut tour à tour le siége des séances du conseil des Cinq-Cents, Corps législatif sous Napoléon Ier ; de la chambre des députés, depuis la promulgation de la charte, au retour des Bourbons, et depuis leur chute, sous le règne de Louis-Philippe. Après le 24 février, on éleva en moins de six semaines une construction légère qui devint le lieu des séances de l'Assemblée nationale. Cette salle a été démolie, et le Corps législatif est en possession de l'ancienne chambre des députés. Ce palais, depuis 1848, est devenu la propriété de l'Etat.

On sait que dans toutes les secousses révolutionnaires, de graves événements se passèrent dans son enceinte. Là les députés proclamèrent Louis-Philippe roi des Français en 1830. La dernière séance tenue le 24 février 1848, séance dans laquelle la duchesse d'Orléans vint mettre ses enfants sous la protection des députés, est aujourd'hui une des plus intéressantes pages de notre histoire. Les efforts de la duchesse furent vains, et la chambre, envahie par les combattants, forma par acclamations un gouvernement provisoire.

Le 15 mai de la même année, l'Assemblée constituante fut soudainement envahie, et une tentative de révolution, qui cette fois fut promptement étouffée, mit le nouveau gouvernement en péril. Un mouvement analogue eut lieu le 13 juin 1849, mais personne ne put pénétrer dans la salle des séances.

LE LUXEMBOURG

LE PALAIS DU LUXEMBOURG OU DU SÉNAT.

Ce n'était, vers 1437, qu'un hôtel particulier qu'on appelait hôtel de Luxembourg, du nom de la famille à laquelle il appartenait et qui était de la branche de Pinet, de la célèbre maison de Luxembourg.

En 1612, Marie de Médicis, alors régente, acheta cet hôtel

ou plutôt les ruines qui en restaient, et fit construire sur cet emplacement le palais tel qu'il existe. On sait que cette reine mourut à Cologne le 3 juillet 1642, âgée de 68 ans, exilée par la volonté du cardinal de Richelieu, contre qui elle avait voulu lutter pour diriger la volonté de son fils Louis XIII. Celui-ci consentit à cet exil presque malgré lui, et il ne fallait rien moins que la forte volonté du célèbre cardinal-ministre pour maintenir le roi dans ces dispositions. Du reste, Marie de

Médicis avait à se reprocher peut-être la faiblesse de caractère que montra son fils quand il fut sur le trône. Dominée elle-même par le maréchal d'Ancre et surtout par sa femme, elle avait appris à Louis XIII à céder à une influence supérieure, et ce fut Richelieu qui profita de ces dispositions. Gaston d'Orléans, frère du roi, hérita du palais que l'on nomma dès lors palais d'Orléans.

Le dernier grand personnage qui habita le château du Luxembourg fut le comte de Provence, qui y resta jusqu'à son départ pour l'étranger. Il ne revint de cet exil que pour prendre la couronne dans le nom de Louis XVIII.

Pendant la révolution, le Luxembourg servit de prison, puis il fut le palais du Directoire, et plus tard le palais du Sénat ; il devint, après la restauration, le palais de la chambre des Pairs. Pendant le règne de Louis-Philippe, les accusés politiques furent jugés par la cour des Pairs dans le lieu de ses séances.

Le musée du Luxembourg est justement célèbre ; c'est une collection admirable : les jardins, plantés autrefois par Jacques Desbrosses, sont ornés de statues remarquables.

LE PALAIS DE JUSTICE.

ÉLYSÉE NATIONAL.

C'est plutôt un souvenir historique qu'un monument remarquable.

L'Élysée fut tour à tour l'habitation de madame de Pompadour, maîtresse de Louis XV, du grand duc de Berg, de Napoléon Ier, du duc de Berri, puis enfin du prince Louis-Napoléon, alors président de la république française.

LE PALAIS DE JUSTICE.

Le palais situé dans la Cité fut, comme nous l'avons dit plus haut, le premier séjour des rois de France, depuis Hugues Capet jusqu'à Charles V ; nous avons, dans notre notice sur l'hôtel Saint-Paul, expliqué que ce fut pour habiter cet hôtel, qu'il avait fait construire à grands frais, que Charles V abandonna le palais de la Cité. C'était, disent les plus anciens historiens, un assemblage de grosses tours reliées entre elles par des galeries ; les palais alors avaient nécessairement la forme d'une citadelle. Son jardin, qu'on appelait le Jardin du roi, occupait le terrain où est la cour de Lamoignon. L'espace qu'on appelle aujourd'hui cour du Harlay était planté de vigne, et produisait, dit-on, d'excellent vin, dont les rois faisaient des cadeaux à leurs courtisans.

Saint Louis fit bâtir la Sainte-Chapelle, et Philippe le Bel changea l'aspect et la distribution du Palais ; puis deux incendies, à un siècle de distance, dont les ravages furent complets, nécessitèrent de tels travaux, qu'on peut dire que plusieurs palais ont été successivement construits sur cet emplacement depuis le palais primitif, qui fut habité par César, par les proconsuls romains et même par l'empereur Julien.

Abandonné au parlement par Charles VII, le palais devint plus tard l'asile de la justice. Deux galeries marchandes, qui existaient il y a plus de deux siècles, avaient une certaine célébrité ; Corneille a pris pour titre d'une de ses premières comédies : *la Galerie du Palais*, et Boileau y plaça la scène finale e son poëme héroï-comique *le Lutrin*.

En 1559, le parlement fit faire un *montoir* de pierre dans la cour du May, pour que les juges et les avocats pussent plus aisément remonter sur leurs mules au sortir de l'audience.

Si nous avons dit déjà qu'une histoire complète de Paris serait en quelque sorte une histoire de France, nous pouvons ajouter qu'une histoire du Palais se rattacherait à tous les principaux événements dont Paris a été le théâtre. Au temps des guerres civiles de la Ligue et de la Fronde, le parlement joua un noble et beau rôle, et les séances tenues dans ces temps de trouble, dans *la grand'chambre du parlement* où siége aujourd'hui la Cour de cassation, feront l'éternel honneur de la magistrature française.

De grands travaux ont été exécutés dernièrement au Palais de Justice, qui est relié à la prison de la Conciergerie et à la Préfecture de police. Tout un corps de bâtiment a été construit derrière la Sainte-Chapelle, elle-même nouvellement restaurée.

Cour de cassation, cours impériales ou chambres d'appel, chambres civiles et correctionnelles, tribunal de simple police, grand et petit parquets, cabinets des juges d'instruction greffes, etc., tout est renfermé dans l'enceinte du Palais de Justice.

La *salle des pas perdus* est le rendez-vous des plaideurs et des avocats ; elle offre presque tous les jours le plus étrange et le plus varié des aspects pour l'observateur. Une douzaine d'écrivains publics, rédacteurs et copistes de mémoires, de pétitions, de rapports, se tiennent dans son enceinte, et c'est à eux que viennent s'adresser les plaideurs illettrés. Là, à côté d'une grande famille qui attend l'issue d'un procès civil qui peut la ruiner, se rencontrent parfois les parents du criminel sur le sort duquel la justice va prononcer. Chacun est si bien préoccupé de ses affaires que, sauf quelques rares promeneurs, personne n'observe ses voisins. Au moment où nous écrivons, on travaille encore dans la salle des pas perdus, et, sur la réclamation de M. le président Debelleyme, l'autorité vient de prendre des mesures pour que de vastes toiles interceptent les courants d'air, afin que MM. les juges et les avocats, au sortir des salles d'audience, ne soient pas exposés à devenir malades. La statue de M. de Malesherbes, défenseur de Louis XVI, est placée dans cette salle, et nous engageons les étrangers à visiter l'ancienne grand'chambre du parlement, aujourd'hui la Cour de cassation ainsi que la galerie qui y conduit : ses ornements sont d'une richesse et d'un goût parfaits.

L'HOTEL-DE-VILLE.

Quand Paris n'était encore que *Lutèce* et renfermé tout entier dans une île de la Seine, il avait déjà ses officiers municipaux sous le nom de *défenseurs de la cité*. Ils réglaient les dépenses communes, maintenaient les priviléges et protégeaient le commerce.

En mars 1711, en creusant la terre sous le chœur de l'é-

glise Notre-Dame, on trouva une inscription établissant que le corps des *Nautes* de la ville de Lutèce avait fait élever un autel à Esus, à Jupiter, à Vulcain, à Castor et Pollux. Le corps des *Nautes* ou corporation de marchands dont le commerce se faisait par eau serait donc, selon toute probabilité, l'origine du corps municipal, tel qu'il est constitué depuis longtemps. Cependant, ce n'est que sous la troisième race que l'on peut fixer le lieu de ses assemblées ; c'était dans une maison appelée la maison de la marchandise. Plus tard, ce *parloir aux bourgeois*, comme on le désignait, se tint près du grand Châtelet, puis dans une tour de l'enceinte qui se trouvait dans la rue Saint-Jacques. Ces défenseurs de la cité prirent les noms d'échevins et de prévôts des marchands, en 1274, sous le règne de Philippe le Hardi.

En 1357, ils achetèrent, au prix de deux mille huit cent quatre-vingts livres, la *maison aux piliers*, située sur la place de Grève. L'Hôtel-de-Ville ne fut achevé qu'en 1605, et c'était, au dire d'un historien du temps, un édifice public du plus mauvais goût, mal placé surtout en ce qu'il se trouvait sur la place même ou l'on dressait le gibet et les échafauds, de sorte que les réjouissances et les exécutions devaient se faire au même endroit.

Quant à ce dernier inconvénient dont se plaignait l'écrivain que nous venons de citer, lequel n'était probablement, en cette circonstance, que l'écho de la clameur publique, il n'y a pas vingt ans qu'il a disparu. Les criminels ont été depuis exécutés à la barrière Saint-Jacques et devant la prison de la Roquette. Mais l'Hôtel-de-Ville n'est plus cet édifice de mauvais goût que l'on signale ; c'est aujourd'hui un vaste parallélogramme, ayant un pavillon à chacun de ses angles, avec une splendide façade sur laquelle on voit les statues des hommes qui, dans tous les temps et dans toutes les carrières, ont rendu des services à la France. Depuis 1836 surtout, l'Hôtel-de-Ville est devenu un des plus remarquables édifices de Paris. Son entourage a été déblayé des hideuses maisons qui le cachaient et lui faisaient une ceinture de rues étroites et boueuses.

L'Hôtel-de-Ville a joué un rôle politique important dans la

révolution ; c'était la demeure des maires de Paris. En juillet 1830, il fut pris et repris par le peuple et par la garde royale, la troisième fois seulement il resta au pouvoir de l'insurrection populaire. Il fut le véritable siège du gouvernement jusqu'à la proclamation du roi Louis-Philippe.

Le gouvernement provisoire y fut installé après la révolution de février 1848.

C'est là que réside maintenant le préfet de la Seine et que sont situés les bureaux de la Préfecture, dont l'organisation est à peu près la même que sous le règne de Louis-Philippe.

PALAIS DE L'INSTITUT.

Nous avons dit à propos de l'Hôtel et de la Tour de Nesle, que sur leur emplacement avait été construit le collége des Quatre-Nations ou collége Mazarin. Par ordre de Louis XIV et sur les dessins de l'architecte Leveau, fut élevé cet édifice qui, en 1801, fut destiné aux séances de l'Institut et prit le nom de palais des Beaux-Arts. Cet édifice, fort simple à l'extérieur, mais qui, par cette simplicité, même ne manque pas de caractère, est en harmonie parfaite avec le palais du Louvre, auquel il fait vis-à-vis de l'autre côté de la Seine.

C'est le palais des cinq Académies :

L'Académie française;

L'Académie des sciences;

L'Académie des inscriptions et belles-lettres;

L'Académie des sciences morales et politiques;

L'Académie des beaux-arts.

L'Académie française dut, assure-t-on, son établissement à la jalousie que conçut contre Pierre Corneille un grand ministre qui voulait être poète. Il répugne à la conscience humaine d'attribuer un si beau résultat à une passion si mesquine chez un homme comme le cardinal de Richelieu, et nous sommes heureux de trouver une origine plus naturelle et plus vraisemblable à cet illustre corps. Il est vrai que Richelieu écrivait des tragédies, il est non moins exact qu'il composait de mauvaises pièces et de mauvais vers ; il est vrai que l'Académie censura, par l'ordre de Richelieu, peut-être, ou peut-être aussi par un zèle de flatterie à l'adresse du ministre-cardinal, le chef-d'œuvre de notre grand poète, le *Cid;* mais de là à la première conjecture il y a bien loin.

Environ vers l'an 1629, dit Moréri dans un dictionnaire historique, quelques particuliers, gens de lettres et de mérite, logés en divers endroits de Paris, ayant résolu de se voir un jour de la semaine, chez l'un d'eux, pour causer plus commodément, furent les premiers qui donnèrent naissance à l'Académie. Parmi eux se trouvait M. de Bois-Robert, qui ayant parlé au cardinal de ces entretiens hebdomadaires, lui fournit l'idée de donner à ce corps une existence régulière. Les lettres patentes furent délivrées au mois de janvier 1635 et vérifiées au parlement le 10 juillet 1637; c'est alors seulement que le nombre des académiciens fut fixé à quarante. Le discours de remercîment que fit Patru pour son admission fut l'origine de cet usage auquel se soumettent tous les nouveaux élus. Le nom d'Académie française fut le sien dès ce moment.

L'Académie tint longtemps ses séances chez plusieurs de ses premiers fondateurs, mais à la mort du cardinal de Richelieu, le chancelier Séguier, qui en était le protecteur, permit à la compagnie de s'assembler chez lui. Après la mort du chancelier de France, le roi lui-même se déclara le protecteur de l'Académie et lui donna une salle dans le Louvre, l'ancienne salle du conseil.

En décembre 1637 fut formé le projet de composer en corps un dictionnaire français : le célèbre Vaugelas fut chargé des travaux préparatoires de cet ouvrage; la première édition du Dictionnaire de l'Académie a paru en 1694. L'Académie donnait, autrefois, tous les deux ans, le jour de la Saint-Louis, un prix d'éloquence et un prix de poésie. Le prix d'éloquence, qui était une médaille d'or de la valeur de 200 livres, avait été fondé par M. de Balzac. Le prix de poésie, fourni d'abord par la companie elle-même, fut enfin fondé à perpétuité, moyennant la somme de 3,000 livres constituée sur l'Hôtel-de-Ville de Paris, par M. de Clermont-Tonnerre, évêque de Noyon. Maintenant l'Académie est encore chargée de distribuer plusieurs autres prix de différents fondateurs parmi lesquels est Monthyon.

L'Académie des sciences fut établie à Paris, l'an 1666, par Colbert, à la sollicitation de M. l'abbé de Bourzeis et de M. Duclos. Bien que les lettres patentes ne furent délivrées par le roi qu'en 1699, les académiciens s'assemblèrent régulièrement à partir de l'établissement de leur compagnie, et se formèrent un règlement composé de cinquante articles. Cette académie se divise en dix sections. Ses travaux sont éminemment remarquables, et s'ils sont moins connus que les travaux littéraires de l'Académie française, on en peut trouver la cause dans leur spécialité scientifique qui ne les met point à la portée de tout le monde. L'Académie des sciences distribue aussi annuellement plusieurs prix fondés dans l'intérêt de la science. Elle est composée de soixante-cinq membres.

L'*Académie des inscriptions et belles-lettres* établie par le roi en 1663, sous le nom d'*Académie royale des inscriptions*, n'était alors composée que de cinq membres, « qui devaient » s'appliquer, dit Moréri, à faire des inscriptions, à inventer » des types, des légendes de médailles, des devises à la gloire » du roi et des hommes illustres de France. » En 1704, la compagnie se composait de huit académiciens et d'un président, et vers la fin de la même année, le nombre de ses pensionnaires fut fixé à quarante. En 1716, les lettres patentes furent délivrées et l'Academie prit le nom qu'elle porte encore aujourd'hui.

L'*Académie des sciences morales et politiques* fut fondée en 1795. Son titre nous dispense de toute explication sur la nature de ses travaux.

LES INVALIDES.

L'*Académie des beaux arts* est composée de quarante membres. En 1648, sous le règne de Louis XIII, M. Des-Noyers, secrétaire d'Etat et surintendant des bâtiments du roi, fonda une académie de peinture et de sculpture qui dut son lustre et peut-être son existence à la protection du chancelier Seguier, du cardinal Mazarin, et enfin du ministre Colbert qui en pensionna les membres. Colbert fonda en outre, en 1671, une académie d'architecture. Ces deux corps, réunis plus tard à l'Académie de musique, formèrent l'Académie des beaux arts.

Tous les ans, au mois de janvier, les cinq Académies se réunissent en séance solennelle au palais de l'Institut.

HOTEL DES INVALIDES.

Abstraction faite de la beauté du monument que nous examinerons tout à l'heure, rien d'admirable, de saisissant comme l'hôtel des Invalides. Henri IV et Louis XIII avaient déjà tenté d'assurer le sort des vieux soldats invalides; mais les fondations qu'ils avaient faites dans ce but, insuffisantes comme forme et comme moyens, n'avaient rien de sérieux ni de durable. A la honte des gouvernements européens et à la gloire de la France, les vieux militaires en étaient encore réduits à mendier leur pain dans certains grands royaumes, quand déjà la France leur donnait un asile glorieux. Louis XIV le premier songea à leur assurer un avenir et fit construire l'hôtel des Invalides; l'édifice impliquait pour toujours l'institution. Liberal de Bruant traça par ses ordres le plan des Invalides, et huit années suffirent pour l'achèvement complet des travaux. Sur la rive gauche de la Seine, auprès de l'Ecole militaire et par conséquent du Champ de Mars, viennent se reposer et s'endormir tranquillement, du dernier sommeil, les braves que l'amour de la gloire et du pays a mutilés.

C'est surtout dans cet édifice que l'on reconnaît le mieux le grand caractère de Louis XIV; les jardins de Versailles, les plus admirables créations de luxe qui ont signalé son règne n'indiqueraient tout au plus que la toute puissance et un amour du beau, qui serait resté infécond chez tout autre que chez le maître d'une grande nation, mais, dans la construction de l'hôtel des Invalides, il y a tout à la fois de l'orgueil, du cœur et de l'intelligence : un cœur sec n'en eût pas eu l'idée, un esprit mesquin n'eût imaginé qu'un bâtiment commode, un esprit purement vaniteux n'eût songé qu'à élever un mausolée. Louis XIV, dont le règne doit tant d'éclat à la gloire militaire, fut assez intelligent pour songer à ses vieux soldats pauvres et infirmes ; il eut assez de bon orgueil pour leur payer en bien-être ce qu'il leur devait ; il eut assez d'intelligence pour comprendre que la gloire ne se paye pas seulement en bien-être, et il fit élever un monument qui atteste à la fois et sa sollicitude et son admiration, appelant l'admiration de tous et faisant jaillir de son luxe même un sentiment de respect pour ceux auxquels il le consacrait. Mansard, célèbre par tant d'autres ouvrages, imagina ce dôme doré qui attire avant tout les yeux du voyageur. Nous répéterons encore à propos de cet édifice qu'il faudrait des volumes pour le décrire. Là, tout rappelle la vie militaire et promet en même temps à ses hôtes un repos non moins nécessaire que glorieux ; la cour, environnée de fossés et entourée de grilles d'un dessin remarquable, a pour principaux ornements des canons conquis sur l'ennemi ; doux souvenir bien propre à adoucir les souffrances des vieux soldats.

L'hôtel des Invalides peut contenir jusqu'à 5,000 hommes, et, par une attention toute paternelle, ils gardent cette organisation militaire, si chère à tous ceux qui ont vieilli sous les drapeaux ; ils montent la garde dans les cours de leur hôtel, comme autrefois dans les camps ; à eux appartient l'honneur d'annoncer à la population, par des salves d'artillerie, les victoires de leurs jeunes émules. Il est impossible, dans un cadre aussi restreint que le nôtre, d'entrer dans les détails d'une description minutieuse, nous nous contenterons de donner un aperçu de l'ensemble du bâtiment et de l'organisation intérieure. Cette noble institution fut toujours respectée depuis son fondateur, sous tous les gouvernements qui se sont succédés, et qui, en haine les uns des autres, se sont le plus souvent attachés à détruire ce qu'avaient fait leurs devanciers : *Hôtel des Invalides* sous les rois, *Temple de l'Humanité* sous la république, *Temple de Mars* sous l'empire, ce fut toujours un asile sacré.

L'hôtel offre une façade de 200 mètres, et est divisé, quand on a passé les premières voûtes, en quatre cours carrées, toutes entourées de bâtiments uniformes, ayant chacune un pavillon. Toute l'ornementation architecturale est essentiellement militaire, ce sont des trophées de pierre qui parlent à l'imagination comme au souvenir. Le grand pavillon est orné d'une statue équestre de Louis XIV que des réparations ont peut-être un peu altérée, mais qui ne manque pas de grandeur dans la conception. L'hôtel a quatre étages, et le majestueux portique de l'église se trouve en ligne directe du portail de la cour d'honneur.

Les nombreux visiteurs de l'hôtel des Invalides ont surtout admiré l'ordre qui règne dans les détails administratifs, qui n'ont subi que peu de changements depuis Napoléon Ier. Les cuisines offrent un merveilleux ensemble de confortable et de propreté. Chaque soldat, outre sa paye qui est de 2 fr. par mois, reçoit par jour 250 grammes de pain blanc, 125 grammes de viande, des œufs, du fromage et un litre de vin ; la paye varie selon le grade, et la table des officiers a un plat de plus.

L'hôtel des invalides contient une infirmerie qui a toutes les proportions d'un hospice, et une bibliothèque composée judicieusement à l'usage des nobles hôtes à qui elle est destinée. L'église, quoique petite si on veut la comparer aux grandes églises de Paris, offre le plus majestueux coup-d'œil. Là étaient suspendus les drapeaux pris sur l'ennemi depuis les guerres d'Henri IV. Malheureusement, un incendie a dévoré plusieurs de ces glorieux trophées, et antérieurement, lors de la première invasion, les invalides, craignant de se voir ravir ces précieuses reliques par les armées étrangères, brûlèrent tout ce qu'ils ne purent espérer sauver de cette profanation ; ce sacrifice nécessaire était trop douloureux pour être accompli de gaieté de cœur, et, malgré l'absolue nécessité, il fallut que l'ordre en fût renouvelé par trois fois, par Joseph Bonaparte.

Le gouverneur des Invalides doit toujours être un maréchal de France, et il est admis à sa mort à l'honneur d'une sépulture sous la nef et d'une inscription correspondante.

Le corps de l'empereur Napoléon, rapporté de l'île Sainte-Hélène le 15 décembre 1840, sous le ministère de M. Thiers, est maintenant inhumé dans la chapelle dédiée à saint Jérôme; sur le sarcophage sont déposés l'épée et le chapeau du grand capitaine.

Sur le marbre des piliers sont des inscriptions rappelant la mémoire des illustrations militaires dont l'église des Invalides a reçu les corps.

Le prince Jérôme Bonaparte, frère de Napoléon Ier et oncle de l'empereur, est maintenant gouverneur des Invalides.

LA BOURSE.

Cet édifice, d'un style grec, a la forme d'un parallélogramme. Il a été élevé en 1808, sur l'ancien emplacement du couvent des filles Saint-Thomas, qui a donné son nom à l'une des rues qui l'environnent. Il est entouré d'une grille de fer et l'espace pris sur la façade par un vaste et hardi perron, est occupé sur les côtés par des allées plantées d'arbres, dans lesquelles viennent s'ébattre les enfants. On reproche, et avec raison, au palais de la Bourse de manquer de proportion ; il est vrai qu'au premier aspect la hauteur de l'édifice ne répond pas à la superficie et ôte de la majesté à l'ensemble. Peut-être cela vient-il de son entourage, car les maisons qui l'environnent ont toutes une hauteur prodigieuse, ce que l'architecte ne devait et ne pouvait pas prévoir ; ce n'est là, du reste, qu'une question d'effet et par conséquent d'opinion. Autour d'un bassin circulaire entouré d'une balustrade en fer se tiennent les agents de change et là se traitent les marchés réguliers, l'achat et la vente de la rente et des actions industrielles côtées au parquet. A l'entrée de la Bourse, dans la galerie de gauche, se font les opérations de la coulisse dont nous avons parlé dans notre description générale du Paris moderne, divisé par arrondissements. Les banquiers et les hauts négociants se rencontrent dans la galerie de droite et un peu plus près de la corbeille. Les opérations de bourse ont commencé en France lorsque l'écossais Law fonda ses actions du Mississipi. La rue Quincampoix en était alors le théâtre, et fut célèbre par les

LA BOURSE.

catastrophes financières qui s'y accomplirent. La spéculation était devenue une fureur; la sanglante aventure du comte de Horn, trop connue pour que nous ayons besoin de la rappeler ici; la fortune miraculeuse de ce petit bossu qui était devenu riche en prêtant son dos pour servir de pupitre aux spéculateurs, sont des preuves assez significatives. En 1784, un décret régla l'agiotage et lui donna droit de cité.

A l'étage supérieur, sont le Tribunal de commerce, les greffes et la salle des faillites.

L'étranger qui visite les monuments doit désirer connaître, dans le voisinage de chacun, les établissements et les maisons de commerce en renom. Nous citerons donc, tout près de la Bourse, rue de Richelieu, Maison de la Télégraphie, pour la parfumerie et les éventails, la Maison Faguer-Laboullé, dont la grande réputation doit leur être déjà connue.

LE PALAIS DU CONSEIL D'ÉTAT.

Telle était sa destination première, et, après plusieurs variations, telle est aujourd'hui sa destination définitive. L'empereur Napoléon 1er, qui le fit commencer, mais qui ne le vit pas achevé, avait songé à en faire l'hôtel du ministère des affaires étrangères. Après la Restauration, les travaux furent suspendus, et le roi Charles X songeait à en faire le palais de l'Exposition lorsqu'arriva la révolution de juillet 1830. Il fut achevé par le roi Louis-Philippe, et sous la direction de M. Lacornée, architecte. L'architecture en est d'une remarquable pureté. Là, se tiennent la cour des comptes et le conseil d'Etat.

L'OBSERVATOIRE.

Ce nom éveille dans l'âme des savants de notre pays, un légitime orgueil. Là, les principaux membres de l'Académie des sciences se livrent aux expériences astronomiques et physiques. Il est impossible de parler de l'Observatoire sans citer le nom a jamais mémorable du savant François Arago, ancien élève de l'Ecole polythecnique, membre du gouvernement provisoire, puis de l'assemblée nationale après la révolution de février ; prince de la science, décédé il y a un an environ. Le palais de l'Observatoire est situé à l'extrémité ouest du jardin du Luxembourg; l'allée de ce jardin, qui y conduit, a pris le nom de : *Allée de l'Observatoire*. Le bâtiment, admirablement approprié à sa destination, fut commencé en 1667 par l'ordre du ministre Colbert, et eut pour architecte le même médecin Perrault, dont nous avons parlé à propos de la façade du Louvre, du côté de l'église Saint-Germain-l'Auxerrois, il ne fut achevé qu'en 1672.

LE JARDIN DES PLANTES.

On appelle ainsi vulgairement l'ensemble des collections d'histoire naturelle, musées zoologiques, anatomiques, minéralogiques, botaniques, ménagerie renfermés dans l'enceinte de l'ancien *Jardin du roi.*

Le Jardin des Plantes est situé à l'extrémité sud-ouest de Paris, sur la rive gauche de la Seine, en face le pont d'Austerlitz.

Guy de la Brosse, médecin du roi Louis XIII, demanda et obtint l'établissement de ce Jardin, destiné d'abord seulement à l'étude de la botanique. Le *Jardin des Plantes* ne doit pas moins à M. de Buffon qui donna tous ses soins à son agrandissement et à son embellissement.

De grandes améliorations ont été faites, il y a dix ans environ : les loges destinées aux animaux féroces, construites en 1821, ont été réparées ; elles sont maintenant à double compartiment, l'un intérieur et l'autre en vue du public. Des cloisons de ces loges, quoique d'une solidité à toute épreuve, sont cependant mobiles, ce qui facilite les changements devenus nécessaires, sans que pour cela l'animal cesse d'être en captivité.

Depuis les guerres d'Afrique, les loges d'animaux féroces ont été peuplées de lions, de panthères et d'hyènes en grande quantité ; mais l'acclimatement de ces animaux est fort difficile ; depuis 1833, la ménagerie n'a pu remplacer un magnifique tigre royal, le plus beau que l'on eut vu depuis longtemps ; on peut le voir empaillé dans la galerie d'histoire naturelle. Il y a cependant encore une collection remarquable de lions, de lionnes, de panthères, d'ours, d'hyènes et de jaguars. Les ours placés dans des fosses sont presque tous nés à la ménagerie et n'ont jamais connu la liberté des forêts : leur férocité n'en est cependant pas diminuée ; mais ils suivent de l'œil, avec intelligence, les spectateurs qui les entourent, et se font même complaisants pour qu'on leur jette quelques morceaux de pain et de gâteau. Les animaux paisibles ont des cabanes rustiques et enclos par famille, pour paître et se promener.

Un pavillon circulaire laisse voir dans ses différents compartiments deux éléphants, deux girafes, un bison et un hippopotame nouvellement arrivé. Cet animal, que l'on n'élève que difficilement sous nos climats, est tout jeune, et l'on espère le conserver en raison des soins particuliers qu'on lui donne. Dans les enclos situés plus loin, vers l'est, on remarque des onagres, des zèbres, des lamas, des cerfs originaires de différentes contrées, des autruches, etc., etc. Depuis quelques mois, des Chinois ont amené en France, à la ménagerie, des bœufs à toison nommés yacks, que l'on espère acclimater ; ces animaux ont les jambes plus courtes que nos bœufs ordinaires, et l'épaisse toison qui leur descend du dos et des flancs rend encore ce défaut plus saillant. Cette toison est, en apparence du moins, assez semblable à celle des belles chèvres du Thibet. Leurs cornaks sont restés jusqu'ici avec eux et passent la journée dans leur enclos ; ils n'attirent pas moins la curiosité publique que les animaux dont ils prennent soin. Il y a douze ans les singes étaient logés dans un petit bâtiment construit partie en planches ; leurs loges étaient étroites, et ces animaux s'y atrophiaient. Ces cellules obscures avaient de plus l'inconvénient de ne pas permettre aux promeneurs de voir convenablement la collection. Aujourd'hui ce bâtiment réparé sert de demeure aux reptiles, et l'on a ajouté des châssis vitrés aux treillages de fil d'archal ; on y remarque deux superbes boas constrictor, et une grande variété de lézards et de serpents de tous les pays. Les singes, si l'on veut bien leur accorder un peu de raison, ont dû se féliciter de ce déménagement; on a construit pour eux une immense cage circulaire à plein ciel, dont une moitié de la circonférence seulement est occupée par des cellules, tandis que l'autre moitié n'est close que par de légers barreaux. Dans cette enceinte ils ont un bassin, des mâts, des arbres garnis de sonnettes, des cordes, des échelles, des trapèzes, enfin toute une gymnastique en miniature, et ils ne se font pas faute d'y prendre leurs ébats. C'est pour le promeneur le spectacle le plus gai et plus réjouissant qu'il y ait. Il existe maintenant, parmi les singes, un chimpanzé et un homme des bois de taille remarquable : malheureusement on a peu l'espoir de les conserver vivants; la phtysie pulmonaire a jusqu'ici toujours enlevé en moins de deux ou trois ans les singes de la grande espèce.

La collection des oiseaux de proie et celle des perroquets sont aussi fort remarquables. Les gallinacées et les oiseaux aquatiques ont leur enclos vers le centre de cette partie du jardin consacrée à la ménagerie.

La beauté des arbres fait du Jardin des plantes une des plus agréables promenades de Paris. Les étrangers y remarqueront deux labyrinthes plantés d'arbres, qui, même dans la plus rigoureuse saison, conservent leur verdure; au sommet du plus grand de ces labyrinthes, est un kiosque d'où la vue peut s'étendre sur les environs de Paris dans toutes les directions. Le jardin botanique forme le centre de la promenade.

Les galeries ou musées que contiennent les différents corps de bâtiment du Jardin des Plantes, demanderaient pour être décrits un livre tout spécial. Il y a par semaine trois jours d'entrée publique; mais les étrangers, sur la simple présentation de leur passeport, obtiennent facilement d'être admis les jours réservés.

PALAIS DE LA LÉGION-D'HONNEUR.

Ce palais est plutôt une charmante miniature qu'un édifice grandiose; on voit, au premier aspect, qu'il n'a point été construit pour sa destination présente. En effet, il fut bâti en 1776 et prit le nom d'Hôtel de Salm. Le prince de Salm l'habitait. Vendu pendant la révolution, il fut acheté par Napoléon pour le compte du gouvernement et affecté à l'administration de la Légion-d'Honneur. L'architecte Rousseau en dirigea la construction ; les deux bas-reliefs qui décorent l'attique de l'Arc-de-Triomphe sont du sculpteur Roland.

LE PALAIS DES BEAUX-ARTS.

Construit sur l'emplacement de l'ancien couvent des Petits-Augustins. Le Palais des Beaux-Arts a été commencé en 1830 par l'architecte Debret, et terminé en 1836 sous la direction de M. Duban. Tout ce qu'on avait pu réunir pendant la révolution de statues, bas-reliefs, tombeaux enlevés aux églises, avait été réuni dans le couvent des Petits-Augustins, qui avait pris le nom de *Musée des monuments français;* telle fut l'origine du Palais des Beaux-Arts. C'est aujourd'hui une école proprement dite de peinture, de sculpture et d'architecture, sous la direction immédiate de l'Académie des beaux-arts. C'est là qu'ont lieu les concours des élèves peintres et sculpteurs, et les lauréats sont envoyés à Rome aux frais du gouvernement; aussi trouve-t-on dans son enceinte une exposition des esquisses de tous les lauréats depuis l'origine de cette institution, et des ouvrages qu'ils envoient de Rome.

Nouvellement restauré, le Palais des Beaux-Arts est aujourd'hui réellement digne de son nom et de sa destination. Ses cours contiennent deux chefs-d'œuvre d'architecture auxquels se rattachent en outre des souvenirs historiques et qui ont été apportés et rétablis à grands frais ; c'est d'abord toute une arcade du château de *Gaillon*, bâti par les ordres du cardinal d'Amboise et le portail du *château d'Anet*, que le roi Henri II fit bâtir exprès pour Diane de Poitiers. Dans la salle des expositions, les connaisseurs remarqueront une copie du jugement dernier de *Michel Ange*, peinte par Sigalon. Nous ne pouvons, dans notre cadre restreint, analyser toutes les richesses intérieures de cet édifice. Les étrangers qui seront facilement admis à le visiter, trouveront, d'ailleurs, des livrets spéciaux.

LE GARDE-MEUBLE.

En 1760, on construisit sur la place de la Concorde un vaste bâtiment pour y renfermer les meubles, les bijoux, enfin toutes les richesses de la couronne ; tous ces objets ont été transportés rue du faubourg Poissonnière, dans un vaste local qui n'a, du reste, aucune importance comme monument et qui, tout récemment, vient d'être démoli. L'édifice de la place de la Concorde n'offre lui-même rien de remarquable.

IMPRIMERIE IMPÉRIALE.

Elle s'appelait autrefois Imprimerie du Louvre ou Imprimerie Royale. Elle est plus ancienne que la célèbre Imprimerie du Vatican, car son établissement remonte à François Ier. Les premiers livres imprimés dans cet établissement, furent une imitation de Jésus-Christ et une Bible ; c'était une pieuse pensée que d'offrir à la religion les prémices de cette création importante par l'élan qu'elle devait donner et qu'elle donna aux sciences et aux lettres. Il est impossible de rapporter cette fondation sans nommer les *Estienne*, savants non moins laborieux que modestes qui en furent les premiers organisateurs ; c'est à eux que l'on doit les premières éditions du *Trésor de la langue grecque*, ouvrage monumental, surtout si l'on se reporte par la pensée au temps où il fut entrepris et mené à bonne fin par deux générations de ces célèbres Hellénistes. La rue du Clos-Bruneau était le siège de leur imprimerie, et voici une description que nous trouvons toute faite dans un charmant écrivain moderne :

« Des écolâtres, le carton de basane noire sous le bras et
» l'écritoire à la ceinture de leur surcot, sont aussi arrêtés
» devant la petite boutique et parcourent, le cou tendu, les
» feuilles imprimées et non tirées où se trouve un avis par le-
» quel l'imprimeur supplie tout le monde de les vouloir lire et
» corriger, promettant des sols et des doubles à ceux qui trou-
» veraient des fautes. Quelques laquais couverts de casaques
» bleues (livrée royale), attendent dans l'étroite cour et con-
» tiennent à grands efforts un cheval plein d'ardeur, et dans

» une salle basse où gémit la presse, *un homme de bonne* » *mine, à la barbe noire*, attend qu'un vieillard, vêtu à la pa-
» risienne, avec des bandes de velours pendantes, ait achevé
» de corriger une épreuve de l'édition de l'*Eusèbe grec*, connue
» depuis sous le nom de : *O ! mirificam*. — Premiers mots de
» la préface adressés au roi François, qui avait généreusement
» fait fabriquer à ses frais les poinçons et les matrices
» des caractères grecs. Le vieillard, c'est Robert Estienne, et
» l'homme qui attend patiemment son loisir est François Ier,
» roi de France. »

Rien de plus complet que ce tableau ; ne se croirait-on pas en plein xive siècle ? Nous ne saurions dire lequel en est le plus honoré, du roi ou de l'imprimeur. François Ier avait en effet fait graver les caractères grecs par Garamond.

Le cardinal de Richelieu établit au Louvre l'Imprimerie royale, et la protégea particulièrement. Louis XIV l'enrichit de caractères nouveaux, gravés par Grandjean d'après les modèles fournis par l'Académie des sciences.

L'Imprimerie impériale fut définitivement établie par Napoléon, vieille rue du Temple, dans l'ancien hôtel de Rohan. Le bulletin des lois et les impressions administratives se font à l'Imprimerie impériale, ainsi que tous les ouvrages scientifiques ou d'études de langues étrangères qui, exigeant d'immenses frais de caractères, ne peuvent être édités qu'aux frais du gouvernement.

L'Imprimerie impériale occupe environ six-cents ouvriers des deux sexes.

HOTEL DES MONNAIES.

Ici, contrairement à l'usage, la dénomination est au-dessous de la vérité ; non-seulement on frappe monnaie dans ce bâtiment, mais encore c'est le plus curieux des musées. Là sont exposées les monnaies de toutes les nations, et par conséquent les monnaies françaises ou les coins dont on s'est servi pour les frapper. On y remarque les plus curieuses médailles de tous les règnes.

Situé autrefois rue de la Monnaie, qui, comme on le voit, en

a conservé le nom, l'hôtel des Monnaies occupait l'emplacement de la rue Etienne.

En 1771, sous la direction de l'architecte Jacques-Denis Antoine, on fit construire sur l'emplacement de l'ancien hôtel de Conti un édifice spécial ; la salle des balanciers donne sur la première cour, du côté du quai.

Nous ne pouvons mieux compléter cette notice qu'en la faisant suivre de quelques détails sur les anciennes monnaies françaises et sur les monnaies ayant cours actuellement.

Les Français se servirent jusqu'à la fin de la deuxième race, de *sols d'or*, de *demi sols*, de *tiers de sols* et de *deniers d'argent*. La taille des sols d'or était alors de soixante-douze à la livre romaine, et la taille des deniers d'argent était de deux cent quatre-vingt-huit à la livre. Le sol d'or avait d'un côté la tête du prince, ceinte d'un diadême, avec son nom pour légende ; de l'autre côté, quelque figure historique ou une croix. Le denier d'argent n'avait pas de figure gravée. Philippe-le-Bel fit faire des *florins d'or* qui valaient *vingt sols tournois*, des *royaux* valant vingt-quatre *sols parisis*, et plusieurs autres monnaies de valeurs diverses. En 1328, Philippe de Valois fit fabriquer des *parisis* d'or de vingt sols parisis, des *deniers d'or* à l'écu valant vingt sols tournois, et des anges de 75 sols. En 1360, le roi Jean fit faire des *francs d'or* ; sous le règne de Charles VI, ont fit des *écus à la couronne* valant trente sols, puis cinquante sols un peu plus tard. Louis XI fit battre de *écus au soleil*, valant trente-trois sols tournois. Sous Henri II, on fabriqua des *Henris* et des *ducats* de cinquante sols tournois. En 1577, il fut ordonné de ne plus compter que par *écus* de soixante sols. Louis XIII fit fabriquer des *louis d'or* de dix livres, dont plus tard on augmenta la valeur jusqu'à vingt livres. Ces détails, pris dans *les recherches curieuses des monnaies* de Bouterouë, nous conduisent jusqu'à nos jours. Les *louis* de vingt-quatre livres, les *écus* de trois et six livres ont été démonétisés lorsque l'on commença à adopter le système décimal et à préparer ainsi cette unité qui existe aujourd'hui et qui facilite les calculs.

Les monnaies françaises sont :

Or.
- La pièce de 40 fr.
- La pièce de 20
- La pièce de 10
- La pièce de 5

Argent.
- La pièce de 5
- La pièce de 2
- La pièce de 1
- La pièce de » 50 c.
- La pièce de » 20

Cuivre.
- La pièce de » 10
- La pièce de » 5
- La pièce de » 1

BANQUE DE FRANCE.

Cette institution, si utile au commerce et même à l'État, fut créée le 1er ventôse an VIII, et, en 1803, il lui fut accordé un privilége de quarante années, qui fut renouvelé en 1840. La malheureuse et imprudente émission des actions de la banque de Law et des assignats, pendant la révolution, avait engendré en France l'horreur de tout papier comme moyen de circulation monétaire ; et aujourd'hui même que les habitants des grandes villes se sont habitués à considérer les billets de banque comme du numéraire, vous trouvez encore, dans les villes de second et troisième ordre et surtout dans les campagnes, des gens qui n'accepteraient pas un paiement de cette nature. De là vient cette clause stéréotypée dans certains actes de vente immobilières : « *dont le payement sera effectué en bonne monnaie d'or ou d'argent, espèces sonnantes, ayant cours, etc., etc.* » Il est inutile d'insister sur les avantages de cette circulation, et l'on en a éprouvé les bons effets après les événements de 1848. Cependant la loi qui autorise les coupures de 100 et 200 francs ne fut adoptée qu'après une vive opposition. Cette émission de billets n'est, pour ainsi dire, qu'un moyen amenant un résultat financier beaucoup plus important, nous voulons parler des billets de commerce que la Banque escompte à trois signatures. La Banque fait, en outre, des avances sur les effets publics et sur la remise de valeurs en lingots. Nous n'avons pas à entrer ici dans le détail de ses différentes opérations.

La Banque de France, située rue de la Vrillère, sur l'emplacement de l'ancien hôtel de Toulouse, vient d'être augmentée de tout un immense corps de bâtiment, en retour sur la rue Croix-des-Petits-Champs.

L'administration centrale de la Caisse d'épargne a son siége à la Banque de France; des annexes ont été établies dans chacun des arrondissements de Paris.

ADMINISTRATION DES POSTES.

La Poste aux lettres est située rue J.-J.-Rousseau ; le bâtiment qui renferme le siége de cette administration est une dépendance de l'hôtel de Bullion. Il n'y a absolument rien à en dire sous le rapport de l'architecture. Cette institution remonte au roi Louis XI, et, comme dans cent autres occasions, on a voulu faire d'un but mesquin le point de départ d'un établissement utile ; on prétend qu'il ne créa la poste aux lettres que comme moyen de surprendre plus facilement les secrets des particuliers ; nous donnons cette conjecture pour ce qu'elle vaut.

Depuis 1848, le tarif des lettres a été fixé d'une manière uniforme, abstraction faite de la distance. Ce nouveau tarif a subi lui-même depuis son établissement plusieurs modifications, le voici tel qu'il est aujourd'hui :

Pour Paris, le prix d'un port de lettres est fixé à 15 centimes ; mais l'expéditeur, s'il veut envoyer franc de port, ne paye que 10 centimes le timbre d'affranchissement. Pour la banlieue et les départements, le prix des lettres est de 30 centimes, non affranchies, et de 20 centimes avec affranchissement.

Il n'est plus besoin, comme autrefois, pour affranchir une lettre d'aller verser le montant du port et de la faire timbrer soit à l'administration générale, soit dans un des bureaux d'arrondissement ; on trouve, non-seulement dans tous ces bureaux mais encore chez tous les débitants (la plupart épiciers ou marchands de tabac) qui ont des boîtes dans les différents quartiers, des timbres d'affranchissements tout gommés, qu'il suffit de mouiller légèrement et de coller dans un coin de l'enveloppe, puis on jette la lettre dans la première boîte venue. Il est vrai que lorsque l'on est en retard on fera bien, si cela est possible, de chercher un bureau d'arrondissement, on peut ainsi, pour quelques minutes d'avance, être compris dans une levée antérieure.

Les étrangers devront se munir de ces timbres d'affranchissements, qui sont vendus même par les facteurs ; car, depuis cette création, il n'est presque plus d'usage, dans l'intérieur de Paris surtout, d'envoyer une lettre non affranchie.

Les bureaux d'arrondissements reçoivent, de neuf à trois heures, les lettres recommandées et les envois d'argent à raison de 5 centimes par franc ; la lettre recommandée doit être présentée au bureau fermée de cinq cachets en cire pareils ; c'est une précaution indispensable lorsque l'on expédie des papiers importants. Ces bureaux reçoivent aussi, au prix de 5 centimes (affranchies), les lettres circulaires, imprimées ou litographiées, lettres de faire part de mort, de mariage, de baptême, circulaires commerciales, etc... L'expéditeur doit justifier au bureau de leur contenu, qui ne doit rien avoir de manuscrit.

Pour l'affranchissement des feuilles périodiques et des prospectus imprimés ou autres, les tarifs sont fixés suivant la nature de ces imprimés et selon la grandeur de la feuille. Il y a pour cela un bureau spécial à l'administration centrale, rue J.-J.-Rousseau. C'est là aussi qu'il faut s'adresser pour réclamer les lettres expédiées bureau restant et les lettres égarées.

Les dimanches et fêtes la dernière levée est à 2 heures au lieu de 5 heures.

Heures des levées des boîtes.

Une levée spéciale à l'hôtel des Postes à 5 h. en été et à 5 h. 1/2 en hiver ; départ des dépêches supplémentaires.

1re Levée à 7 h. 1/4, à 8 h. 1/2 du matin aux boîtes de quartier, aux bureaux d'arrondissement.
2e Levée à 9 h. 1/2, à 10 h. 1/4.
3e Levée à 11 h. 1/2, à 12 h. 1/4.
4e Levée à 1 h. 1/2, à 2 h. 1/4.
5e Levée à 3 h. 1/2, à 4 h. 1/4.
6e Levée à 5 h. 1/2, à 5 h. 3/4.
7e Levée à 9 h., à 9 h. 3/4.

La 7e levée est aussi pour la première expédition des dépêches supplémentaires et le départ du Havre.

A 5 heures, à l'hôtel des Postes, au palais de la Bourse, au Corps législatif, et enfin à 5 h. 1/4, à l'hôtel des Postes, levée spéciale pour les départements et pour l'étranger, lettres affranchies.

Les dimanches et les fêtes, par exception, la levée des boîtes, ainsi que la 6e et la 7e distributions n'ont pas lieu ; la 6e levée est faite à 5 h. et 5 h. 3/4 aux boîtes et aux bureaux d'arrondissement ; à l'hôtel des Postes à 6 h. du soir.

Distributions.

1re Distribution à 7 h. 1/2 du matin.
2e   —   9 h. 3/4   —
3e   —   11 h. 3/4   —
4e   —   1 h. 1/2 après midi.
5e   —   3 h. 1/2   —
6e   —   5 h. 1/2   —
7e   —   7 h.   —

La septième levée, ainsi que nous l'avons dit, n'est distribuée que le lendemain matin.

Nous allons donner l'adresse des douze bureaux d'arrondissement et de leurs annexes.

Bureau A, rue Saint-Honoré, 12.

Annexes, à l'Hôtel-de-Ville et rue Neuve-Bourg-l'Abbé, 4.

Bureau B, boulevard Beaumarchais, 95.

Annexe, rue du faubourg Saint-Antoine, 174.

Bureau C, rue du Grand-Chantier, 5.

Annexe, rue Folie-Méricourt, 12.

Bureau D, rue de l'Echiquier, 27.

Annexes, rue du faubourg Saint-Martin, 162, et place Lafayette, 22.

Bureau E, rue de Sèze, 28.

Annexes, rue du faubourg Saint-Honoré, 75, et rue de Londres, 33.

Bureau F, rue de Beaune, 8.

Annexes, petite rue du Bac et rue Saint-Dominique, 148 (Gros-Caillou.)

Bureau G, rue Saint-André-des-Arts, 49.

Annexe, rue de la Sainte-Chapelle, 15.

Bureau H, rue des Fossés-Saint-Victor, 43.

Annexes à la Salpétrière, boulevard de l'Hôpital et rue Saint Louis-en-l'Ile, 29.

Bureau J, place de la Bourse, 4.

Annexe, rue Bourdaloue, 5.

Bureau K, rue Rivoli, 10 *bis*.

Annexe, rue de Chaillot, 3.

Bureau L, rue de Vaugirard, 19.

Bureau M, au palais du Corps législatif.

La poste aux chevaux est située rue de la Tour-des-Dames et rue Pigale, 2. Le prix du service de chaque cheval est fixé à 2 fr. par myriamètre et à 1 fr. par postillon pour égale distance. A partir de Paris, la première poste exige un supplément de prix que l'on appelle *droit du pavé*.

CONSERVATOIRE DES ARTS-ET-MÉTIERS.

Sous ce titre modeste existe à Paris la fondation la plus noblement utile et glorieuse. C'est un musée industriel, c'est la collection des machines les plus remarquables que l'on doive à l'invention humaine; les outils, instruments aratoires, moulins, machines hydrauliques, pompes, appareils de chauffage et de cuisson, machines à carder, à filer, à frapper les monnaies, et modèles de toutes les sortes avec une bibliothèque garnie de livres, dessins, gravures, qui sont aux arts industriels ce que la théorie est à l'exécution.

Le Conservatoire des Arts-et-Métiers est placé dans les magnifiques bâtiments de l'ancienne Abbaye-Saint-Martin, rue Saint-Martin, 206. On vient d'y faire de grandes réparations et de reconstruire la façade. L'abbé Grégoire, en 1794, fut le promoteur de cette fondation.

On remarque dans l'édifice un superbe escalier, et dans le vestibule qui le précède, les visiteurs curieux pourront observer un singulier effet d'acoustique : placé dans un angle de cette pièce, on entend très-distinctement les paroles prononcées à voix basse à l'angle opposé.

Ce musée est ouvert au public les dimanches et les jeudis.

Le 13 juin 1849, plusieurs représentants du peuple se réunirent dans une des salles du Conservatoire des Arts-et-Métiers, et ils délibéraient sur les mesures à prendre à l'occasion d'un mouvement qui se manifestait dans Paris, lorsqu'ils furent cernés par la troupe. Plusieurs furent pris et les autres parvinrent à s'échapper.

CONSERVATOIRE DE MUSIQUE ET DE DÉCLAMATION.

On l'appelle vulgairement le *Conservatoire*. Cet établissement est situé rue du Faubourg-Poissonnière, 15. Les plus grands compositeurs de musique, instrumentistes, chanteurs et comédiens, donnent gratuitement des leçons à des élèves réunis par classes. Ces jeunes gens et ces jeunes filles sont admis à faire partie du Conservatoire sur un concours qu'ils subissent. Quand leur temps d'études est terminé, un nouveau concours ouvre la carrière aux lauréats. C'est une institution éminemment utile aux arts.

TIMBRE IMPÉRIAL.

Autrefois situé rue de la Paix, cet établissement vient d'être transféré rue de la Banque, dans un bâtiment construit exprès. Il est divisé en deux directions : la direction des *domaines* et la direction de *l'enregistrement* qui occupent chacune un corps de logis particulier.

C'est là qu'on porte les papiers que l'on désire avoir timbrés. On trouve des papiers timbrés pour effets de commerce, actes ou réclamations administratives, dans quarante-huit bureaux situés dans les divers quartiers de Paris, et par tolérance chez quelques épiciers, et dans le plus grand nombre des bureaux de tabac.

ARSENAL.

Autrefois *les granges de l'artillerie de la ville* appartenaient à la ville de Paris. François Ier fit demander aux échevins de les lui prêter pour faire fondre des canons. Les échevins n'y consentirent qu'avec répugnance, prévoyant que cet établissement deviendrait maison royale, ce qui arriva en effet.

En 1562, ce bâtiment, situé derrière les Célestins, fut consumé par un incendie; il fut reconstruit par Charles IX, Henri III et Henri IV.

En 1718, sous la régence, on éleva les bâtiments qui existent encore sur le boulevard Bourdon. Il y a à l'Arsenal une précieuse bibliothèque.

MONT-DE-PIÉTÉ.

C'est un établissement de prêt sur gage, fondé en 1777. De 1784 à 1786, on éleva les bâtiments du Mont-de-Piété, qui sont situés rue de Paradis, au Marais, et ont une seconde entrée par la rue des Blancs-Manteaux.

Jamais peut-être institution n'a soulevé plus de controverses interminables, non pas que le but tout philanthropique en soit douteux, mais parce que l'on s'est étudié à en faire ressortir les avantages et les inconvénients. S'il est vrai qu'il encourage quelquefois la paresse et le désordre, il vient en aide aussi à la misère qui trouve là des garanties sérieuses, un prêteur loyal et toujours disposé à avancer de l'argent sur des nantissements de la plus faible valeur. On n'en saurait dire autant des usuriers que la vigilance de l'autorité ne peut atteindre toujours.

Les matières d'or et d'argent sont taxées, comme prêt, aux quatre cinquièmes de leur valeur intrinsèque; les autres effets de linge et d'habillement perdent au contraire les quatre cinquièmes.

Voici l'extrait du règlement imprimé sur les reconnaissances :

1° La durée de l'engagement est d'un an;

2° Les droits et frais du Mont-de-Piété sont fixés à 9 4|0 par an, ou 3|4 0|0 par mois; le décompte de ces droits et frais se fait par quinzaine, à l'exception du premier mois qui se paie en entier;

3° Il est dû en outre un droit fixe d'appréciation des nantissements d'un 1|2 0|0 sur le montant du prêt;

4° L'engagement peut être fait à toute époque pendant l'année, le renouvellement ne peut avoir lieu qu'après l'expiration de la durée de l'engagement. Les dégagements et les renouvellements ne peuvent être demandés qu'en rapportant la reconnaissance;

5° Tout nantissement non dégagé ou renouvelé dans le délai d'un an, est vendu dans le cours du treizième mois;

6° Si le montant de la vente est supérieur à la somme prêtée, plus les droits, l'excédant (*boni*), reste à la disposition de l'emprunteur; mais tout boni qui n'est pas réclamé dans le délai de trois ans, à partir du jour de l'engagement, appartient aux hospices;

7° En cas de perte du nantissement, la valeur en sera payée au propriétaire, au prix d'estimation fixé lors du dépôt par les commissaires priseurs de l'établissement et avec l'augmentation d'un quart en sus à titre d'indemnité.

Quand un emprunteur se présente au Mont-de-Piété, il doit se munir de papiers qui constatent son identité et son domicile. Il faut qu'un de ces papiers porte sa signature si l'objet est d'une valeur au-dessus de 10 fr.

La femme ne peut engager sans un pouvoir spécial de son mari.

Le Mont-de-Piété ne prête pas au-dessous d'une valeur de 3 fr.

Il y a deux succursales du Mont-de-Piété et vingt-quatre bureaux tenus par des commissionnaires autorisés par l'administration. Ces commissionnaires, répartis dans les différents quartiers de Paris, prennent à l'emprunteur un droit fixe de deux centimes par franc de la somme prêtée pour les engagements et d'un centime pour les dégagements.

Par une décision toute récente, les emprunteurs peuvent se libérer par des à-comptes qui, cependant, ne peuvent être moindres de 1 fr.

ENTREPOT DES DOUANES.

Il y a quinze ans l'administration de la douane était à l'étroit dans un bâtiment de la rue Chauchat, qui est devenu depuis une chapelle de la confession d'Augsbourg. Elle a été transférée près du canal, à l'extrémité de l'ancienne rue Samson qui a pris le nom de rue de la Douane. On remarque un magnifique hangar, vitré, d'une étendue immense, où sont déposées les caisses de marchandises pour les opérations de la visite et du plombage, etc., etc…. Le voisinage du canal, qui a un port dans l'enceinte même de l'Entrepôt, donne à cet emplacement mille avantages. C'est le commencement de cette vaste fondation qu'on appelle Docks Napoléon.

HOTEL DES VENTES.

L'hôtel des ventes était situé, il y a un an à peine, à l'hôtel Bullion, place de la Bourse, et la destination de ce bâtiment était si bien connue que pour désigner le lieu où se faisaient les ventes à la criée, on disait généralement l'*Hôtel Bullion*. On vient de construire, entre la nouvelle rue Drouot et la rue Chauchat, dans le prolongement de la rue Grange-Batelière, un hôtel des ventes spécial. Ce bâtiment est construit avec art, avec goût, et si nous avions un reproche à lui faire, ce serait d'annoncer mieux que sa destination. Du reste, il est distribué à l'intérieur avec intelligence pour que les différents services ne se nuisent point les uns aux autres, et qu'il n'y ait point encombrement.

LA MORGUE.

C'est un petit bâtiment quadrangulaire, non moins funèbre dans son apparence que dans sa destination. Il est situé dans la Cité, à l'angle du pont St.-Michel, et un de ses côtés touche à la Seine. C'est là que l'on porte les cadavres des personnes trouvées noyées ou mortes par suite de crimes ou d'accidents. Lorsque rien ne peut servir à établir l'identité de ces décédés, ils sont étendus sur des tables de marbre, et exposés ainsi à la vue du public, derrière un vitrage. Là, des parents infortunés ont retrouvé le cadavre de celui qu'ils attendaient ou qu'ils cherchaient vainement depuis plusieurs jours; là, souvent aussi, des criminels amenés par une inexplicable attraction en présence de leurs victimes se sont trahis eux-mêmes; c'est un lugubre tableau et pourtant, chose triste à dire, il y a souvent foule à la Morgue.

Nous avons terminé la série des édifices; nous avons fait entrer dans cette partie de notre *Guide* tous les palais et monuments remarquables ayant une destination publique. Dans la série qui va suivre le lecteur trouvera la description et l'histoire des arcs de triomphe, colonnes, fontaines, etc., monuments qui, sans avoir de destination gouvernementale ou municipale, sont consacrés à de grands souvenirs nationaux ou rappellent des morts illustres.

ARC DE TRIOMPHE DE L'ÉTOILE.

DEUXIÈME SÉRIE.

ARCS DE TRIOMPHE.

Arc de triomphe de l'Étoile. — Proportions, emplacement, caractère, sculpture, bas-relief, tout est supérieur dans ce monument élevé à la gloire des armées françaises. Le 15 août 1806 Napoléon en posa la première pierre, et lors de son mariage avec Marie-Louise d'Autriche l'arc de triomphe, qui ne s'élevait que de quelques pieds au-dessus du sol, fut figuré par des charpentes et des toiles peintes, sur les plans et les dessins de Chalgrin, l'architecte. On était certainement loin de penser alors qu'il faudrait encore quinze ans pour que ce projet fut exécuté. La chute de l'empire devait avoir pour résultat de faire interrompre cette construction, et, seulement en 1823, le gouvernement royal eut la pensée de faire achever l'arc de triomphe en l'honneur du duc d'Angoulême qui revenait d'Espagne, et M. Goust fut désigné pour remplacer M. Chalgrin. Les travaux n'avaient pas beaucoup avancé lorsque la révolution de juillet éclata, et le premier projet fut repris sous la direction de M. Blouet. En 1836 l'arc de triomphe était élevé.

La hauteur de ce monument, le plus grand de ce genre que

l'on ait élevé, est de quarante-neuf mètres. Les quatre groupes qui ornent les deux faces principales du côté de la barrière et de Neuilly sont d'un effet saisissant : *Le Départ* en 1792, par M. Rude ; *le Triomphe* en 1810, par M. Cortot ; *la Résistance* en 1814, et *la Paix* en 1815, par M. Etex. On remarque encore la bataille d'Aboukir, la mort du général Marceau, la bataille d'Austerlitz, la prise d'Alexandrie, le passage du pont d'Arcole, la bataille de Jemmapes, etc. Sous les voûtes de l'arcade principale sont inscrits les noms de 96 victoires, et sous les autres, les noms de 384 généraux.

L'arc de triomphe de l'Étoile a pour gardien un vieux soldat de l'empire. L'intérieur du monument mérite aussi quelqu'attention : les étrangers devront le visiter, ne fut-ce que pour arriver à la plate-forme, d'où l'on jouit d'un coup d'œil magnifique.

ARC DE TRIOMPHE DU CARROUSEL. — Érigé aussi en 1806 à la gloire de Napoléon et de ses armées, cet arc de triomphe est situé entre les Tuileries et le Louvre sur la place du Carrousel. Son arcade centrale est en ligne directe avec le portique des Tuileries ; mais malheureusement cette harmonie n'existe pas avec le Louvre, et cela se remarque surtout aujourd'hui qu'une nouvelle galerie joint ces deux palais du côté de la rue de Rivoli, et fait ainsi de la place du Carrousel une cour qui leur est en quelque sorte commune. L'arc de triomphe du Carrousel est une imitation de celui de Septime Sévère ; il est composé de trois arcades de face et d'une arcade transversale percée dans l'épaisseur qui partage en deux chacune des deux arcades ; il est construit en marbre rouge du Languedoc et orné sur ses quatre faces de six bas-reliefs à la gloire de Napoléon ; ces bas-reliefs sont :

1° La victoire d'Austerlitz, par de Parcieux ;

2° La capitulation devant Ulm, par Cartelier ;

3° L'entrevue des deux Empereurs, par Kamey ;

4° L'entrée à Munich, par Clodion ;

5° La paix de Presbourg, par Lesueur;

6° L'entrée à Vienne, par Decenne.

Ces bas-reliefs déplacés en 1815 par les étrangers ont été replacés après la révolution de 1830.

Au-dessus de l'attique est un quadrige ou char triomphal attelé de quatre chevaux et conduit par la Paix. Ce char date de la Restauration; Napoléon avait fait venir de Venise quatre chevaux antiques, fondus à Corinthe et portés à Rome lors de la prise de cette ville par les Romains. Le char était alors conduit par la Victoire. Lors de l'invasion, les chevaux corinthiens furent renvoyés à Venise, où ils décorent à présent le portique de St.-Marc. Ceux qui y sont maintenant ont été fondus en France et valent mieux que ceux que l'on a perdus.

Abstraction faite de son emplacement, l'arc de triomphe du Carrousel est un monument gracieux et d'un excellent goût; il est malheureusement écrasé par le grandiose du Louvre et des Tuileries qui sont ses seules perspectives, et plus encore peut-être par cette immense place au milieu de laquelle les délicatesses de ses détails sont perdues.

Porte St.-Denis. — François Blondel fut l'architecte de la porte St.-Denis. Michel et François Auguier sont les auteurs des sculptures qui la décorent. C'est un monument très-remarquable que la ville de Paris fit élever à ses frais à la gloire de Louis XIV en 1672 ; il présente un carré parfait ayant 24 mètres de hauteur sur une largeur égale. Depuis que les alentours ont été déblayés l'arc apparaît majestueux, surmonté d'un bas-relief qui représente le passage du Rhin. On ne peut reprocher à ces bas-reliefs que cette manie du temps de représenter sous des costumes romains, les héros des grandes scènes contemporaines ; il faut quelque temps pour s'habituer à cette belle figure de Louis XIV, surmontée de sa perruque, et vêtue et armée à l'antique. Deux grandes figures, dont l'une représente la Hollande vaincue, et l'autre l'Abondance, ornent le pied des pyramides latérales. Sur la façade du côté nord, ces figures sont remplacées par des lions, et le bas-relief qui surmonte l'arcade représente la prise de Maëstricht.

Porte St.-Martin. — Placé à peu de distance de la porte St.-Denis et dans une situation tout à fait identique par rapport aux boulevards, à la rue et au faubourg St.-Martin, cet arc de triomphe est bien loin d'égaler le premier en majesté. C'est une composition tout à fait au dessous de l'ordinaire et d'un goût très-douteux; il a du reste la même origine; comme la porte St-Denis, il a été élevé à la gloire du roi Louis XIV, en 1674, après la conquête de la Franche Comté. Il n'a que 18 mètres de hauteur. La façade du côté du midi est ornée d'un bas-relief qui représente le roi Louis XIV assis sur son trône et recevant des mains d'une femme agenouillée le traité de la triple Alliance, et d'un autre groupe représentant Louis XIV en Hercule et couronné par la Victoire. Les bas-reliefs de la façade du nord rappellent la prise de Limbourg et la défaite des Allemands. Pierre Bellet, élève de Blondet, fut l'architecte de la porte St.-Martin, les sculptures sont de Dujardin, Marcy, Lehongre et Legros.

La porte St.-Denis et la porte St.-Martin ont joué, comme retranchements, un rôle important dans différentes insurrections et notamment dans les trois journées de juillet.

COLONNE VENDOME.

LA COLONNE VENDOME.

C'est une imitation de la colonne Trajane, mais augmentée d'un douzième dans ses proportions. Cette colonne fut élevée à la gloire des armées françaises, en 1806, sur la place même où existait une colossale statue équestre de Louis XIV qui en fut enlevée le jour même où Louis XVI fut conduit prisonnier à la Tour du Temple.

La place Vendôme, au centre de laquelle cette colonne est

élevée, doit son nom à l'ancien hôtel de Vendôme; elle est d'une régularité parfaite, et l'architecture de ses maisons est uniforme. Toutes les plaques de bronze qui composent la co-

7.

lonne, jointes par un double cordon, proviennent de canons pris sur l'ennemi, et les bas-reliefs sont tous des souvenirs des grandes victoires de 1805 jusqu'à la bataille d'Austerlitz ; Bergeret en est l'auteur. La colonne Vendôme a 45 mètres de hauteur et a employé 900,000 kilogrammes de bronze. Le piédestal est orné de trophées d'armes, et à chacun de ses angles est un aigle de bronze que supporte des guirlandes de lauriers. Voici l'inscription latine qui est au dessus de la porte d'entrée :

NEAPOLIO. IMP. AVG.
MONUMENTUM. BELLI. GERMANICI. ANNO.
MDCCCII. TRIMESTRI. SPATIO. DVCTV SVO
PROFLIGATI.
EX ÆRE, CAPITO GLORIÆ. EXERCITVS MAXIMI.
DICAVIT.

On lit au dessus du chapiteau :

Monument élevé à la gloire de la grande armée, commencé le 25 août 1806 sous la direction de MM. Denon, Lepere et Gondouin, architectes.

Avant la restauration une statue de Napoléon ornait le sommet de la colonne. Il était représenté en Empereur Romain, couronné de lauriers, s'appuyant de la main droite sur son épée, et portant de la main gauche un globe. Cette statue fut détruite en 1814, et servit, dit-on, à fondre le cheval de la statue équestre d'Henri IV. Après la révolution de juillet, Louis Philippe fit replacer au sommet de la colonne, une nouvelle statue de l'empereur, mais dans son costume traditionnel devenu si populaire, la redingote et le petit chapeau. Cette statue fut découverte le 15 décembre 1840, au moment même où les cendres de Napoléon, rapportées de Ste-Hélène, allaient prendre possession de leur caveau, dans la chapelle des Invalides.

COLONNE DE JUILLET.

COLONNE DE JUILLET.

Nous avons, dans notre notice sur la Bastille, fait en quelque sorte l'historique de la place sur laquelle existait une forteresse. Sous l'Empire on avait formé le projet de couler en bronze un éléphant colossal, qui serait élevé là sur un socle de pierre; l'eau devait jaillir de la trompe de l'animal. On construisit, pour bien juger de l'effet, un modèle en plâtre qui n'a été démoli que depuis quelques années, bien longtemps après que l'on eût renoncé au projet. En effet, les proportions de l'éléphant, si disgracieuses, ne pouvaient que perdre encore à l'augmentation de hauteur et de largeur. Une loi ayant décidé qu'un monument funéraire serait élevé à la mémoire des citoyens morts pour la liberté dans les journées de Juillet, la première pierre de la colonne fut posée par le roi Louis-Philippe, le 28 juillet 1831. Cette colonne est construite sur la voûte du canal-Martin. Le bronze y est appliqué sur la pierre, à peu près par le même procédé qu'à la colonne Vendôme; l'escalier intérieur, qui est également en bronze, compte deux cent cinq marches pour arriver au sommet, couronné par une statue de Dumont qui représente le génie de la liberté; il semble déployer ses ailes, et tient d'une main des fers brisés et de l'autre un flambeau. Les restes des victimes des journées de Juillet, qui avaient été inhumées devant le Louvre et à la fontaine des Innocents, furent solennellement apportés dans des caveaux pratiqués dans le soubassement circulaire de la colonne; on descend dans ces caveaux par quatre escaliers. Cette cérémonie, qui fut celle de l'inauguration du monument, eut lieu le 29 juillet 1840. Les noms des victimes sont inscrits sur la colonne même. Nous renvoyons le lecteur à l'article *Fontaines*, pour la colonne de Médicis, à la Halle-au-Blé et la colonne du Palmier, place du Châtelet.

OBÉLISQUE DE LOUQSOR.

Au milieu de cette magnifique place de la Concorde, on voit l'Obélisque de Louqsor, apporté d'Égypte et élevé sous la direction de l'architecte Lebas, le 25 octobre 1836. En dehors du mérite de la difficulté vaincue, on peut se demander si un monument de ce genre ne serait pas mieux placé dans la cour d'un musée.

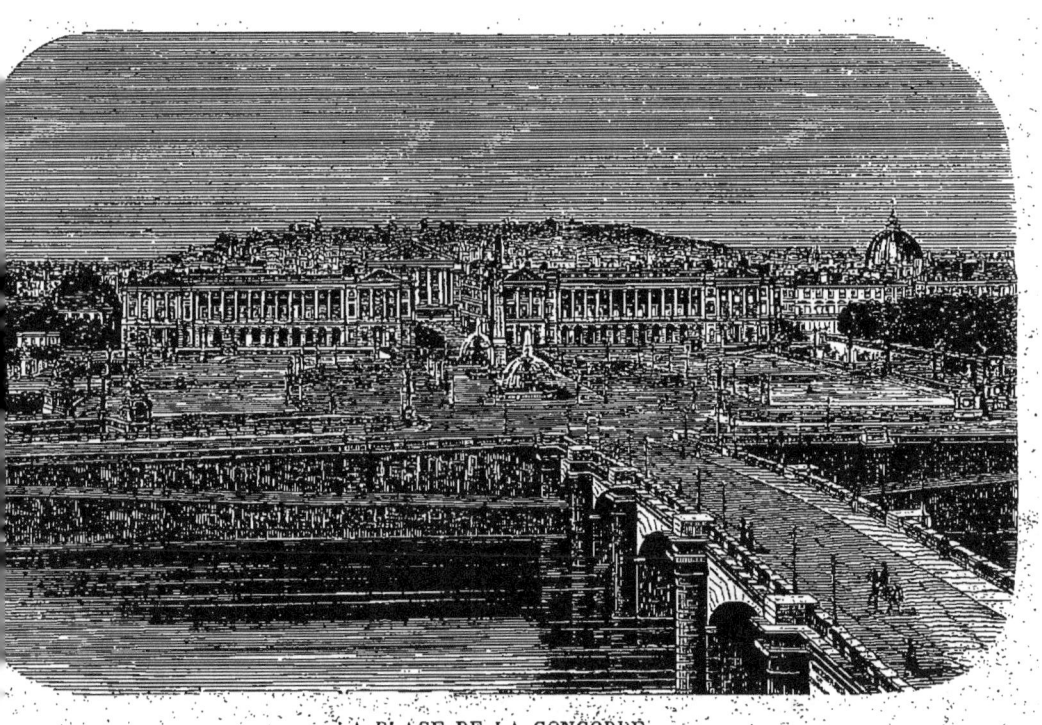

LA PLACE DE LA CONCORDE.

FONTAINES.

La Fontaine des Innocents.—Il y a deux siècles on voyait le *cimetière des Innocents* là où se trouve aujourd'hui le marché des Innocents. Le promeneur dans Paris s'arrête aujourd'hui, stupéfait, devant ce petit chef-d'œuvre qu'on appelle la *fon-*

taine des Innocents ; c'est qu'en effet tout l'art, toute la science d'un siècle disparu, y ont laissé leurs traces ; la renaissance est là toute entière.

Construite en 1551, par Pierre Lescot, à l'angle de la rue aux Fers, cette fontaine, qui de fontaine n'avait que le nom, ne fournissant à la ville qu'un maigre filet d'eau, était étouffée par les maisons sur lesquelles elle s'appuyait. En 1786 on eut l'idée de la transporter au milieu du marché, en complétant les deux faces qui lui manquaient pour former un monument isolé. Il fallait refaire des naïades et des bas-reliefs comme Jean Goujon, et, hâtons-nous de le dire, les architectes et sculpteurs qui s'en chargèrent, furent à la hauteur de leur tâche : MM. Poyet et Molinos, architectes de la ville; MM. Daujon, Lhuilier et Mezières, sculpteurs, ne tombant point dans l'orgueilleuse erreur de tous les continuateurs de monuments, respectèrent l'idée primitive et générale du créateur, et sacrifièrent à l'ensemble leur caractère particulier de composition. Grâce à cette abnégation si rare, ils ont eu le mérite de conserver à leur pays un véritable chef-d'œuvre dans lequel leur part, selon nous, n'en est que plus glorieuse.

Le défaut qu'on lui reprochait autrefois, comme fontaine du moins, n'existe plus, car la seule crainte des architectes est de voir le monument s'altérer par l'abondance des eaux qui proviennent du canal de l'Ourq.

La Fontaine Molière. — Un sociétaire de la Comédie-Française, un comédien de talent et un homme d'esprit, M. Régnier, conçut et émit le premier l'idée d'élever un monument au grand nom que révèrent les hommes de lettres et les artistes. Nous trouvons dans l'*Essai sur Paris*, de M. de Saintfoix, une pensée perdue dans ses cinq volumes ; il s'étonne de ne trouver dans Paris rien qui rappelle Corneille et Molière. Pouvait-il croire alors que la France attendrait encore un siècle pour payer cette dette de reconnaissance ? Il faut bien dire que dans notre pays éminemment artiste, et dont toute l'Europe se reconnaît tributaire en ce point, les arts et les artistes n'inspirent qu'un médiocre intérêt à la foule. Chacun veut bien être fier d'une admiration qui, le plus souvent, vient de l'étranger pour Molière, ce grand maître de la comédie; mais s'il s'agit de faire un effort quelconque pour rendre hommage à sa mémoire, on oublie l'illustre mort absolument comme s'il était vivant. La souscription ouverte pour son monument, chose honteuse, mais utile à dire, ne produisit qu'une somme insuffisante, et le gouvernement dut intervenir pour compléter le total nécessaire.

Le monument, élevé rue Richelieu, en face de la maison où mourut Molière, dut donc avoir des proportions modestes; mais on serait presque tenté de s'en réjouir, car il rappelle mieux l'homme. N'eût-on donné qu'un mètre cube d'espace aux architectes et aux sculpteurs, l'inspiration, éveillée par le sujet, devait produire un chef-d'œuvre. La figure de Molière, exécutée par M. Seurre, respire cette mélancolie méditative que comprendront tous ceux qui ont étudié la vie de l'homme et surtout ses œuvres. La statue est en bronze, l'illustre écrivain est représenté assis et la plume à la main. Cette simplicité d'invention et de pose, a été l'objet d'amères critiques de la part de ceux qui en sont encore à vouloir qu'un grand homme soit habillé à l'antique, couronné de lauriers et flotte dans des nuages impossibles; le génie est si loin de ces natures vulgaires qu'elles ne sauraient le trouver ressemblant quand il se rapproche un peu de la nature. Pour nous, c'est Molière, et voilà le plus bel hommage qu'on puisse lui rendre. Pradier est l'auteur des deux muses, la muse comique et la muse tragique, qui, chacune de son côté, déroule la légende qui contient les titres de ses ouvrages. Il faut aussi rappeler le nom de M. Visconti, à qui l'on doit le dessin d'ensemble.

Ce monument a été inauguré avec une certaine solennité en 1844.

Selon toute probabilité, et par suite des embellissements que l'on entreprend dans ce quartier, cette fontaine se trouvera un jour isolée, et le groupe que nous venons de décrire, convenablement élevé et entouré, sera classé parmi les monuments les plus remarquables de Paris. Si M. de Saintfoix vivait encore, il pourrait encore dire cependant avec raison : mais Corneille n'a pas encore sa statue !

La Fontaine du Chateau-d'Eau. — Cette fontaine est située sur le boulevard Saint-Martin, à l'angle de la rue de Bondy. Ici nous pourions dire que l'eau fait tous les frais d'architecture, car lorsque les huit lions qui ornent les quatre socles du second bassin, ne font plus jaillir l'eau de lenrs gueules, il est impossible de voir quelque chose de plus curieusement laid que cette construction. Ce sont trois bassins circulaires superposés en étages qui débordent l'un dans l'autre, l'eau s'échappant avec force du fût d'une colonne taillée en coupe. Les lions sont horriblement mal dessinés, même au point de vue de la convention, ils sont maigres et mesquins comme des lions qui passeraient leur vie à verser de l'eau dans une fontaine; ils ont des têtes pauvres, des lèvres pincées et des flancs étroits et raccourcis. L'eau vient en grande abondance par ces conduits; mais la prétention de sa construction s'oppose à ce qu'elle ait au moins l'avantage de l'utilité que semble impliquer son nom de fontaine.

La Fontaine du Chatelet, ou *Fontaine du Palmier*, a été élevée de 1807 à 1809. C'est encore un monument érigé en l'honneur des victoires de l'armée impériale. On ne saurait comprendre aujourd'hui que le projet des architectes fut d'exécuter une fontaine; tout est mesquin et sans aucun caractère dans cet ensemble. C'est plutôt une colonne qu'autre chose, mais le chapiteau et ses ornements, surmontant un fût maigre comme un tronc d'arbre desséché, écrasent le monument tout entier. La statue de la Victoire qui le surmonte paraît elle-même en danger. Si vraiment, comme cela est hors de doute, on a voulu rappeler la forme du palmier, on a tout à la fois bien et mal réussi ou plutôt on a trop réussi. Si quelque figure doit être antipathique à l'art de l'architecte, c'est assurément le palmier avec sa pauvre chevelure sur un corps débile et qui semble toujours avoir besoin de prodiges d'équilibre, sinon de tuteurs. Les quatre figures qui décorent les angles du piédestal, la loi, la force, la prudence et la vigilance, œuvres de Boisot, valent mieux que le monument tout entier. Les noms des principales victoires de l'armée française sont inscrits sur cette colonne.

C'était sur la place du Châtelet que l'on vendait à la criée, il y a dix ans encore, les meubles et les effets des débiteurs malheureux ; aujourd'hui, ces ventes par autorité de justice ne se font plus en plein air, elles ont lieu à l'hôtel des ventes.

La Fontaine de Médicis.—Elle est située à la halle aux blés. C'était autrefois la colonne de l'hôtel Soissons, que fit construire Catherine de Médicis en 1592 ; elle a été transportée où on la voit aujourd'hui. Dans cette colonne, destinée par la reine mère à des observations astronomiques ou plutôt astrologiques, on voit un escalier à vis qui conduit au sommet. Cette colonne a dix-huit canelures, et l'on y voit en quelques endroits des couronnes et des trophées, des C et des H entrelacés, des miroirs cassés et des lacs d'amour déchirés, témoignages de la fastueuse douleur que voulait exprimer la veuve du roi Henri II.

Les autres fontaines publiques qui ornent Paris ne méritent guère le nom de monuments, nous nous contenterons de les énumérer.

La Fontaine du Satyre, rue Censier.

La Fontaine Cuvier, au coin des rues Saint-Victor et Cuvier, élevée à la mémoire du savant naturaliste.

La Fontaine de l'Estrapade, place de ce nom.

La Fontaine Desaix, place Dauphine, élevée à la mémoire du jeune général qui arriva sur le champ de bataille de Marengo pour y recevoir la mort.

La Fontaine Égyptienne, rue de Sèvres.

La Fontaine du Gros-Caillou, en face de l'hôpital militaire qui porte ce nom.

La Fontaine de Léda, située rue du Regard, a été élevée en 1807.

La Fontaine de Grenelle, commencée en 1739 et achevée en 1745, œuvre de Bouchardon.

La Fontaine de l'Archevêché.

La Fontaine du marché Saint-Martin.

La Fontaine de l'Arbre Sec, autrefois fontaine du *Trahoir*. Sculptures de Jean Goujon ; elle a été nouvellement réparée.

La Fontaine du Diable, au coin de la rue de l'Échelle, construite en 1759.

La Fontaine des Capucines, construite en 1670, sur l'emplacement des Feuillants. Elle est à l'angle de la rue Castiglione.

Le Puits de Grenelle — Le forage de ce puits artésien a rencontré des difficultés sans nombre. Commencé en 1833, il ne fut terminé qu'en 1841, et l'étonnement que souleva un succès inespéré fut pendant plus d'un mois le sujet d'entretien de tout Paris. Le nom de MM. Mulot père et fils, qui avaient conduit les travaux, devint fort populaire. Le mérite de ce travail n'est guère appréciable que pour les hommes spéciaux. Ce puits est situé près de l'abattoir de Grenelle.

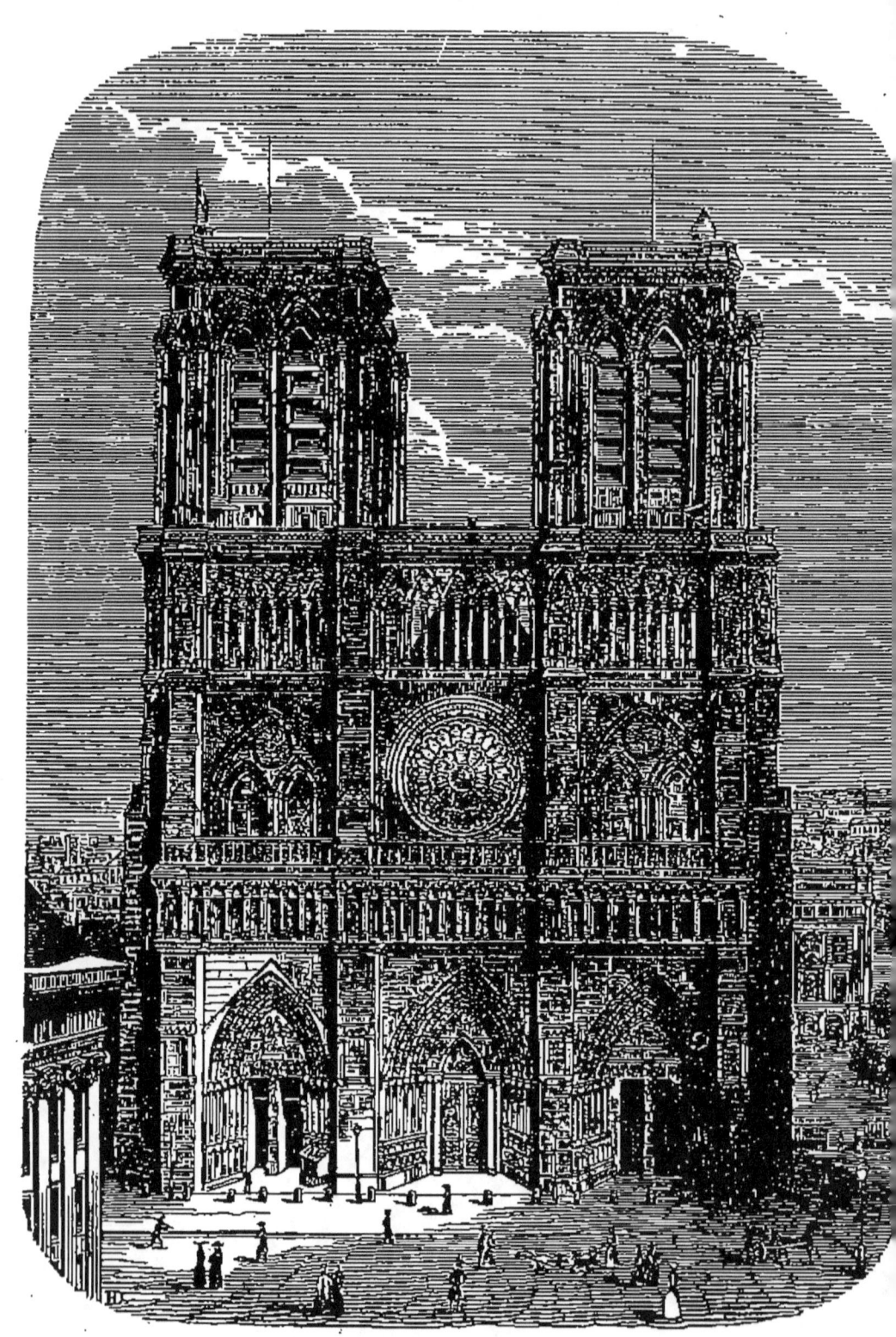

NOTRE-DAME.

ÉGLISES DE PARIS.

NOTRE-DAME.

Nous avons dit, à propos de l'origine du corps municipal de Paris, qu'en fouillant sous le maître autel de Notre-Dame, on avait trouvé des inscriptions constatant que sous le règne de Tibère, à cette place, le corps des *Nautes* de Lutèce avait consacré des autels à des dieux du paganisme; il est donc à peu près certain qu'il a existé sur l'emplacement de l'église métropolitaine de Notre-Dame, un temple dont l'origine remonte à la plus haute antiquité. Childebert serait le premier qui, à la sollicitation de Saint-Germain, évêque de Paris, aurait consacré ces ruines réédifiées et complètement renouvelées à une église catholique. Les historiens qui font mention de sa dévastation par les Normands en 887, nous donnent une haute idée de sa magnificence. Trois siècles après, Maurice de Sully, élevé à l'épiscopat sous le règne de Philippe-Auguste, conçut le plan primitif de l'église Notre-Dame et en jeta les fondements. Le nouvel évêque, qu'on nommait de Sully, parce qu'il était né dans cette petite ville de l'Orléanais, était d'une basse naissance, il lui fallut des miracles de science et de vertu pour succéder à l'évêque Pierre Lombard. C'était, disent les historiens, un homme libéral, magnifique, qui fonda les abbayes de Hérivaux et de Hermières et les deux monastères de filles de Gif et de Hierres. On pouvait encore, au siècle dernier, lire dans l'église de l'abbaye de Saint-Victor, son épitaphe qui commençait ainsi : *Hic Jacet reverendus pater Mauricius, Parisiensis episcopus qui primus Basilicam Beatæ Mariæ inchoavit, etc.*

Il n'eût pourtant pas la satisfaction de voir son œuvre achevée, car ce ne fut que, environ deux cents ans après, en 1450, que ce gigantesque ouvrage fut terminé.

Ce fut à peu près le sort de toutes les cathédrales citées en Europe, et cela se comprend, si l'on veut songer aux énormes dépenses que comportent tant de travaux d'art divers qui concourent à l'ensemble d'un pareil monument. Notre-Dame a du moins échappé aux conséquences ordinaires de cette loi fatale; s'il n'y a pas, à proprement parler, unité de style, il y a du moins unité de pensée. Il est impossible de trouver le grandiose joint à une pareille richesse de détails ; ces délicatesses d'ornement n'ont pourtant rien d'affecté, elles ont l'art de se rattacher à l'ensemble sans lui nuire. La plus grande partie de la façade, du côté de la place du parvis, c'est-à-dire le grand portail et les deux tours, est du temps de Philippe-Auguste. Les tours carrées symétriques ont soixante-cinq mètres de hauteur; dans celle du midi se trouve le *bourdon;* c'est une cloche d'une grosseur et d'un poids énormes. Le battant seul pèse, dit-on, 488 kilogrammes, et l'endroit de la cloche où il vint frapper, est écrasé par son poids ; on présume même qu'une fêlure invisible s'y est produite, ce qui expliquerait le son un peu cassé de cette cloche. Le roi Louis XIV et Marie-Thérèse furent ses parrain et marraine en 1685. On sait que cette coutume de baptiser les cloches existe encore. Les voussures des trois portes sont chargées de sculptures et d'ornements, et l'on y remarque encore la place de statues qui ont

LA MADELEINE.

disparu. Ces trois portes, celle du milieu surtout, viennent d'être l'objet de restaurations sérieuses ainsi que les rosaces qui les surmontent.

L'église Notre-Dame, dont le plan est une croix latine, est entourée d'un mur que surmontent des pyramides élégamment sculptées ; des arcs-boutants, hardiment lancés, viennent prêter leur appui à la voûte. On travaille encore, au moment où nous écrivons, à restaurer ces pyramides et ces arcs-boutants, du côté de la place où fut autrefois l'Archevêché. On sait que ce bâtiment fut démoli en 1831 dans une émotion populaire.

Avant de quitter la grande façade, nous devons noter cette particularité, qu'aujourd'hui, pour entrer dans l'église, il faut descendre deux marches et que, d'après tous les historiens du temps, il fallait en monter treize pour y arriver.

A l'intérieur, l'église est divisée en cinq nefs ; le chœur est séparé des chapelles des bas-côtés par des arcades en ogives. Les sculptures et les peintures de l'intérieur sont de différentes époques, mais le caractère primitif, c'est-à-dire la naïveté du style gothique domine dans tous les ornements.

Nous ne pouvons, dans notre cadre restreint, nous étendre sur toutes les merveilles de l'intérieur de Notre-Dame ; nous nous contenterons de dire que l'art chrétien n'a pas de plus beau et de plus caractéristique représentant que cette cathédrale, qui compte 158 mètres de longueur sur 46 mètres de largeur : aucun monument de Paris n'est plus digne d'attention et d'admiration.

ÉGLISE DE LA MADELEINE.

Il est difficile de faire l'histoire d'un monument, car il faut toujours rechercher quelles étaient les constructions qui l'ont précédé et qui, le plus souvent, n'ont pas eu la même destination. L'Église ou plutôt la chapelle qui existait à l'origine du boulevart de la Madeleine, prit le nom d'Église de la Madeleine en 1791. Les plans depuis 1764 ont été souvent modifiés, et cependant on peut reporter au règne de Louis XV, en 1764, ceux qui ont prévalu. La révolution suspendit les travaux entrepris par l'architecte Couture.

En 1806, année féconde en fondations monumentales, Napoléon voulut faire achever la Madeleine, qui devait être le

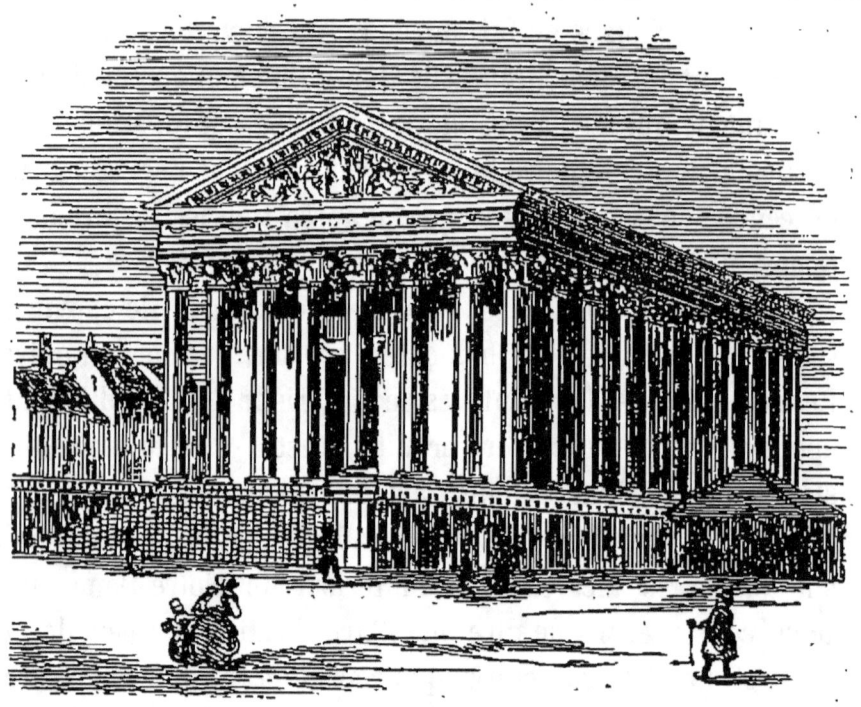

Temple de la Gloire, l'architecte Vignon modifia encore une fois les projets adoptés et fit détruire tout ce qui annonçait un commencement d'exécution.

En 1816, on revint à la destination première de l'édifice, c'est-à-dire à une église sous l'invocation de Sainte-Madeleine; mais les plans de Vignon furent conservés et suivis.

Jamais, selon nous, rien n'aura mieux prouvé qu'il faut à chaque destination un caractère particulier. L'antiquité pouvait élever des temples à ses dieux, le moyen-âge seul, avec sa foi robuste, a pu construire des églises ; le monument de la Madeleine éveille de tout autres idées que ce recueillement mystique que l'on éprouve malgré soi en entrant sous les voûtes de Notre-Dame. Les puristes en architecture (car les puristes existent partout) ont blâmé la hauteur et la ténuité des colonnes; cette critique est due plutôt à un parti pris qu'à une impression. La Madeleine a corrigé visiblement et d'avance le défaut que l'on reproche avec raison au palais de la Bourse : rien de plus majestueux que ce péristyle d'ordre corinthien, rien d'admirable comme le portique principal. Le sculpteur Lemaire a orné le fronton d'un vrai chef-d'œuvre auquel les critiques n'ont pu adresser que de puérils reproches ; le bas-relief triangulaire représente le Jugement dernier. Le Christ, figure colossale, occupe le milieu de cette composition, sa figure est grave et pensive ; à sa droite sont les trois Vertus théologales, et ce groupe respire une tranquille béatitude ; à sa gauche sont les réprouvés dont les figures et les poses expriment les tourments et les remords du vice : ce sont les péchés capitaux ; leurs efforts tendent à se rapprocher du Christ; c'est une expression douloureuse et désespérée ; un archange lève sur eux son épée flamboyante et les repousse ; mais là est sainte Madeleine qui implore pour eux, se traînant aux genoux du souverain Juge. Ceux qui ont reproché à cette figure d'être trop petite substituent leur idée particulière à celle de l'artiste, mais ne font pas une critique impartiale de la composition, car la pose est pleine de mouvement et rend, par son exiguité même, la pensée chrétienne plus saillante. Ce remarquable bas-relief a été découvert en 1834, et l'admiration fut générale. La conformation extérieure du monument ne pouvait prêter à une distribution intérieure qui rappelât les églises anciennes; mais c'est, sans contredit, le plus beau et le plus pur monument de l'Europe moderne. M. Derre, de Bruxelles, pour les fleurs sculptées du plafond; MM. Rude, Foyatier et Pradier, pour les statues; MM. Abel de Pujol, Zuingler, et Thomas Gérard, pour les peintures, ont concouru à la splendeur de cet édifice.

SAINTE-GENEVIÈVE. — PANTHÉON.

Le corps de sainte Geneviève, patronne de Paris, inhumé dans une chapelle qui existait sur cet emplacement, donna son nom à l'église qui était, selon toute probabilité, plus que modeste, car depuis plusieurs siècles on formait le projet de la reconstruire, lorsque Louis XV, sollicité par madame de Pompadour, forma le vœu, pendant une maladie qu'il fit à Metz, d'élever un monument digne de la patronne de Paris. Une souscription fut ouverte à cet effet qui produisit une somme insuffisante; néanmoins on pouvait commencer les travaux, grâce à ce secours. De 1757 à 1764 on prépara le terrain et les fondations; la première pierre fut solennellement posée par le roi, vers la fin de cette dernière année.

Tout dans ce monument semble avoir été sacrifié au coup d'œil que présente la façade surmontée d'un dôme majestueux; mais l'intérieur est loin de répondre à ce grandiose qui pourtant n'inspire aucune idée religieuse.

Lors de la révolution, cette église prit le nom de Panthéon et fut destinée à la sépulture des grands hommes; on lisait sur la frise : Aux grands hommes la patrie reconnaissante ! Lannes, Lagrange, Voltaire, J.-J. Rousseau y avaient leurs tombes.

La restauration rendit ce temple à sa destination primitive, et la révolution de juillet en fit de nouveau le Panthéon, nom qu'il avait toujours conservé et qui était devenu celui de la place sur laquelle il est situé. L'inscription fut rétablie et l'on admira le bas-relief de David qui décore le fronton.

En 1851 un décret rendit le Panthéon au culte, et c'est encore aujourd'hui l'église Ste-Geneviève. Ce monument a été le théâtre d'un combat sanglant lors de l'insurrection du mois de juin 1848.

SAINT-ÉTIENNE-DU-MONT.

Marguerite de Valois, sœur des trois derniers Valois et première femme de Henri IV, *la reine Margot*, comme on l'appelait dans ce temps, posa la première pierre de l'église Saint-Etienne-du-Mont en 1610; elle paya cet honneur d'un don de mille écus. Cette église est située rue de la Montagne-Sainte-Geneviève, et, jusqu'à 1610, elle ne fut qu'une chapelle succursale qui porta successivement les noms de chapelle Notre-Dame, de chapelle de Saint-Jean-du-Mont, et enfin de Saint-Etienne. Une inscription, gravée en lettres d'or sur deux tables de marbre placées à l'entrée de l'église, constate cette consécration dernière. L'architecture de Saint-Etienne-du-Mont n'offre à l'extérieur rien de remarquable, mais l'intérieur de l'église est digne d'attention. Le *jubé* surtout est une des conceptions les plus hardies et les plus heureuses au dire des savants et des artistes; cependant il a peut-être le défaut de séparer l'église en deux, et n'était son extrême légèreté, il nuirait à l'ensemble en obstruant la vue du chœur à des fidèles placés à la hauteur des orgues.

La chaire à prêcher est aussi fort remarquable comme ensemble et comme détails.

On raconte que le curé de cette paroisse s'étant plaint que le nommé Michau, un de ses paroissiens, l'avait fait attendre jusqu'à minuit pour la bénédiction du lit nuptial, Pierre de Gondi, alors évêque de Paris, ordonna que cette cérémonie se ferait de jour.

Monseigneur Olivier, depuis curé de Saint-Roch, et mort il y a un an évêque d'Evreux, fut longtemps curé de Saint-Étienne-du-Mont; cette église doit à son zèle non moins artistique que religieux des embellissements d'un excellent goût et des tableaux fort remarquables, qui ornent les bas-côtés et les différentes chapelles.

LA SAINTE-CHAPELLE.

Nos lecteurs se reporteront pour certains détails à ce que nous avons écrit du Palais-de-Justice. La Sainte-Chapelle en fait en quelque sorte partie. Le roi saint Louis, après les croisades, fit construire cette église pour y déposer les précieuses reliques qu'il avait achetées à l'empereur Beaudouin : c'étaient la couronne d'épines de Jésus-Christ, un des nombreux morceaux de la vraie croix et le fer de lance qui perça le côté du Christ.

Jamais peut-être l'art moderne n'est venu en aide à l'art ancien avec autant d'intelligence et de dévouement que pour la restauration de cette église, si riche en chefs-d'œuvre et en souvenirs. Un léger différend qui s'était élevé entre le trésorier et le chantre de cette église parut si plaisant à M. le premier président de Lamoignon, qu'il défia le poëte Boileau d'en faire le sujet d'un poëme héroï-comique ; cette boutade d'un homme grave nous valut *le Lutrin* de Boileau. Le poëte était peut-être bien loin de s'attendre qu'il aurait son tombeau dans cette même église.

NOTRE-DAME-DE-LORETTE.

Beatæ Mariæ Virgini Lauretanæ, telle est l'inscription que l'on peut lire sous le fronton de cette église, achevée en 1836 par l'architecte Lebas, sur l'emplacement de l'ancien hôtel

SAINTE-GENEVIÈVE. — LE PANTHÉON.

Necker, à l'angle de la rue des Martyrs, dans un carrefour où viennent aboutir la rue du Faubourg-Montmartre, la rue Coquenard (aujourd'hui rue Lamartine), la rue Saint-Lazare et la rue Laffitte. Le portique, orné de quatre colonnes corinthiennes, est surmonté d'un fronton orné de statues.

La réputation d'élégante richesse que l'on a faite à cette église est pour ainsi dire devenue une épigramme. Il est vrai qu'elle n'éveille par son aspect aucun sentiment religieux. Le luxe le mieux entendu a été déployé à l'intérieur, la dorure y domine et les plus remarquables peintures décorent les chapelles des bas-côtés ; il manque seulement à ce luxe de l'espace pour être majestueux. On a remarqué également que les grandes cérémonies religieuses y étaient toujours environnées d'une pompe un peu mondaine.

SAINT-VINCENT-DE-PAUL.

Cette église, terminée en 1842, mérite le même reproche, mais à un moindre degré que celui que l'on adresse généralement à Notre-Dame-de-Lorette. Elle est située place Lafayette, au sommet de la rue Hauteville. Nous engageons les étrangers à la visiter : ils y remarqueront des ornements et des tableaux du plus grand mérite.

SAINT-ROCH.

La première pierre de cette église, située rue Saint-Honoré, à l'angle de la rue qui porte son nom, a été posée par Louis XIV encore mineur ; elle ne fut achevée qu'en 1740, et plusieurs dons volontaires contribuèrent à son édification, entre autres cent mille livres qui furent données par le financier Law.

Le portail de cette église, élevé sur un magnifique perron, offre un très-beau coup d'œil. L'intérieur en est aussi fort remarquable, et, parmi les dix-huit chapelles qui le composent, on admire la *chapelle du Calvaire* et celle de la Madeleine pleurant au pied de la croix.

Plusieurs personnages illustres ont été inhumés dans les caveaux de cette église, et l'on y voit les monuments funèbres de Pierre Corneille, de Mme Deshouillères, de Lenôtre, du cardinal Dubois, de Mignard, etc...

Les marches de Saint-Roch sont historiquement célèbres par le combat qui y fut livré le 13 vendémiaire : là était placée l'artillerie de Bonaparte qui foudroya les sections soulevées.

ÉGLISE DES INVALIDES.

Nous renvoyons le lecteur à notre notice sur l'hôtel des Invalides.

SAINT-SULPICE.

Rien ne saurait mieux peindre l'impuissance de l'imitation que la comparaison de Saint-Sulpice avec Notre-Dame. Parties du même sentiment et, pour ainsi dire, de la même idée, ces deux constructions, malgré leur analogie, seraient les deux extrêmes de l'art. Saint-Sulpice est une œuvre froide, sans grandeur, sans caractère et qui n'a même pas pour elle l'imposant des masses. Cet édifice fut commencé en 1655, et il fallut plus d'un siècle pour l'achever.

Le premier architecte avait été Leveau, après lui vint Cuillard, puis enfin Oppenord et Servandoni, Malclaurin et Chalgrin.

Les tours ont soixante-dix mètres d'élévation. Saint-Sulpice a cependant ses admirateurs; l'intérieur, il est vrai, renferme de grandes beautés, mais dans lesquelles l'architecture n'est pour rien ; ce qu'il y a de plus remarquable, c'est un

effet de lumière dans la chapelle de la Vierge située derrière le chœur.

Le maître-autel est fort riche, mais d'un goût très-douteux. Nous admirerions plus volontiers la hardiesse de la chaire à prêcher, que son escalier semble soutenir. Certaines chapelles sont décorées de peintures à fresque d'un mérite réel.

SAINT-GERMAIN-DES-PRÉS.

Isis présidait à la navigation, et cette déesse, par conséquent, devait être chère aux habitants de Lutèce, qui lui élevèrent un temple. Certains étymologistes rattachent même à ce temple l'origine du mot *Parisii* (les Parisiens) qui, en langue celtique comme en langue grecque, signifierait *proche d'Isis*. L'existence de ce temple est néanmoins très-certaine, et Sauval rapporte qu'il *donna le nom à tout le pays*, et qu'il était desservi par un collége de prêtres qui demeuraient à *Issi*, dans un château dont on voyait encore les ruines de son temps.

Childebert, en 560, fonda sur les ruines de ce temple païen une église qui ne fut achevée que dans le XIIe siècle, et qui fut plusieurs fois ravagée par les Normands dans leurs incursions. L'intérieur de cette église, qui d'abord fut consacrée à saint Vincent et devint plus tard celle de l'abbaye Saint-Germain-des-Prés, n'offre rien d'intéressant, si ce n'est pour les antiquaires. Le tombeau de Casimir, roi de Pologne, qui vint terminer ses jours dans l'abbaye, se voit dans cette église, où a été inhumé aussi le célèbre Descartes.

SAINT-EUSTACHE.

Cette église, comme la précédente, occupe l'emplacement d'un temple païen auquel succéda une chapelle dépendante de Saint-Germain-l'Auxerrois. Elle fut commencée au milieu du XVIe siècle et achevé au milieu du XVIIe. Il faut pour juger cet édifice, sous le rapport de l'architecture, le diviser en autant de parties qu'il a de styles différents. Il ne faut point parler du portique grec qui y fut ajouté en 1754 ; on conçoit à peine qu'il soit venu à un architecte l'idée d'un péristyle de ce genre pour un édifice gothique. Malheureusement, il y a quelques années, c'était tout ce que l'on pouvait apercevoir de l'église Saint-Eustache ; mais les dernières démolitions, effectuées pour les travaux des halles, ont donné de l'air, du jour et de la perspective au portail du midi, qui est d'un effet prodigieux, et que l'on ne pouvait soupçonner, tant il était difficile et dangereux de s'arrêter dans la rue étroite qui existait alors, et dont cette façade formait un des côtés. En 1844, un terrible incendie détruisit en une nuit l'orgue qui était un chef-d'œuvre ; une loterie fut autorisée par le gouvernement pour couvrir les frais d'un autre orgue qui vient d'être achevé mais qui laissera toujours regretter l'ancien.

Le maréchal de la Feuillade, le ministre Colbert, l'amiral de Tourville, Voiture, Vaugelas et plusieurs autres hommes célèbres ont leurs tombeaux dans cette église, dont on remarque aussi les magnifiques vitraux.

SAINT-GERMAIN-L'AUXERROIS.

Childéric fonda cette église en 780 ; elle fut rebâtie en 997, puis réparée en 1423 par Charles VII ; dans l'intervalle, les Normands l'avaient deux fois ravagée et pillée ; ce fut de cette église que partit le signal du massacre de la Saint-Barthélemy. Le portail de cette église (et c'est ce qu'elle a de plus remarquable) est bas et sans majesté, mais il a essentiellement le caractère antique. En 1831, quand les esprits étaient encore exaltés par la révolution de juillet, on célébra au mois de février, dans l'intérieur de cette église, le service annuel à la mémoire du duc de Berry ; malheureusement, le peuple crut remarquer dans cette célébration une certaine affectation à le braver, une émeute s'ensuivit. La croix qui surmontait le fronton fut abattue, pendant qu'une autre bande allait démolir le palais de l'Archevêché.

L'église resta deux années fermée. On y entreprit ensuite des réparations qui furent achevées en 1846. Nous avons entendu louer avec chaleur ces peintures à fresque que l'on a placées sous les arcades du péristyle; nous avouons que nous ne partageons pas cet avis. La peinture, quelque proportion qu'on lui donne, n'a jamais de caractère à l'extérieur d'un monument. Le portail de Saint-Germain-l'Auxerrois fait face à la belle colonnade du Louvre.

EGLISE DES PETITS-PÈRES.

Cette église est située sur la place des Petits-Pères, à l'ouest de la place des Victoires. Les *petits pères* étaient des Augustins déchaussés qui firent reconstruire cette église à leurs frais. Le roi Louis XIII en avait posé la première pierre en 1629, et voulut qu'elle portât le nom de *Notre-Dame-des-Victoires*, en mémoire des avantages qu'il venait de remporter sur les protestants de son royaume; mais le nom des Petits-Pères l'emporta. Il y a dans l'intérieur de cette église quelques tableaux fort remarquables.

ASSOMPTION.

Cette chapelle, bâtie en 1670, sur les dessins d'Errard, peintre du roi, était la chapelle du couvent des femmes de l'Assomption. C'est maintenant une annexe de la Madeleine. Elle est située rue Saint-Honoré, non loin du faubourg. C'est une tour basse avec une coupole; les colonnes du portique sont d'ordre corinthien.

SAINT-GERVAIS.

Cette église est située derrière l'Hôtel de Ville, dans la rue du Monceau-Saint-Gervais. Depuis Charles VII, qui la fit reconstruire en entier, jusqu'à la fin du xvie siècle, on y fit des additions et des réparations ; le portique est de Jacques Desbrosses qui construisit le palais du Luxembourg. On cite surtout dans cette église la chapelle de la Vierge, dont la voûte est un chef-d'œuvre dans le genre gothique. Dans cette église est la sépulpture du poëte Scarron.

SAINT-PAUL.

Cette église, située rue Saint-Antoine, sur l'emplacement qui formait autrefois la limite de l'hôtel Saint-Paul, demeure des rois de France, fut construite en 1641. Elle n'a rien de bien remarquable comme architecture. Quelus, Maugiron et Saint-Megrin, favoris d'Henri III, les deux premiers tués en duel à la porte du palais des Tournelles, le troisième assassiné la nuit, rue Saint-Honoré, par une trentaine de soudarts conduits, dit-on, par le duc de Mayenne, avaient leurs sépultures dans cette église : leurs tombeaux étaient de marbre noir, surmontés de leurs statues fort ressemblantes. Les inscriptions et les épitaphes n'y manquaient pas ; leurs oraisons funèbres avaient été prononcées par Arnaud de Sordin, évêque de Nevers. Mais quand on apprit à Paris la mort du duc de Guise, tué à Blois, le peuple, rendu furieux par les prédications des moines, courut à Saint-Paul et détruisit les tombeaux, disant : « qu'il n'appartenait pas à ces méchants, morts en reniant » Dieu et mignons du tyran, d'avoir si beaux monuments dans » l'église. »

SAINT-LOUIS-D'ANTIN.

C'était autrefois la chapelle d'un couvent de capucins ; cette église a été construite par l'architecte Brongniart.

SAINT-LOUIS (en l'île).

Église terminée en 1726. Architecture moderne, dont la pensée est incompréhensible. On y remarque surtout, mais comme étrangeté, un obélisque à jour qui s'élève au dessus du clocher.

SAINTE-MARGUERITE.

Cette église est située rue Saint-Bernard, dans le faubourg Saint-Antoine. Elle fut rebâtie vers la fin du dernier siècle, quand de succursale elle devint paroissiale. On y remarque une chapelle sépulcrale peinte à fresque, par Brunetti.

SAINT-MERRY.

Cette église, située rue Saint-Martin, est l'ouvrage de plusieurs siècles. Cependant c'est au règne de François Ier que l'on doit le vaisseau gothique tel qu'il existe de nos jours. Le nom de cette église rappelle la résistance désespérée de l'insurrection républicaine de juin 1832, dans la rue qui avoisine cette église.

SAINT-PHILIPPE-DU-ROULE.

Chalgrin fournit les dessins pour la construction de cette église, située rue du Faubourg-du-Roule; mais elle ne fut achevée qu'en 1784. Le style en est tout à fait moderne.

SAINT-THOMAS-D'AQUIN.

Église construite, en 1683, par l'ordre du cardinal Richelieu et sous la direction de Pierre Bullet.

SAINT-PIERRE-DE-CHAILLOT.

Église située rue de Chaillot, construite en 1750.

NOTRE-DAME-DE-BONNE-NOUVELLE.

Église située rue de la Lune, bâtie en 1624.

SAINT-LAURENT.

Église située entre le faubourg Saint-Denis et le faubourg Saint-Martin, sur la place de la Fidélité ; cette église a été achevée en 1585.

SAINTE-ÉLISABETH.

Cette église est située rue du Temple ; achevée en 1829.

SAINT-NICOLAS-DES-CHAMPS.

Située rue Saint-Martin ; cette église, fondée en 957, souvent réparée et reconstruite, n'a été complétement achevée qu'en 1580.

SAINT-FRANÇOIS-D'ASSISES.

Église située rue du Perche et construite en 1662 ; elle contient des tableaux fort remarquables de nos plus célèbres peintres modernes.

SAINT-AMBROISE.

Située dans la rue de ce nom ; cette église date de 1639.

SAINT-DENIS-DU-SAINT-SACREMENT.

Église toute moderne, achevée en 1835.

ÉGLISE DES MISSIONS.

Érigée à saint François-Xavier et située rue du Bac.

ÉGLISE DE LA SORBONNE.

Ce fut l'architecte Lemercier qui la reconstruisit en 1626 ; son nom indique que c'était la chapelle du collége de la Sorbonne.

SAINT-MÉDARD.

Dans le cimetière de cette église, autrefois les convulsionnaires se rendaient pour voir des miracles et tomber dans leurs prétendues extases sur le tombeau du diacre Pâris. On fit fermer ce cimetière pour mettre fin à ces scandaleuses mômeries. On cite ces deux vers que l'on trouva, dit-on, écrits sur les murs du cimetière :

« De par le roi, défense à Dieu
» De faire miracle en ce lieu. »

SAINT-NICOLAS-DU-CHARDONNERET.

Cette église, située rue Saint-Victor, date du xiiie siècle, mais elle fut rebâtie du xvie au xviie. Elle renferme un assez grand nombre de tableaux remarquables.

CHAPELLES DES DIFFÉRENTS CULTES.

Nous nous contenterons de donner une liste de ces temples, chapelles ou synagogues avec les adresses.

L'Oratoire, rue Saint-Honoré, 159.
Chapelle des Frères-Moraves, rue de la Bienfaisance, 21.
Chapelle de l'ambassade de Russie, rue Neuve-de-Berri, 4.
Chapelle Anglicane, rue d'Aguesseau, 5.
Chapelle Française, rne Charlot, 6.
Chapelle Évangélique, rue de Provence, 44.
Société Biblique, rue des Moulins, 16.
Église du Culte évangélique, rue Ménilmontant, 3.
Église consistoriale des Billettes, rue des Billettes, 16.
La Visitation, rue Saint-Antoine, 246.
Chapelle du Culte américain, rue de Varennes, 23.
Synagogue, rue Notre-Dame-de-Nazareth, 15.

MINISTÈRES.

Ministère d'État et de la Maison de l'empereur, situé place du Carrousel. Ouvert tous les jours, de 10 heures à 4 heures.

Ministère de l'Intérieur, rue de Grenelle-Saint-Germain, 122. Les chefs de division reçoivent tous les jours, de 2 heures à 3 heures.

Ministère des travaux publics, rue Saint-Dominique-Saint-Germain, 58 et 60. Bureaux ouverts les lundis, mercredis et vendredis, de 10 heures à 11 heures 1|2 du matin.

Ministère de la guerre, rue Saint-Dominique, 86. Bureaux ouverts tous les vendredis, de 2 heures à 5 heures.

Ministère des affaires étrangères, quai d'Orsay. Bureaux ouverts tous les jours non fériés, de 11 heures à 4 heures.

Ministère de la marine et des colonies, place de la Concorde, dans les bâtiments de l'ancien garde-meuble. Bureaux ouverts tous les jeudis, de 2 heures à 4 heures.

Ministère des finances, rue de Rivoli. Caisse et bureaux ouverts tous les jours non fériés, de 2 heures à 4 heures.

Ministère de la justice, rue Neuve-du-Luxembourg, 22. Bureaux ouverts tous les vendredis, de 3 heures à 5 heures; pour les légalisations, tous les jours, de midi à 2 heures.

Ministère de l'instruction publique et des cultes, rue de Grenelle-Saint-Germain, 116. Bureaux ouverts tous les jeudis, de 10 heures à 4 heures.

Les bureaux de la *Légion d'honneur* sont ouverts les lundis, mercredis et vendredis, de 2 heures à 4 heures.

Avis important. — Pour obtenir une audience particulière des ministres ou des secrétaires généraux, il faut leur adresser une demande écrite qui leur en indique l'objet.

Préfecture de police. — Les commissaires de police de Paris relèvent tous du préfet de police, qui, du reste, est chargé de tout ce qui peut intéresser la sûreté des citoyens et l'ordre de la ville. C'est à la Préfecture que l'on délivre les passe-ports et les permis de séjour. La Préfecture de police est située rue de Jérusalem, sur le quai des Orfévres.

BIBLIOTHÈQUES ET MUSÉES.

BIBLIOTHÈQUE IMPÉRIALE,

Rue Richelieu, 58, ouverte tous les jours non fériés, de 10 heures à 3 heures.

Nous nous hâtons d'avertir les étrangers que la Bibliothèque impériale n'est ouverte tous les jours que pour les travailleurs ; les simples visiteurs ne sont admis que les mardis et vendredis, de 10 heures à 3 heures.

La Bibliothèque impériale, qui contient aujourd'hui plus d'un million de volumes imprimés, doit sa fondation ou plutôt son origine à Charles V, qui, le premier, songea à rassembler quelques manuscrits. Elle fut augmentée par Louis XI, par Louis XII et surtout par François Ier qui y joignit les livres de Côme de Médicis ; Louis XIII et Louis XIV firent venir plusieurs manuscrits d'Orient et s'appliquèrent aussi à réunir un grand nombre de livres imprimés.

Ce fut cependant Henri IV qui, le premier, eut la pensée de faire venir à Paris la précieuse collection qui avait été tour à tour placée à Blois et à Fontainebleau, quoiqu'elle eut été commencée au Louvre. Les bâtiments du collége de Clermont furent désignés pour cet usage ; elle changea encore plusieurs fois d'asile, mais sans quitter Paris ; enfin, le ministre Colbert la fit transporter, par ordre du roi, dans un bâtiment dépendant de son hôtel. C'est là qu'elle est encore placée aujourd'hui entre la rue Richelieu et la rue Vivienne.

Ce fut aussi sous Louis XIV que l'on joignit à la bibliothèque la collection d'estampes et celle des médailles, commencée par François Ier, dont on retrouve le nom à chaque page quand il s'agit des progrès, des arts et des sciences. En 1793, la bibliothèque contenait déjà 152,000 volumes auxquels vinrent se joindre alors toutes les richesses historiques et littéraires trouvées dans les couvents. A partir de ce moment la bibliothèque s'accrut rapidement par les dépôts forcés que font les éditeurs des ouvrages qu'ils publient et par les achats que font en France et à l'étranger les conservateurs de cet établissement. La bibliothèque se divise en quatre sections, savoir :

1° Celle des livres imprimés ;
2° Celle des manuscrits et chartes ;
3° Celle des médailles ;
4° Celle des estampes, cartes et plans.

On comprend que ces départements sont eux-mêmes subdivisés de façon à faciliter les recherches à ceux qui étudient. On travaille depuis fort longtemps, depuis trop longtemps peut-être, à un catalogue général méthodiquement ordonné qui évitera de grandes pertes de temps aux savants et aux littérateurs ; mais on peut aussi apprécier les difficultés d'un pareil travail pour une collection qui s'accroit tous les jours dans une proportion progressive. Outre la facilité que trouvent les gens studieux de venir consulter les ouvrages dans le salon d'études de la bibliothèque, il est encore d'usage de laisser emporter des livres à domicile ; mais cette faveur ne pouvant être indistinctement accordée à tout le monde, l'administration exige certaines garanties. Il faut adresser au directeur une demande écrite, apostillée par un personnage éminent dans les arts ou dans les sciences, tel qu'un membre d'une des académies; et le solliciteur doit justifier de la publication d'un premier ouvrage. Malgré ces précautions, ce qu'on appelle le prêt des livres a donné lieu à de graves abus.

La perte la plus importante qu'ait faite la Bibliothèque impériale, fut occasionnée par un vol commis en 1834 dans la section des médailles. Des voleurs s'introduisirent dans le cabinet pendant la nuit, et enlevèrent avec une incroyable audace environ 85 kilos pesants d'or, en médailles et autres objets, précieux surtout par leur antiquité. A ce dernier point de vue, la perte est irréparable. La collection des médailles romaines, depuis Jules César jusqu'à l'empereur Justinien, était unique en Europe, et il serait impossible de la recomposer. Il est vrai qu'on a retrouvé une partie de ces médailles; mais plus de la moitié avait été déjà fondue en lingots. Les voleurs avaient caché leur butin dans le fond de la Seine, et des plongeurs furent occupés pendant plus d'un mois à le repêcher.

Le cabinet des médailles contient environ 100,000 pièces différentes. On y remarque aussi le fauteuil de Dagobert, l'armure de François Ier, le vase de Ptolémée, des aiguilles à coudre antiques, deux disques d'argent, le sceau de Childéric et un grand nombre d'autres objets non moins précieux.

Le cabinet des estampes renferme environ 1,500,000 estampes de toutes sortes; il fut établi sous Louis XIII.

La collection des manuscrits s'élève à 90,000 volumes environ.

Nous pourrions citer encore plusieurs objets antiques, des statues dignes du plus sérieux examen, mais notre cadre ne nous le permet pas. Les étrangers qui liront notre *Guide* ne manqueront pas de visiter la Bibliothèque impériale et une vi

LE PONT-NEUF.

site de quelques heures en dira plus que les descriptions les plus minutieuses.

BIBLIOTHÈQUE DE L'ARSENAL, rue de Sully. — Ouverte tous les jours non fériés, de 10 heures à 3 heures.

Le marquis de Paulmy et le duc de la Vallière contribuèrent à la création de la bibliothèque de l'Arsenal qui fut achetée en 1781, par le comte d'Artois, depuis le roi Charles X. Elle contient plus de 175,000 volumes et de 6,000 manuscrits. Ses collections historiques sont complètes et elle a surtout l'avantage de posséder des collections d'œuvres purement littéraires, que l'on obtient difficilement dans les autres bibliothèques publiques.

BIBLIOTHÈQUE MAZARINE, quai Conti, 33. — Ouverte tous les jours non fériés, de 10 heures à 3 heures.

Le savant Gabriel Naudé, protégé et commissionné par le cardinal Mazarin, créa cette bibliothèque. Il parcourut pour cela non-seulement la France, mais toute l'Europe lettrée, prodiguant l'argent et recueillant les livres les plus précieux. La Bibliothèque Mazarine compte aujourd'hui au-delà de 100,000 ouvrages imprimés, presque tous consacrés à la théologie, aux sciences libérales et aux sciences exactes. Les manuscrits y sont au nombre de 4,000. Les visiteurs y remarqueront un magnifique globe terrestre qui fut commandé par Louis XVI, mais qui n'a point été entièrement achevé.

BIBLIOTHÈQUE SAINTE-GENEVIÈVE, rue Clovis, 1. — Ouverte tous les jours non fériés, de 10 heures à 3 heures, et le soir, de 6 heures à 10 heures.

Les bâtiments de cette bibliothèque viennent d'être reconstruits à neuf. C'est la seule de Paris qui soit ouverte le soir;

elle est chauffée et éclairée au gaz pour faciliter les travaux de la studieuse population du quartier latin. Son premier fondateur fut le cardinal de Larochefoucault, et, en 1710, Letellier, archevêque de Paris, lui fit don, en mourant, de tous ses livres. Elle contient aujourd'hui 160,000 volumes et 3,000 manuscrits. Parmi les curiosités que l'on y remarque, est la précieuse galerie des portraits des rois de France.

La Bibliothèque de l'Hotel-de-Ville est ouverte tous les jours non fériés, de 10 heures à 4 heures.

La Bibliothèque de l'École de Médecine, rue de l'Ecole-de-Médecine, 14, est ouverte les lundis, mercredis et samedis, de 10 heures à 3 heures.

La Bibliothèque du Jardin-des-Plantes, rue de Seine-Saint-Victor, est ouverte les lundis, mercredis et samedis, de 11 heures à 2 heures.

Nous pouvons encore citer les bibliothèques spéciales à certains établissements qui ne sont ouvertes aux visiteurs que sur leurs demandes motivées; ce sont :
La Biblothèque de l'*Institut ;*
La Bibliothèque du *Corps législatif ;*
La Bibliothèque du *Sénat ;*
La Bibliothèque du *Conseil d'État ;*
La Bibliothèque de l'*Observatoire ;*
La Bibliothèque de l'*Imprimerie impériale ;*
La Bibliothèque de l'*École des ponts et chaussées ;*
La Bibliothèque du *séminaire de Saint-Sulpice ;*
Les Bibliothèques spécialement destinées aux *magistrats* et aux *avocats ;*

La Bibliothèque de l'*Ecole polytechnique;*
La Bibliothèque du *Conservatoire des arts et métiers;*
La Bibliothèque du *Conservatoire de musique et de déclamation;*
La Bibliothèque de la *Sorbonne;*
La Bibliothèque de l'*Hôtel des Invalides;*
La Bibliothèque de l'*Ecole des mines;*
Et enfin les Bibliothèques des différents ministères.

Avis important.—Pour toutes les bibliothèques publiques, les vacances commencent le 1er septembre et finissent le 15 octobre.

MUSÉES DU LOUVRE.

Nos lecteurs trouveront dans la description du Louvre, des détails historiques qu'il serait superflu de répéter dans notre promenade aux musées.

La galerie des tableaux occupe tout le premier étage de la la galerie qui joint le Louvre aux Tuileries du côté de la Seine. Là sont placées, divisées par écoles, les œuvres des grands maîtres étrangers et français après leur mort. On comprendra que dans une collection qui offre au visiteur un chef-d'œuvre à chaque pas, toute citation est impossible. On arrive au salon carré par un riche escalier tout à fait digne du palais du Louvre, et de ce salon on passe dans la grande galerie. L'exposition annuelle des œuvres des artistes vivants avait lieu autrefois dans cette même galerie, mais le déplacement des toiles anciennes exposait à mille dangers nos richesses artistiques. On a construit, en 1850, une salle provisoire dans la cour intérieure du Palais-Royal. On a démoli cette salle et on ne pouvait mieux faire.

9.

Le Musée de sculpture. Il est composé de cinq salles situées au rez-de-chaussée en entrant par la porte du pavillon de l'ouest. Il est loin d'être, proportion gardée, aussi riche que le Musée des tableaux, mais c'est encore une des plus remarquables collections d'Europe.

Le musée égyptien occupe le premier étage du Louvre dans l'aile du midi. Dans les magnifiques salles de ce musée sont exposés à la vue des manuscrits, des instruments de toutes sortes qui sont vieux de trente siècles ; des momies, des idoles, des bijoux de la vieille Egypte ; dans les dernières salles on peut voir aussi les objets de toute nature trouvés dans les fouilles pratiquées à Pompéïa et à Herculanum.

Le musée des dessins, placé dans le vieux Louvre, au premier étage, contient des dessins et des croquis des plus grands maîtres.

Le musée de la marine est placé dans l'aile septentrionale du Louvre. Il contient des objets du plus haut intérêt, et ad-admirables comme exécution et comme exactitude ; ce sont des plans en relief de nos principaux ports de mer, des modèles de nos vaisseaux, des curiosités rapportées de chez les naturels de la mer du Sud. On y examine, avec un respect plein de tristesse, des débris du vaisseau de Lapeyrouse, qui termina dans un naufrage une carrière déjà si brillante et qui lui promettait encore, à lui ainsi qu'à son pays, tant de triomphes glorieux.

Le musée espagnol. A la suite du Musée égyptien se trouvent plusieurs salles qui renferment des tableaux des grands maîtres espagnols. Ce musée a été ouvert par les ordres du roi Louis-Philippe, qui a beaucoup contribué à l'enrichir.

Ces différents musées sont ouverts au public tous les dimanches, de 10 heures à 4 heures. Des catalogues se vendent et se louent dans les vestiaires.

MUSÉE DU LUXEMBOURG.

Les toiles des artistes français, achetées par le gouvernement, ornent le Musée du Luxembourg, et attendent la mort de leur auteur pour avoir leurs entrées au Louvre. (Voir notre notice sur les galeries du Luxembourg.) Ce musée est ouvert tous les dimanches, de 10 heures à 4 heures.

Le musée Dupuytren. Cette collection que, dans l'intérêt de la science et de l'humanité, le célèbre docteur Dupuytren s'était plu à réunir, fut achetée à sa mort par l'Académie de médecine. Arrivé à ce degré de richesse, ce cabinet ne pouvait plus être possédé par un particulier. C'est une collection anatomique ; mais ce qu'il y a de principalement remarquable, c'est une étude suivie, au moyen d'imitations en cire, de toutes les affections de la peau, avec leurs accidents particuliers. Ce musée est ouvert le jeudi, de 11 heures à 3 heures ; il est situé rue de l'Ecole-de-Médecine.

Le musée d'artillerie. Il est situé place Saint-Thomas-d'Aquin. — Riche collection des armes de toutes les sortes et tous les temps. On y remarque l'armure de Jeanne d'Arc. Lors de la révolution de Juillet, le peuple pénétra dans ce musée et y prit des armes antiques d'un grand prix, qui, du reste, ont été presque toutes retrouvées. Ce musée n'est pas précisément public; il faut adresser au directeur une lettre d'admission que l'on obtient facilement sur la présentation de son passeport.

Monnaies et médailles, quai Conti. — Entrée les mardis et vendredis, de midi à 3 heures.

Quant aux cabinets d'*histoire naturelle*, d'*anatomie comparée* et de *minéralogie*, nous en avons donné la description dans notre article du *Jardin-des-Plantes*.

Manufacture des Gobelins. — Elle est située rue Mouffetard, 270. — Cette manufacture, qui jouit aujourd'hui d'une réputation européenne, fut fondée par Jean Gobelin, en 1450 ; cent ans plus tard seulement, MM. Cannaye et Glucq importèrent en France l'art de tisser et de teindre les laines des couleurs les plus brillantes. Louis XIV, sur les conseils de Colbert, en fit une manufacture royale qui, débarrassée des préoccupations d'un commerce impossible dans ces conditions d'art et de luxe, porta au plus haut degré la fabrication des tapisseries de haute, basse lice. C'est un miraculeux travail. On peut visiter la manufacture des Gobelins tous les samedis, de 2 heures à 6 heures.

Manufacture des glaces, rue Saint-Denis, 343. — En 1559 un Français, nommé Thevart, inventa l'art de couler les glaces ; Lucas de Nehon et Rivière Dufresne, dans le siècle suivant, perfectionnèrent cette précieuse découverte. Ici il faut citer encore le grand ministre Colbert qui érigea en manufacture royale cette fabrique particulière. Le coulage se fait à Saint-Gobin et le polissage à Chauny, dans le département de l'Aisne. On peut visiter la Manufacture des glaces tous les jours non fériés.

La manufacture des tabacs est située quai d'Orsay, 57.

UNIVERSITÉ DE PARIS.

INSTRUCTION PUBLIQUE.

Divisions.—Facultés.—Colléges.—Lycées.—
Écoles spéciales.

Nous ne pouvons ici nous étendre beaucoup sur l'origine et sur l'histoire de l'Université, nous allons seulement noter les principaux documents historiques.

Charlemagne établit, vers l'an 800, l'Université près du château du Louvre; de là viennent les noms de place de l'*École* et de quai de l'*Ecole*. Saint Louis laissa une somme d'argent aux écoliers du collége de Saint-Thomas-du-Louvre, à qui déjà une donation avait été faite par Robert, comte de Dreux, et confirmée par le pape Urbain III, qui avait étudié à Paris. Le roi Robert avait fondé, vers l'an 1000, le collége de Saint-Nicolas, dans lequel il plaça, à ses frais, cent écoliers pauvres.

Vers l'an 890, pendant les guerres civiles, les professeurs et les écoliers s'étaient déjà retirés aux environs du parvis Notre-Dame, et l'Université s'étendit dans le quartier de la Montagne Sainte-Geneviève. L'Université s'était alors divisée en quatre nations, à l'exemple de celles d'Athènes et de Rome. Les facultés de *théologie*, de droit *canon* et de *médecine* ont été associées à la faculté des arts, en 1150.

Les détails qui précèdent ne peuvent être présentés comme parfaitement authentiques; les premiers statuts de l'Université ne datant que de l'an 1215; ils furent dressés par Robert de Corceon, légat du saint-siége. Ce fut le pape Innocent IV qui donna à l'Université le droit de se choisir des officiers et des sceaux.

L'Université n'était d'abord composée que d'écoliers et de maîtres, et pour acquérir cette dernière qualité, il n'y avait point de cérémonie particulière. A partir du pontificat de Grégoire IX, les degrés furent distingués. On s'étonnera peut-être de voir les papes intervenir si souvent dans la création de l'Université ; mais il ne faut pas perdre de vue que la faculté de théologie avait le pas sur les autres. Les *bacheliers* enseignaient publiquement et s'exerçaient par de fréquentes disputes auxquelles présidaient les maîtres et les docteurs; quand ils avaient achevé le temps de leurs études, ils étaient licenciés par le chancelier de l'Église de Paris, puis enfin reçus *maîtres* et *docteurs*.

L'Université se compose aujourd'hui des facultés :

1° De théologie;
2° De droit;
3° De médecine;
4° Des lettres;
5° Des sciences.

Le Collége de la Sorbonne est le centre de l'enseignement public et gratuit des facultés de théologie, des sciences et des lettres, fondé en l'an 1256, par Robert Sorbon ou de Sorbonne, confesseur du roi saint Louis. Le cardinal Richelieu fit rebâtir ce collége. Les chaires différentes ont été fondées à diverses époques par des rois ou par des particuliers.

Tous les ans a lieu au collége de la Sorbonne un concours général de tous les lycées de Paris.

La Faculté de droit avait ses écoles de *droit civil* et de *droit canon* dans la rue Saint-Jean-de-Beauvais, jusqu'en 1771. En 1464, les bâtiments de ces écoles furent réparés par Henri IV, mais on ignore tout à fait a qui était due leur construction. En 1679, Louis XIV rétablit l'enseignement du droit civil, qui avait été interdit par Henri III en 1580.

Le bâtiment qui est maintenant le siége de l'école de Droit, situé place du Panthéon, a été construit sur les dessins de Soufflot; mais on vient d'y faire des réparations importantes. On y enseigne le Droit romain, les Pandectes et les différents Codes : Code Napoléon, Code de procédure, Code de commerce, etc., etc. On y obtient les grades de bachelier, de licencié et de docteur, selon le temps que l'on a consacré à ces études et après avoir subi plusieurs examens.

La Faculté de médecine est située rue de l'École-de-Médecine, 14. Les Écoles de médecine existaient dans la rue de la Boucherie depuis 1472. Le premier amphithéâtre anatomique fut élevé en 1608. L'édifice occupé maintenant par l'Ecole de Médecine a été achevé en 1786.

Le Collége de France, situé place Cambrai, 1, portait autrefois le nom de collége Royal. Il fut établi par François Ier, qui y fonda des chaires pour les langues grecque et hébraïque. Une chaire de mathémathiques y fut fondée par Pierre Ramus, et elle n'était accordée qu'à la suite d'une dispute qu'il fallait soutenir en présence du premier président, de l'avocat général au Parlement et du prévôt des marchands de la ville de Paris, qui la conféraient au plus capable. François Ier,

Henri II, Henri IV voulurent faire construire le collége Royal ou collége de Cambrai, et tous trois en furent empêchés; ce fut Louis XIII qui posa la première pierre de ce bâtiment, le 28 août 1640, sur l'emplacement du collége Tréguier. Les travaux ne furent achevés qu'en 1774, par l'architecte Ehalghin. Vingt-quatre professeurs, savants ou littérateurs les plus distingués, enseignent publiquement les langues mortes, vivantes, leurs littératures, l'histoire, les sciences, etc.

Le Lycée Corneille, situé rue Clovis, 1, portait en 1802 le nom de lycée Napoléon; à la restauration, il prit le nom de collége Henri IV, et enfin il se nomme lycée Corneille depuis la révolution de février.

Le Lycée Descartes, situé rue Saint-Jacques, 125, fut autrefois le collége de Clermont, puis le collége Louis-le-Grand ; il appartenait aux jésuites. Le collége de Clermont fut fondé par Guillaume du Prat, évêque de Clermont, en Auvergne, frère d'Antoine du Prat, chancelier de France et cardinal. Ce prélat logea les jésuites dans son hôtel de Clermont, dans la rue de la Harpe, et, à sa mort, il leur laissa trois mille livres de rente. Les bons pères achetèrent la cour de Langres, dans la rue Saint-Jacques, et y bâtirent leur collége, où ils commencèrent à enseigner, l'an 1563.

Le Lycée Bonaparte, situé rue Sainte-Croix-d'Antin, 5, s'appelait le collége Bourbon. Il a été construit en 1784, par Brongniart (voir l'article *Église Saint-Louis*). Il n'y a que des externes dans ce collége.

Le Lycée Charlemagne, situé rue Saint-Antoine, 120. Il a été fondé en 1582. Ce collége ne reçoit que des externes.

Le Lycée Monge, situé rue de la Harpe, 94, avait nom collége Saint-Louis ; il fut fondé en 1820, par Raoul d'Harcourt ; il a été construit il y a quelques années. Il a des pensionnaires et des externes.

Le Collége Rollin est situé rue des Postes, 34.

Le Collége des Anglais est situé rue des Postes, 22.

Le Collége des Écossais est situé rue des Fossés-Saint-Victor, 25.

Le Collége des Irlandais est situé rue des Irlandais, 5 ; il a été fondé en 1780. Cent jeunes Irlandais, pensionnaires dans ce collége, y étudient la théologie, la philosophie, la médecine et les humanités, puis vont en Irlande remplir la mission de prêtres catholiques.

Le Collége Stanislas et *le Collége Sainte-Barbe* ne sont que des institutions particulières.

ÉCOLES.

Il y a dans chaque arrondissement de Paris des écoles primaires gratuites pour les enfants des pauvres gens et des ouvriers. Il y a, en outre, les écoles tenues par les frères de la doctrine chrétienne : on y enseigne la lecture, l'écriture, le calcul et les éléments de l'histoire ancienne, l'histoire sainte. Depuis la révolution de juillet on a ouvert un grand nombre de ces établissements, et, dans certains quartiers, la ville de Paris a fait construire des bâtiments spécialement appropriés à cette destination. Il y a aussi ce qu'on appelle des *asiles*, où sont reçus pendant une partie de la journée les tout petits enfants de trois à six ans, pendant que leurs parents sont au travail.

L'École Polytechnique est située rue de la Montagne-Sainte-Geneviève, 71. Elle a été fondée en 1795. Les élèves y sont admis depuis seize ans jusqu'à vingt ans, et par concours, sur un programme fort étendu, et ils y restent deux ou trois ans au prix de mille francs par année. Ils en sortent pour entrer dans le génie militaire, dans l'artillerie, dans les ponts et chaussées et dans les mines, selon le rang de mérite qu'ils obtiennent dans un dernier examen.

L'École normale est située rue Saint-Jacques, 15. Les élèves y sont admis depuis dix-sept ans jusqu'à vingt-trois ans, et sont destinés au professorat. Cet enseignement supérieur, destiné à former des maîtres, dure trois ans et consiste plutôt dans le perfectionnement des études.

L'École des Ponts et chaussées est située rue Hillerin-Bertin, 10. Les élèves qui sortent de l'École polytechnique pour cette spécialité viennent se perfectionner dans cette école.

L'École des Mines est située rue d'Enfer, 34.

L'École d'État-major est située rue de Grenelle-Saint-Germain, 136.

L'École centrale des Arts et manufactures est située rue de Thorigny, 7. Elle est aux professions civiles ce qu'est l'École polytechnique au génie militaire. Elle a été créée en 1828. On y forme des directeurs d'usines, des chefs de manufactures, des constructeurs, des ingénieurs civils, etc. Les sciences y sont enseignées avec leurs applications spéciales aux arts industriels. A partir de quinze ans les élèves y sont admis seulement comme externes, et ils doivent pour cela remplir déjà certaines conditions de savoir. La durée des études est de trois ans, au prix de 800 francs par année.

L'École gratuite de Dessin pour les ouvriers est située rue de l'École-de-Médecine, 5. Il en existe une autre rue de Touraine, 7.

L'Institution des Sourds-muets est située rue Saint-Jacques, 254. Parmi les noms des bienfaiteurs de l'humanité, il faudra toujours citer en première ligne le célèbre abbé de l'Épée. Dans cette noble tâche de faire disparaître, au moins comme conséquences, une infirmité qui rejetait de pauvres êtres du sein de la société, il n'avait eu pour prédécesseur qu'un moine espagnol. L'abbé de l'Épée voua sa vie entière à la création d'une méthode de langage et d'enseignement à l'aide desquels ceux qu'il appelait ses enfants pussent se passer de la parole. On peut lire avec un extrême intérêt l'histoire des luttes qu'il eut à soutenir pour faire triompher cette idée éminemment philanthropique : il y sacrifia d'abord sa fortune personnelle. L'abbé Sicard, son successeur, eut à combattre l'indifférence que les orages révolutionnaires enfantaient pour toute fondation, et sa persistance lui fut presque une cause de persécution. L'histoire de ces deux hommes et du glorieux but qu'ils ont atteint est tout un poëme.

L'Institution des Jeunes aveugles est située boulevard des Invalides. Elle fut fondée par Hauy.

Nous citerons pour mémoire : *l'École des Arts et métiers*, située au Conservatoire, rue Saint-Martin, 208 ; *l'École spéciale des Beaux-Arts*, rue des Petits-Augustins, 16 ; *l'École des Langues vivantes*, rue Neuve-des-Petits-Champs, 12 ; *l'École des Chartes* et le cours d'Archéologie, et *l'École de Pharmacie*, située rue de l'Arbalète, 7.

PRISONS.

Dépôt de la Préfecture de Police, situé rue de Jérusalem, dans l'enceinte même de la Préfecture. Tout individu mis en état d'arrestation est conduit d'abord au dépôt de la préfecture, où il reste jusqu'à un premier interrogatoire, après lequel il est élargi ou dirigé sur une des prisons de Paris. Il y a deux salles, la salle Saint-Jean et la salle Saint-Martin, et les détenus y sont classés selon la gravité du crime ou du délit qui leur est reproché. Il y a un étage spécial pour les filles publiques.

Prison de la Force, située rue du Roi-de-Sicile, 18. Cette prison tire son nom du duc de la Force qui fut propriétaire de l'hôtel dont on fit une prison en 1780. On y détient les accusés des crimes qualifiés.

Petite Force. C'est un bâtiment contigu à la *Grande Force*. On y renferme les filles publiques qui y sont soumises à des travaux.

Sainte-Pélagie est située rue de la Clef, 14. C'était autrefois la prison des détenus pour dettes. Elle est maintenant destinée aux détenus politiques et aux condamnés dont la peine n'excède point une année d'emprisonnement.

Conciergerie. Les bâtiments de cette prison sont contigus

à ceux du Palais de Justice ; il y a une entrée sur le quai de l'Horloge. Cette situation particulière y fait transférer les accusés qui vont passer en cour d'assises. C'est là qu'existe le trop célèbre cachot des condamnés à mort.

ABBAYE, située place Sainte-Marguerite. Cette prison vient d'être démolie depuis environ un mois, et la place est complétement déblayée. Elle était célèbre par les scènes sanglantes qui s'y passèrent au temps de la révolution lors des massacres de septembre. Les épisodes si connus de Cazotte et de la fille de Sombreuil ont eu lieu à l'Abbaye. Cette prison servait, en dernier lieu, de maison d'arrêt militaire pour les détenus en état de prévention.

SAINT-LAZARE. Cette prison est située rue du Faubourg-Saint-Denis, 117. Il y eut autrefois dans ces bâtiments un hôpital de lépreux, puis on y établit un couvent de lazaristes, dans lequel les pères de famille, sur un ordre du roi, pouvaient faire enfermer les jeunes gens dont la conduite rendait nécessaire un temps de correction ou d'épreuve. C'est maintenant une prison exclusivement destinée aux femmes et pour des condamnations de toutes sortes. Les prisonnières sont soumises à un travail forcé.

MADELONNETTES, située rue des Fontaines, 14. Cette prison était autrefois le couvent des filles de la Madeleine. C'est aussi une prison pour les femmes détenues pour dettes ou pour certains délits peu graves. C'est aussi une maison de correction pour les jeunes filles.

LA ROQUETTE. Cette prison est située rue de la Roquette, près du cimetière du Père-Lachaise. Ce fut le premier essai de l'application du système cellulaire; elle devait servir de prison modèle et fut construite il y a peu de temps. On y renferme provisoirement les condamnés à la peine capitale ou aux travaux forcés à perpétuité.

Prison pour Dettes. Elle a été établie, rue de Clichy, il y a vingt ans environ, quand la prison de Sainte-Pélagie reçut une autre destination. Les détenus jouissent dans l'intérieur de la maison d'une grande liberté; ils peuvent recevoir les visites ; mais si l'on n'en a fait la demande formelle, personne ne peut être admis à les voir. L'incarcérateur doit déposer par mois une somme de 30 francs pour fournir aux aliments du détenu, et s'il y manque, ne fût-ce que d'une heure, celui-ci est aussitôt mis en liberté. A la révolution de février, comme aux journées de juillet, tous les détenus furent mis en liberté par le peuple, et un décret du gouvernement provisoire abolit la contrainte par corps. La maison de Clichy servit alors d'atelier à l'association fraternelle des ouvriers tailleurs qui fut chargée de la confection des uniformes de la garde mobile. La loi de la contrainte par corps ayant été rétablie, la prison de Clichy redevint la prison pour dettes.

Prison des Jeunes Détenus. Elle est située rue de la Roquette, 43. On y détient les enfants arrêtés préventivement et ceux qui, acquittés par le tribunal comme n'ayant pas agi avec discernement, doivent, au terme de la loi, être renfermés dans une maison de correction quand leurs parents ne les ont pas réclamés ou ne paraissent pas eux-mêmes offrir des garanties de moralité suffisantes.

Prisons Militaires. L'une, la maison d'arrêt préventive, a été transférée de l'Abbaye dans l'enceinte même de l'hôtel des

Conseils de guerre, rue du Cherche-Midi, 27. Les prévenus attendent leur comparution devant l'un des deux conseils de guerre de la division. La *Maison d'arrêt et de justice militaire* est également située rue du Cherche-Midi, vis-à-vis le même hôtel ; une voûte souterraine établit une communication entre ces deux prisons. On y renferme les militaires condamnés à un simple emprisonnement depuis moins d'un an jusqu'à trois ans. Il y a des ateliers de différentes sortes, où les détenus sont forcés de travailler.

Prison Mazas. Elle est située sur le boulevard Mazas, en face de l'embarcadère du chemin de fer de Lyon. C'est une application du système cellulaire d'après les études les plus complètes et les rapports les plus étendus. Les détenus travaillent, se promènent, mangent, entendent la messe le dimanche, reçoivent au parloir les visites de leurs parents, sans voir un seul de leurs co-détenus. On comprend qu'elles étaient les difficultés de construction que présentait une telle organisation intérieure.

HOPITAUX ET HOSPICES.

Les malades que leur indigence force à avoir recours aux hôpitaux, si la maladie n'offre pas ce caractère d'urgence qui force l'admission, se font conduire sur la place du Parvis-Notre-Dame, au bureau d'admission : là, ils sont examinés et envoyés à l'un des hôpitaux de Paris. Les mardis, mercredis et samedis, on trouve, de neuf heures à midi, des consultations gratuites dans ce même bureau.

HOTEL-DIEU.

Il est situé place du Parvis-Notre-Dame. Le fondateur de cet hôpital fut, dit-on, l'évêque saint Landry. Louis IX, puis Henri IV, et tous les rois ses successeurs jusqu'à Louis XVI, ont concouru à son agrandissement. Par suite de la reconstruction du pont Notre-Dame, on a refait tout nouvellement la galerie couverte qui traverse ce bras de la Seine. L'Hôtel-Dieu, qui contient 1,260 lits, est divisé en 23 salles, dont 12 pour les hommes et 11 pour les femmes.

HOPITAL DE LA PITIÉ.

Il est situé rue Copeau, 1. Il fut fondé, en 1612, pour les

enfants abandonnés, et ne devint hôpital annexe de l'Hôtel-Dieu qu'en 1809. Il contient 600 lits.

LA MATERNITÉ.

Cet hôpital est situé rue de la Bourbe, 3; il est spécialement destiné à l'accouchement des femmes indigentes. Dès le huitième mois de leur grossesse elles y sont admises, mais elles doivent s'occuper, dans des salles de travail, à des ouvrages proportionnés à leurs forces. Une maîtresse sage-femme, aidée d'élèves, leur donne les soins qui leur sont nécessaires; mais s'il se présente un cas exceptionnel, on a recours à des médecins. L'accouchée, à qui l'on ne demande aucun renseignement pour l'admettre dans la maison, peut y rester neuf jours après ses couches, et en sort avec un secours pécuniaire si elle emporte son enfant. Il y a dans cet hôpital 433 lits, dont 150 pour les femmes enceintes, 100 pour les mères, 25 pour les enfants, 8 pour les nourrices et 150 pour les élèves sages-femmes. Cet hôpital a été établi dans l'ancienne abbaye de Port-Royal.

HOPITAL SAINT-LOUIS.

Il est situé rue des Récollets. Fondé par Henri IV, au commencement du XVIIe siècle, l'hôpital Saint-Louis est spécialement destiné aux malades atteints d'affections cutanées. Il contient 700 lits. Les indigents trouvent à cet établissement, comme au parvis Notre-Dame, des consultations gratuites spéciales aux maladies que l'on y traite. Cet hôpital est surtout remarquable par la distribution large des différentes salles.

HOPITAL DE LA CHARITÉ.

Il est situé rue Jacob, 45. Marie de Médicis fut la fondatrice de cet hôpital qui contient 500 lits. C'était autrefois le couvent des frères de la Charité. L'église a été convertie en une salle spéciale, dans laquelle sont admis exclusivement les malheureux atteints de ces rares maladies qui exigent une étude et des soins particuliers. Les observations que suggèrent aux hommes de l'art ces cas particuliers sont l'objet d'un cours spécial.

HOPITAL DU MIDI.

Il est situé rue des Capucins, 39. Il est spécialement destiné à ces malades qui, la plupart du temps, ont, avec raison, honte de leur position. Il est établi, ainsi que l'indique le nom de la rue, dans un ancien couvent de capucins. Il contient 650 lits.

HOPITAL SAINT-ANTOINE.

Il est situé rue du Faubourg-Saint-Antoine, 206. Il fu établi sur l'emplacement de l'abbaye Saint-Antoine en 1750, et construit par l'architecte Lenoir. C'est un des hôpitaux de Paris le mieux aérés et le mieux distribués. Placé dans un des quartiers les plus populeux de Paris, il ne contient cependant que 280 lits.

HOPITAL DE LARIBOISIÈRE.

Établi sous le règne du roi Louis-Philippe, dans le vaste terrain appelé le clos Saint-Lazare, cet hôpital est le plus grand de tous ceux de Paris. Il devait prendre le nom d'hôpital Louis-Philippe, mais la révolution de Février, qui le trouva inachevé, lui donna le nom d'hôpital de la République. Il a pris en dernier lieu celui d'hôpital de Lariboisière. Il consiste en huit corps de bâtiments d'un magnifique ensemble et distribués avec art. Au moment où nous écrivons il est à peine achevé. Il pourra contenir environ 1,500 lits. Lors de l'insurrection de Juin 1848, ses bâtiments, encore à jour, servirent de forteresse aux insurgés, qui y firent une longue et sanglante défense.

HOPITAL BEAUJON.

Il est situé rue du Faubourg-du-Roule. Cet hôpital, qui ne contient que 160 lits, est celui de tous dans lequel les malades sont admis le plus difficilement, vu le peu d'espace qu'il offre. Sa fondation remonte au fameux financier Beaujon, qui, outre les dépenses de sa construction, le dota d'une rente considérable.

HOPITAL DES FILLES INSCRITES.

Son nom dit tout sur sa destination ; il est situé rue de Lourcine, 95. Trois cents lits.

HOPITAL COCHIN.

Il est situé rue du Faubourg-Saint-Jacques, 45. Le curé Cochin, de la paroisse Saint-Jacques-du-Haut-Pas, fonda cet hôpital en 1780. Il contient cent lits.

HOPITAL DE L'ENFANT-JÉSUS.

Il est situé rue de Sèvres, 149, et fut fondé en 1732, par M. Languet, curé de Saint-Sulpice. Destiné aux enfants de deux à six ans. Il contient cinq cent cinquante lits.

HOSPICE DES ENFANTS TROUVÉS.

On est heureux de rappeler ici le nom si vénéré de saint Vincent-de-Paul qui, le premier, prit en pitié les enfants abandonnés, et, avec l'éloquence du cœur, obtint pour eux cette fondation. Deux cents berceaux et cent cinquante lits pour les nourrices ont suffi à cette philanthropique création, même du temps où existait un tour dans lequel l'enfant pouvait être secrètement remis. Aujourd'hui et depuis dix ans à peu près, ce tour a été supprimé, et les mères doivent justifier de leur identité et de l'impossibilité absolue dans laquelle elles se trouvent d'élever elles-mêmes leurs enfants. Cet hospice est situé rue d'Enfer, 74.

LA SALPÊTRIÈRE.

Cet hospice, situé boulevard de l'Hôpital, fut bâti sous Louis XIII. Il est aujourd'hui l'asile des femmes atteintes de maladies qui les rendent impotentes par les infirmités que l'âge amène. Cet établissement est très-vaste et jouit de la meilleure organisation. C'est presque tout une ville, avec ses quartiers et ses rues, puisqu'il ne contient pas moins de cinq mille habitants et que l'infirmerie seule est composée de quatre cents lits.

HOPITAL NECKER.

Il est situé rue de Sèvres, 151. Il fut fondé par Louis XVI et sous le ministre qui lui a laissé son nom. Il contient cent cinquante lits.

HOPITAL DE MARIE-THÉRÈSE.

Il est situé près de la barrière d'Enfer. Fondé pour les prêtres indigents. Trente-deux lits.

HOPITAL DE LA CLINIQUE.

Il est situé rue de l'École-de-Médecine. Il contient cent

cinquante lits. C'est un cours pratique d'opérations chirurgicales pour les élèves qui tourne au profit de l'humanité, de toutes les façons.

HOSPICE DE LAROCHEFOUCAULT.

Il est situé rue d'Orléans, près de la barrière d'Enfer. On en a fait, en 1802, une maison de retraite pour les employés des hospices de Paris. On y paye une très-modique pension pour y être admis.

HOSPICES DES INCURABLES.

L'hospice des Incurables pour les hommes est situé rue du Faubourg-Saint-Martin, et fut établi en 1801. Il contient quatre cents lits. Il y a des ateliers de travail.

Les femmes incurables ont un établissement particulier rue de Sèvres, 54. Il contient cinq cents lits.

HOSPICE DES QUINZE-VINGTS.

Il est situé rue de Charenton, 36. Il a été, dit-on, fondé par le roi saint Louis, pour trois cents aveugles qu'il avait ramenés de Terre-Sainte. Il est spécialement destiné aux pauvres aveugles. C'et un magnifique établissement et des plus curieux à visiter. Cette permission peut être obtenue tous les jours.

HOSPICES PARTICULIERS.

Ce sont, à proprement parler, des maisons de santé fondées, dans différentes conditions, pour les vieillards qui peuvent y terminer tranquillement leurs jours, en faisant l'abandon d'un très-modique capital, ou en payant une petite rente.

Tels sont :

L'*hospice Dubois*, situé rue du Faubourg-Saint-Denis; l'*hospice des Ménages*, rue de la Chaise, 28; l'*hospice de Sainte-Perrine*, rue de Chaillot, 97.

HOPITAUX MILITAIRES.

L'*hopital du Val-de-Grâce* est situé rue du Faubourg-Saint-Jacques, 277. Fondé par la reine Anne d'Autriche.

L'*hôpital du Gros-Caillou* et *l'hôpital Picpus*.

THÉATRES.

ACADÉMIE IMPÉRIALE DE MUSIQUE.

On dit vulgairement l'*Opéra*. Il est situé rue Lepelletier, et n'est ouvert que trois fois par semaine : les lundis, mercredis et vendredis. C'est un théâtre dont la réputation est euro-

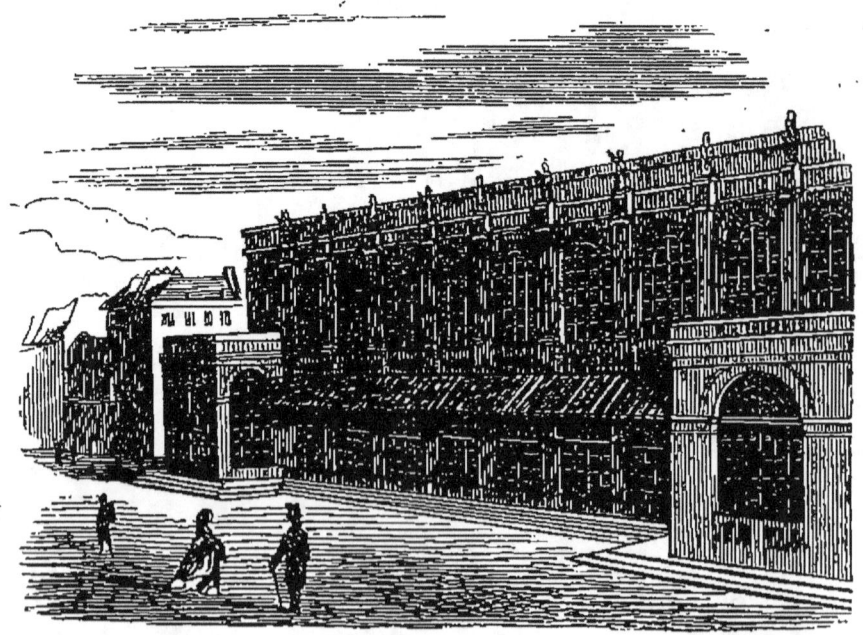

péenne; nous n'avons donc plus rien à en dire. L'orchestre, le chant, la décoration, la mise en scène, tout est d'une supériorité qui concourt à former un ensemble admirable. Ce théâtre est subventionné par le gouvernement, et il est depuis peu de temps administré par une commission qui relève du ministère d'État.

Pendant la saison du Carnaval, l'Opéra donne tous les samedis des bals qui forment, sans contredit, le plus curieux et le plus splendide des spectacles. Un orchestre, composé de 200 musiciens et conduit par Strauss, communique à cette foule bruyante comme un mouvement électrique ; l'étranger, le voyageur n'auraient rien vu de Paris, s'ils n'assistaient au bal de l'Opéra.

PRIX DES PLACES.

Baignoires d'avant-scène, rez-de-chaussée, loges du foyer, stalles de balcon..........................	10 »
Stalles d'orchestre, loges d'avant-scène, de balcon, stalles d'amphithéâtre, premières de face, avant-scène des premières............................	7 50
Loges de balcon, loges et fauteuils de galerie, baignoires...	7 »
Deuxièmes de face...............................	6 »
Parterre..	4 »
Deuxièmes de côté et troisièmes de face............	3 50
Troisièmes de côté, quatrièmes de face et amphithéâtre..	2 50

THÉATRE-FRANÇAIS.

Les commencements de la Comédie-Française furent à l'hôtel de Bourgogne; mais ce théâtre n'acquit sa haute supériorité qu'à partir de Corneille. Plus tard, Louis XIV joignit à cette troupe celle de Molière qui venait de mourir. Les statuts de la Comédie-Française sont encore, à peu de choses près, ceux du décret de Moscou. En 1770, les comédiens du roi, après avoir été installés dans deux salles situées au faubourg Saint-Germain, et dont l'une a laissé le nom de rue de l'*Ancienne-Comédie*, furent rétablis aux Tuileries ; c'est là que Voltaire fut couronné; puis ils inaugurèrent, en 1782, la salle de l'Odéon. Enfin, pendant la révolution, ils prirent possession de la salle située rue de Richelieu, où ils sont encore. Cette salle a été construite par l'architecte Louis; on y joue la tragédie et la comédie du vieux répertoire, en alternant d'un jour l'un, avec le drame ou la comédie moderne. C'est sans contredit le théâtre qui, par le talent hors ligne de ses artistes et par les études sérieuses qui s'y font, offre le meilleur ensemble.

Les étrangers y remarqueront, sous le péristyle, une statue de Voltaire, par Houdon, et dans le foyer public une statue de la tragédie, sous les traits de Mlle Rachel. Cette statue, qui excite une admiration méritée, est du sculpteur Clesinger. Dans la galerie de ce même foyer, sont les bustes des auteurs les plus connus, dont les œuvres ont été représentées au Théâtre-Français et quelques portraits des actrices les plus célèbres du dernier siècle.

Ce théâtre est subventionné par le gouvernement.

PRIX DES PLACES.

Avant-scène du rez-de-chaussée	8 »
Rez-de-chaussée, balcon et loges de la galerie.......	6 60
Premières loges de face (deuxième rang)............	6 »
Orchestre, première galerie et deuxièmes loges découvertes (deuxième rang)................................	5 »
Deuxièmes loges (troisième rang)...................	3 50

Galerie des deuxièmes loges et parterre	2 50
Troisièmes loges (quatrième rang)	2 »
Deuxième galerie	1 50
Amphithéâtre	1 »

THÉATRE IMPÉRIAL DE L'ODÉON.

Ou *second Théâtre-Francais*. Nous avons dit dans le précédent article quelle fut l'époque de sa construction ; il fut incendié deux fois. L'aspect intérieur de cette salle est majestueux et digne ; le vestibule surtout est tout à fait remarquable. L'affluence des jeunes talents, auteurs et acteurs, qui ne pouvaient que difficilement se produire à la Comédie-Française, fit donner le privilége d'un second Théâtre-Français; et de tout temps, bien que l'Odéon ait subi des phases plus ou moins heureuses, il a parfaitement atteint le but que l'on s'était proposé: presque toutes nos célébrités artistiques et littéraires ont débuté là et s'y sont fait connaître. Le genre est tout à fait le même que celui du Théâtre-Français qui, sous certaines conditions, peut lui enlever ses pièces et ses acteurs. Ce théâtre est subventionné par le gouvernement, et la ville de Paris lui accorde aussi certains avantages qui rendent son existence possible. L'opéra italien y fut transporté lors de l'incendie de la salle Favart.

PRIX DES PLACES.

Avant-scène	5 »
Premières loges fermées	4 »
Premières loges découvertes, balcons et pourtour	3 »
Stalles de la première galerie, stalles d'orchestre, baignoires et avant-scène du deuxième rang	2 50

Secondes loges fermées.	2	»
Seconde galerie.	1	50
Parterre.	1	»
Troisième galerie.	»	75
Amphithéâtre.	»	50

THÉATRE-ITALIEN.

La salle des Italiens fut incendiée en 1838, au milieu d'une rigoureuse nuit d'hiver, et elle fut entièrement consumé. Les chanteurs italiens restèrent pendant deux ans dans la salle de l'Odéon, puis vinrent s'établir dans la salle Ventadour, place Ventadour, où n'avait pu réussir le théâtre dit de la *Renaissance*. L'opéra italien occupe encore cette salle dans laquelle on a dû exécuter certains travaux pour favoriser l'acoustique. On y chante les opéras des meilleurs maîtres italiens et ce qu'on appelle les opéras bouffes ou grotesques. Ses jours de représentation sont : les mardis, jeudis et samedis, pendant la saison d'hiver seulement, du 1er octobre au 1er avril. Subvention du gouvernement.

PRIX DES PLACES.

Balcon de premières, stalles de balcon, stalles d'orchestre, premières et deuxièmes de face.	10	»
Deuxièmes de côté.	7	50
Troisièmes de face et cintre.	6	»
Troisièmes de côté.	5	»
Parterre.	4	»

THÉATRE DE L'OPÉRA-COMIQUE.

Il est situé place Favart, sur l'emplacement de la salle incendiée des *Italiens*. C'est la salle la plus riche et la plus élégante de Paris. L'Opéra-Comique occupait autrefois la salle Feydeau, qui fut démolie lors des embellissements de ce quartier. De là, il fut transporté place de la Bourse, dans l'ancienne salle du théâtre des Nouveautés, que le théâtre du *Vaudeville* occupe aujourd'hui. En 1840, l'Opéra-Comique fut installé dans la salle Favart. Le genre de ce théâtre plaît beaucoup aux Parisiens et aux étrangers ; c'est de l'opéra mêlé de dialogues parlés, ou plutôt de la comédie mêlée de chant, dont la musique est toujours inédite. Ce genre n'existe guère qu'en France. Subvention du gouvernement.

PRIX DES PLACES.

Avant-scène des baignoires, des balcons et loges de la première galerie de face................	7	»
Avant-scène des loges de la première galerie, loges de la première galerie, loges (de face), fauteuils de balcon....................................	6	»
Fauteuils de la première galerie, fauteuils d'orchestre, loges de la première galerie de côté, avant-scène des premières loges, premières loges de face et de côté avec salon...........................	5	»
Avant-scène des loges de la deuxième galerie.......	3	»
Parterre et deuxième galerie.....................	2	50
Troisièmes loges et loges de la deuxième galerie de côté..	1	50
Amphithéâtre..................................	1	»

DEUXIÈME THÉATRE-LYRIQUE

Ou *Opéra National*. Il est situé boulevard du Temple. La

salle fut construite en 1846, par une société fondée par Alexandre Dumas. Le célèbre dramaturge était directeur de cette scène, qui avait pris le nom de *Théâtre Historique.* On y jouait le drame et la comédie; mais, peu favorisé par les circonstances, il ferma la troisième année. Il est ouvert depuis deux ans sous le nom d'Opéra National, et il est aux théâtres de chant, ce qu'est l'Odéon à la Comédie Française.

GYMNASE DRAMATIQUE.

Autrefois *Théâtre de Madame,* nom qu'il dut à la protection de la duchesse de Berri. Ce fut le berceau du plus fécond de nos auteurs contemporains, M. Scribe, qui y fut le créateur d'un genre tout à fait à lui. Les vaudevilles n'étaient alors que des petites pièces sans prétention, toujours gaies et le plus souvent burlesques. M. Scribe voulut élever ce genre à la hauteur de la comédie et inventa les vaudevilles sérieux. Ce genre, qui fut depuis suivi par MM. Mélesville, Bayard et la plupart des nouveaux auteurs, subsiste encore, mais on tend tous les jours à en supprimer le couplet, et ce n'est pas un mal. Le Gymnase Dramatique, qui a repris ce nom depuis la révolution de juillet, est situé boulevard Bonne-Nouvelle.

PRIX DES PLACES.

Avant-scène et loges de l'entresol..................	6 »
Fauteuils d'orchestre et de balcon.................	5 »
Fauteuils de galerie, baignoires, premières loges de face et stalles d'orchestre........................	4 »
Premières loges de côté...........................	3 »
Stalles d'amphithéâtre et avant-scène des deuxièmes loges..	2 50

Parterre et deuxièmes loges de côté...............	2	»
Troisièmes loges............................	1	25
Deuxièmes galeries...........................	1	»

VAUDEVILLE.

Le théâtre du *Vaudeville* fut, on peut le dire, créé par Desaugiers et ses joyeux et spirituels acolytes du caveau : Radet, Pris, Barré, Desfontaines, etc.... Il était situé rue de Chartres, et fut incendié quelques mois après la salle des Italiens. La rue de Chartres elle-même a disparu aujourd'hui.

Le Vaudeville se réfugia d'abord dans une salle qui avait été construite, sur le boulevard Bonne-Nouvelle, pour un café-concert, puis alla prendre possession de l'ancienne salle des Nouveautés, place de la Bourse, quand l'Opéra-Comique, qui l'occupait, fut installé dans la salle Favart, nouvellement reconstruite. C'est, à peu de chose près, le même genre qu'au Gymnase.

PRIX DES PLACES.

Avant-scène, rez-de-chaussée et avant-scène de balcon....................................	6	»
Premières loges découvertes, stalles d'orchestre, stalles de balcon, loges de face, premières avant-scènes, baignoires de face.........................	5	»
Baignoires de côté, stalles de balcon..............	4	»
Loges d'avant-scène découvertes et premières loges de face..................................	3	»
Avant-scène des troisièmes, secondes loges de face, parterre...................................	2	»
Amphithéâtre................................	1	»

THÉATRE DES VARIÉTÉS.

Même genre qu'au *Gymnase* et au *Vaudeville*, mais avec une nuance plus comique; on ne peut citer ce théâtre sans rappeler les noms, si chers aux esprits rieurs, de Potier, Brunet, Vernet et Odry. Ce théâtre a été construit en 1807 sur le boulevard Montmartre; c'est une des salles les plus commodes de Paris.

PRIX DES PLACES.

Avant-scène du rez-de-chaussée et des premières....	6 »
Stalles d'orchestre, balcon et loges de la galerie....	5 »
Orchestre, deuxièmes galeries et premières loges de face..	4 »
Deuxièmes loges de côté et pourtour................	2 50
Parterre, deuxièmes galeries et troisièmes loges.....	2 »
Deuxième balcon..................................	1 25
Amphithéâtre......................................	1 25

THÉATRE DU PALAIS ROYAL.

Ouvert en 1831, dans l'ancienne salle de la Montansier; ce théâtre a gardé seul la tradition des pièces bouffonnes et grivoises. Ce doit être là sa spécialité, car on ne peut citer un seul essai heureux dans le genre sérieux. La troupe de ce théâtre a été et est encore la mieux composée en acteurs comiques; Déjazet, Leménil, Achard, Levassor, Alcide Tousset, Sainville, Ravel, Hyacinthe, etc., ont fait ou font encore le succès de ses pièces follement amusantes.

PRIX DES PLACES.

Stalles et loges de balcon, avant-scène et loges de galerie...	5 »

Loges de face, stalles d'orchestre, baignoires de face et d'orchestre..	4	»
Premières galeries et avant-scène des deuxièmes.....	3	»
Baignoires de côté, deuxième balcon et premières loges de côté..	2	50
Deuxièmes loges...	2	»
Parterre...	1	25

THÉATRE DE LA PORTE-SAINT-MARTIN.

Il est situé boulevard Saint-Martin; la salle avait été construite en deux mois et demi pour y installer provisoirement l'Opéra. C'est, à vrai dire, le berceau du drame moderne : *la Tour de Nesle, Perrinet Leclerc, les Malcontens, Lucrèce Borgia, Marie Tudor*, pièces qui ont fait école pendant vingt ans, furent représentées au théâtre de la Porte-Saint-Martin. Ce théâtre si vaste exige d'immenses frais de décorations, de luminaire et de mise en scène; aussi peu de directeurs y furent heureux; les plus beaux succès ne les enrichissaient point. Cependant, depuis plusieurs années, il semble avoir vaincu le mauvais sort. On y joue des drames et des féeries.

PRIX DES PLACES,

Avant-scène du rez-de-chaussée du balcon et de la première galerie, premières loges de face, de balcon et de baignoires..	5	»
Fauteuils de balcon et d'avant-scène............................	4	»
Fauteuils de face et d'orchestre..................................	3	»
Stalles d'orchestre et de la première galerie, premières loges découvertes..	2	50
Secondes loges et troisièmes avant-scènes...................	2	»

Pourtour, premier amphithéâtre et parterre........ 1 50
Deuxième galerie............................ 1 »
Galerie du cintre........................... » 50

THÉATRE DE LA GAITÉ.

Ce théâtre est le berceau du mélodrame, qui céda le pas au drame moderne. Guilbert de Pixericourt s'illustra dans ce genre aujourd'hui usé. Le théâtre de la Gaîté est situé boulevard du Temple, et a inscrit avec orgueil sur sa façade le nom du célèbre Nicolet son fondateur. Il a été brûlé en 1835, et reconstruit la même année. Les drames que l'on y représente ont une teinte plus foncée que ceux du théâtre de la Porte-Saint-Martin, qui a quelques tendances littéraires. La Gaîté joue aussi une pièce féerie tous les ans.

AMBIGU-COMIQUE.

Même genre qu'à la Gaîté : drames et pièces féerie. Ce théâtre est situé boulevard Saint-Martin, à l'angle de la rue de Bondy. Il fut fondé en 1767, par un nommé Audinot, qui avait commencé par faire jouer sur la scène des marionnettes, puis des enfants. La salle de l'Ambigu a été construite en 1828.

THÉATRE DU CIRQUE.

Il est situé boulevard du Temple, et fut construit en 1827 par l'écuyer Franconi dont il porta longtemps le nom, après l'incendie de la salle du faubourg du Temple. Ce n'était à l'origine qu'un cirque proprement dit : les plus habiles écuyers exécutaient dans un manége des prodiges d'équitation, de voltige à cheval, etc., etc. Quelques pantomimes militaires servirent de transition et créèrent ce genre de pièces militaires destinées à populariser le souvenir de nos gloires nationales. Les exercices du manége ne furent plus alors exécutés que comme intermèdes, puis bientôt le manége fut transformé en parterre. Ce théâtre, un des plus vastes de Paris et sans contredit le mieux machiné, est tout à fait favorable à la représentation des pièces féeries. Il en a monté plusieurs avec une magnificence et une habilité qui ont laissé des souvenirs. Il a un peu perdu sous ce dernier rapport depuis quelques années.

Le Cirque de l'Impératrice, aux Champs-Élysées, qui s'appelait *le Cirque des Champs-Elysées*, fut construit lorsque les exercices équestres eurent été supprimés au boulevard du Temple. Ce n'est qu'un manége, mais gracieusement et solidement construit. Il n'est ouvert que dans la saison d'été.

THÉATRE DES FOLIES-DRAMATIQUES.

Il est situé boulevard du Temple. La salle, petite en apparence, contient autant de monde que les théâtres de la Gaîté et de la Porte-Saint-Martin. Ce théâtre a été ouvert en 1830, et a trouvé le succès en suivant une marche diamétralement opposée à celle qu'adoptent tous les directeurs de Paris. *Aux Folies-Dramatiques*, la direction ne se préoccupe ni d'un acteur en renom ni d'un auteur célèbre; ce qu'elle cherche avant tout, c'est un ensemble. Ce moyen, bien exécuté, lui a parfaitement réussi. On jouait autrefois le mélodrame sur cette scène; mais ce genre a été tout à fait abandonné pour le vaudeville.

DÉLASSEMENTS-COMIQUES.

Sur le boulevard du Temple, à la place où l'on a construit

cette scène, existait encore il y a quinze ans le théâtre fondé par la célèbre danseuse de corde, Mme Saqui ; il exista, portant toujours le nom de sa fondatrice, longtemps après que celle-ci l'eut abandonné lors de la décadence de la corde raide. Enfin, on construisit le théâtre des Délassements-Comiques, qui a adopté à peu près le même genre que les Folies-Dramatiques.

THÉATRE BEAUMARCHAIS.

Situé à l'extrémité du boulevard de ce nom, le théâtre Beaumarchais, ouvert en 1837, portait le nom de *théâtre de la Porte-Saint-Antoine*. On voulait en faire le théâtre spécial de ce quartier populeux. Mais la proximité du boulevard du Temple, ou peut-être l'inexpérience de la plupart des directeurs qui s'y succédèrent, empêcha la réalisation de cette espérance. Ce théâtre a été très-souvent fermé. Cependant, depuis dix-huit mois, on y a représenté plusieurs drames, vaudevilles et une féerie.

THÉATRE DU LUXEMBOURG.

Il est situé rue de Fleurus, près d'une des entrées du jardin du Luxembourg. C'est un théâtre de dernier ordre. Drames et vaudevilles.

THÉATRE DES FUNAMBULES.

Ce théâtre, situé boulevard du Temple, est depuis vingt-cinq ans le dernier asile de la pantomime avec les vieux types de convention, Pierrot, Arlequin, Cassandre, Colombine, qui ont toujours eu et ont encore le privilège d'exciter le rire populaire. Ce théâtre doit la réputation dont il jouit à un célèbre mime, nommé Debureau, qui était inimitable sous le masque enfariné de Pierrot. Les journaux parlèrent de lui, et son succès prit toutes les proportions exagérées d'un engouement. Il fut pendant longtemps de mode d'aller à ce théâtre, qui donne aussi quelques vaudevilles d'assez mauvais goût. Le succès produisait le soin et l'émulation ; mais, Debureau disparu, il s'en faut de beaucoup que ce théâtre fasse de grands frais de luxe pour ses spectateurs ordinaires, peu difficiles du reste.

THÉATRE DU PETIT-LAZARI.

Situé boulevard du Temple. A peu près même genre que les *Funambules* et à un degré encore inférieur.

THÉATRE COMTE.

M. Comte, physicien du roi, fonda en 1822, dans la Cour-des-Fermes, un petit théâtre pour ses tours d'escamotage, et il eût l'idée d'y faire représenter de petites pièces enfantines par des bambins de six ou huit ans. Cela plut d'abord comme nouveauté, puis, parce que ces gamins acquéraient, au prix de leur santé et de leur avenir, une certaine expérience grimacière que l'on a toujours prise pour du talent et de la gentillesse. M. Comte transporta son théâtre d'abord dans le passage des Panoramas, puis enfin dans le passage de Choiseul où il est encore. Là cette exploitation fut montée sur un grand pied, et la foule venait voir les *charmants* enfants sans savoir quelles misères étaient cachées sous ces sourires.

En 1846, le ministère fit défense à M. Comte de faire jouer des acteurs au dessous de l'âge de seize ou dix-huit ans, puis, en 1847, le réduisit aux termes de la tolérance qui lui était accordée, c'est-à-dire aux tours d'escamotage et à des scènes de pantomime. La révolution de 1848 rendit à M. Comte la parole, mais la première et la plus utile défense fut maintenue. C'est aujourd'hui un fort triste spectacle. Les petits acteurs y sont presque des vieillards et on y comprend la comédie d'une si singulière façon, que des élèves ne sauraient s'y former.

THÉATRE DE ROBERT-HOUDIN.

M. Robert-Houdin, le charmant prestidigitateur, l'habile mécanicien, l'ingénieux constructeur d'automates, avait ouvert une petite salle dans la galerie de Valois, au Palais-Royal. Son successeur et son émule, M. Hamilton, a transporté ses soirées fantastiques boulevard des Italiens, 2.

THÉATRE SÉRAPHIN.

Il est situé au Palais-Royal, galerie de Valois, 121. La classique ombre chinoise, les pièces jouées par des marionnettes et des pièces mécaniques fort curieuses en font le théâtre favori des enfants.

CONCERT DES FOLIES NOUVELLES.

Autrefois les *Folies-Mayer*, puis les *Folies-Concertantes*, puis enfin les *Folies-Nouvelles*, ce théâtre-concert, situé boulevard du Temple, vis-à-vis les théâtres, a pris un genre particulier qui en fait le plus divertissant des spectacles. La pantomime comme aux Funambules, mais avec de jolis costumes, de la musique composée exprès et un orchestre excellent. C'est la pantomime des gens du bon ton. Des chansonnettes, des scènes musicales détachées, etc., etc.

HIPPODROME.

Construit en 1850, à la barrière de l'Étoile, c'est un spectacle tout à fait hippique. Les jeux de l'antiquité, les carrousels, les tournois, les cortéges y sont figurés avec un luxe admirable. Des écuyers habiles et d'intrépides écuyères y font tous les exercices de l'ancien manége, mais dans un espace vingt fois plus grand.

LES ARÈNES IMPÉRIALES.

Construites sur le modèle de l'*Hippodrome*, les Arênes impériales sont situées rue des Terres-Fortes, 1, non loin du chemin de fer de Lyon. Représentations les dimanches et les jeudis.

DIORAMA.

Vues perspectives, etc., etc. Il est situé avenue des Champs-Élysées.

Le prix des places dans les autres théâtres varie peu de celui indiqué à chaque théâtre ci-dessus, sauf pour les petits théâtres, dont la construction quelque peu différente ne permet pas une désignation bien claire des places qui ne sont pas partout les mêmes.

Dans tous les théâtres, en s'adressant dans la journée au bureau de location, on peut retenir à l'avance les loges et stalles numérotées, ce qui évite l'ennui de faire queue à la porte, ou le désappointement de trouver la salle pleine quand on se présente à son tour au bureau. Cette location se paie dans la proportion d'environ un quart en sus du prix de la place désignée. Ce supplément varie selon les théâtres et selon les places.

Les étrangers doivent être avertis qu'il n'est rien dû aux ouvreuses, mais qu'il est d'usage de leur donner une légère gratification pour le petit banc qu'elles offrent aux dames pour placer sous leurs pieds, ou pour avoir gardé châles, chapeaux ou manteaux pendant le spectacle. Cependant on fait mieux, pour ce dernier service, de s'adresser au vestiaire que l'on trouve sous le vestibule de chaque théâtre. Le dépôt des cannes et parapluies est obligatoire dans ces vestiaires, mais toujours moyennant une rétribution fixe. Il existe dans chaque théâtre un bureau dit des suppléments, auquel le spectateur doit s'adresser si, ne se trouvant pas bien, il veut prendre une place d'un prix supérieur. Pour toute contestation on doit en référer d'abord au chef de contrôle, puis, au besoin, à l'officier de paix chargé de la police de la salle. Un jugement, rendu à propos d'une contestation soulevée au Théâtre-Français, a décidé que les billets d'auteurs achetés dans les dépôts *ad hoc* ont les mêmes priviléges que les billets pris au bureau, et que les porteurs de ces billets peuvent se placer à toutes les places de la catégorie qu'ils indiquent.

BALS PUBLICS,

Bal de l'Opéra. — Pendant tout le Carnaval, le théâtre de l'Opéra donne un bal masqué par semaine. Cette réunion, outre l'immense foule qu'elle attire et qui offre, par ses brillants costumes, le plus magique coup-d'œil, est le rendez-vous de tous les hommes distingués, des plus célèbres artistes de Paris. L'orchestre y est admirable, et c'est le tumulte le plus poliment joyeux auquel on puisse se mêler. Le café de l'Opéra, tenu par M. Fabre, tient ses salons ouverts pendant toutes les nuits de bal, et offre ses soupers variés et bien servis à toute heure. Outre l'avantage de la proximité, c'est le meilleur restaurant que l'on puisse rencontrer.

Le jardin Mabille, avec sa verdure de forêt et son éclairage digne des fêtes vénitiennes, est le plus délicieux établissement de Paris. Il est admirablement composé comme société d'hommes, bien que chaque visiteur se soucie peu de s'y faire connaître. C'est le plaisir par excellence. Quelques femmes de la Société y viennent comme spectatrices, mais les danseuses, toutes charmantes, du reste, et mises avec un luxe princier, appartiennent à cette jolie, mais dangereuse population qui habite le quartier Bréda et celui de la Madeleine. Pour l'homme qu'une certaine force de caractère met en garde contre les séductions, le bal Mabille est un délicieux but de promenade, de repos et de plaisir. Il est situé Allée-des-Veuves, aux Champs-Elysées.

Le Château des Fleurs. — En face du quartier Beaujon, dans la grande avenue des Champs-Elysées, est le Château des Fleurs. Son titre seul indique sur quelle base il appuie sa supériorité ; c'est un jardin sans pareil ; les fleurs du parterre ne sont qu'une bien faible partie de sa collection et pâlissent devant les fleurs animées qui viennent en foule assister à ses fêtes. C'est un de ces établissements comme Paris seul peut en créer avec son admirable instinct de plaisir et de luxe. Bal, musique, feux d'artifice, jeux, tout s'y rencontre pour charmer le visiteur.

Salle Sainte-Cécile. — Depuis que M. Bernard-Latte, le célèbre éditeur de musique, a pris à cœur l'organisation des bals et des concerts qui se donnent dans ce magnifique salon, situé rue de la Chaussée-d'Antin, il en a fait un lieu de délices. C'e·t le rendez-vous des artistes les plus distingués et des plus jolies femmes de Paris. Les bals sont fort brillants et sont remarquables surtout par leur bonne tenue ; on se croirait dans des salons particuliers.

Bal Valentino. — La salle Valentino est située rue Saint-Honoré, 359. Le nom si populaire en France et à l'étranger de Musard a illustré cette salle dans laquelle se donnent les fêtes les plus gaies. Musard n'y est plus, mais on pourrait dire que son nom et ses traditions, que l'on a fidèlement suivies, portent bonheur à cet établissement, une des plus joyeuses réunions du Carnaval à Paris.

Après ces rois du plaisir, il reste encore à citer : le *Ranelagh* dans le bois de boulogne; le *Château-Rouge*, chaussée de

Clignancourt; la *Grande-Chaumière*, boulevard du Mont-Parnasse, 28 ; vieille réputation chère aux étudiants. Le *Prado*, place du Palais-de-Justice, qui est la grande chaumière d'hiver; la *Closerie des lilas*, vis-à-vis de l'observatoire et la *salle Montesquieu* dans la rue de ce nom.

VOITURES DE PLACE

Les voitures de place, à Paris, sont de trois catégories pour les prix et le nombre des personnes que les cochers sont tenus d'y admettre.

1° Le fiacre, voiture à deux chevaux ;
2° Le coupé à un cheval ou *petit* fiacre ;
3° Le cabriolet ou milord, ouvert ou fermé à un cheval.

Nous allons d'abord donner les différents tarifs de ces voitures, tarifs que le voyageur trouvera affichés dans l'intérieur. Ces voitures peuvent être prises à l'heure ou à la course, ce que le voyageur doit stipuler d'avance avec soin. Les ordonnances de police, dont nous allons donner le texte plus loin, expliqueront, mieux que nous ne saurions le faire, les droits respectifs du voyageur et du cocher.

TARIF DES VOITURES DE PLACE.

De 6 heures du matin à minuit.

Fiacre. { la course... 1 fr. 50 / l'heure..... 2

Coupé. { la course.... 1 fr. 25 / l'heure...... 1   75

Cabriolet. { la course..... 1 fr. 10. / l'heure........ 1   50.

De minuit à 6 heures du matin.

Fiacre. { la course... 2 » | Coupé. { la course ... 1 fr. 75
l'heure....... 3 » | l'heure...... 1   50

Cabriolet. { la course..... 1 fr. 75
l'heure........ 2   50

Les voitures de remise sont celles que l'on ne trouve pas sur place, mais qui sont remisées et qu'il faut aller chercher au domicile des loueurs. Elles sont plus élégantes, mieux construites, et les chevaux sont plus rapides.

TARIF DES VOITURES SOUS REMISES.

De 6 heures du matin à minuit.

A 4 roues. { la course. 1 fr. 75 | A 2 roues. { la course. 1 fr. 50
l'heure... 2 | l'heure... 1   75

De minuit à 6 heures du matin.

A quatre roues, l'*heure* : 3 f. | A deux roues, l'*heure* : 2 f. 50.

A l'heure : murs d'enceinte, des fortifications, fiacres, 2 fr.; coupés et petits fiacres, 1 fr. 75 c.; cabriolets à deux et à quatre roues, 1 fr. 50 c.; remises à quatre roues, 2 fr.; 50 c.; à deux roues, 2 fr. — En dehors du mur d'enceinte et des fortifications, et à l'intérieur du bois de Boulogne, fiacres, 3 fr.; coupés et petits fiacres, 2 fr.; cabriolets à deux et quatre roues, 2 fr.; remises à quatre roues, 3 fr. 50 c.; à deux roues, 2 fr. 50 c. — Dans ces conditions les voitures ne peuvent être prises qu'à l'heure.

EXTRAITS DES ORDONNANCES.

Art. 1er. — A l'avenir et à compter du jour de la présente

ordonnance, tout cocher de voiture, sous remise, offerte au public, à l'heure ou à la course, sera tenu de marcher, soit dans l'intérieur, soit à l'extérieur de Paris, dans le ressort de la Préfecture de police, au prix fixé par le tarif annexé à la présente ordonnance et en se conformant à toutes les dispositions réglementaires qui s'y rattachent.

....

AUTRE ORDONNANCE.

Nous, Préfet de police, ordonnons ce qui suit :

ART. 1er. — Aucun entrepreneur ne pourra, sans notre autorisation, mettre en circulation ou faire stationner sur la voie publique, des voitures dites : *de place.*

2. — Toutes les voitures de place devront être construites solidement et de manière à présenter toutes les conditions de sûreté, de commodité et de propreté convenables.

Elles seront constamment entretenues en bon état.

L'emploi de chevaux entiers, vicieux, atteints de maladies qui les mettraient hors d'état de faire le service, est interdit.

3. — Les entrepreneurs ne devront confier la conduite de leurs voitures qu'à des cochers d'une tenue convenable et proprement vêtus.

Il est interdit aux cochers d'ôter leurs habits, même pendant les chaleurs, et de conduire en blouse.

4. — Nul ne pourra, sans notre autorisation, conduire une voiture de place, soit comme cocher, soit comme apprenti cocher.

5. — Toute impolitesse, tout acte de grossièreté des cochers envers le public, seront sévèrement réprimés.

6. — Il est défendu aux cochers de conduire quand ils se-

ront en état d'ivresse et de fumer lorsqu'il y aura des voyageurs dans leur voiture.

7. — Les numéros des voitures seront toujours en bon état ; il est défendu de les cacher ou de les masquer.

Il est enjoint à tout cocher d'offrir une carte indicative du numéro de sa voiture à la personne qui vient d'y monter.

Lorsque plusieurs personnes à la fois prendront la même voiture, le cocher ne sera tenu qu'à remettre une seule carte.

La remise des cartes devra avoir lieu avant la fermeture de la portière.

8. — Après chaque course et avant que les voyageurs se soient éloignés, les cochers visiteront leurs voitures et remettront sur le champ aux personnes qu'ils auront conduites, les objets qu'elles y auraient laissés.

Si ces personnes ont été conduites aux théâtres ou autres lieux de réunion publique, la visite ci-dessus prescrite sera effectuée avant que d'autres voyageurs aient été admis dans les voitures.

Lorsque les objets trouvés n'auront pu être remis directement aux personnes qui les auront oubliés, ils devront être déposés, dans les vingt-quatre heures, à la préfecture de police.

9. — Les cochers seront tenus d'admettre dans leurs voitures, savoir :

Dans les cabriolets à deux ou quatre roues, deux personnes ;

Dans les voitures, dites grands fiacres, attelées de deux chevaux, cinq personnes ;

Dans celles, dites petits fiacres et quel que soit leur forme, attelée de un ou deux chevaux, trois personnes ;

Deux enfants de dix ans, au plus, pourront remplacer une personne.

10. — A l'exception des apprentis cochers, porteurs de notre autorisation, les cochers ne laisseront monter personne sur leur siége, sans l'agrément des voyageurs.

11. — Dans aucun cas, les cochers ne laisseront monter personne sur l'impériale.

12. — Les cochers ne seront pas tenus de recevoir dans leurs voitures des voyageurs en état d'ivresse.

13. — Les cochers transporteront, sans augmentation du tarif qui sera indiqué aux art. 27 et 35 ci-après, les paquets et bagages des voyageurs, toutes les fois que le volume et la nature de ces objets permettront de les placer, soit dans l'intérieur, soit sur l'impériale des voitures.

14. — Les cochers de cabriolet, à deux et à quatre roues, seront tenus de relever ou d'abaisser les capotes, sur la demande des voyageurs.

15. — Les voitures devront être habituellement conduites au trot. Par exception, elles seront conduites au pas : dans les marchés, dans les rues étroites ou deux voitures ne peuvent marcher de front, au passage des barrières, au détour des rues, sous les guichets du Louvre et des Tuileries et sur tous les points de la voie publique où il existera, soit une pente rapide, soit des obstacles à la circulation. . . . . . .
. . . .

21. — Les cochers devront marcher à toute réquisition, quel que soit le rang que leurs voitures occuperont sur la station.
. . . .

25. —. . . . . Lorsqu'un cocher, ayant sa voiture libre, sera rencontré sur un point quelconque de la voie publique par des personnes qui voudront faire usage de cette voiture, il devra marcher à leur réquisition, etc. . . . . . .

(*Voir les Tarifs indiqués plus haut.*)

27. — ..... Les cochers seront tenus de conduire à la course et sans augmentation de prix, aux cimetières de l'Est, du Nord et du Sud, aux embarcadères des chemins de Sceaux et de Versailles (rive gauche), à l'Hippodrome, à la station établie à Passy, rue Delessert, et sur toute la ligne des boulevards extérieurs.

28. —Tout cocher qui sera pris, soit sur une station de voitures, soit sur tout autre point de la voie publique, pour aller charger à domicile, sera tenu de marcher à la course toutes les fois qu'il en sera requis, quel que soit l'éloignement de ce domicile.

Cependant cette disposition ne sera applicable aux cochers requis pour aller charger sur l'un des boulevards extérieurs qu'autant qu'il y aura une place de stationnement à la barrière la plus proche de ce boulevard.

Dans le cas contraire, les cochers ne seront tenus de marcher qu'aux prix de l'heure de Paris.

29. — Tout cocher qui aura été appelé pour aller chercher quelqu'un à domicile, et qui sera renvoyé sans être employé, recevra, à titre d'indemnité de déplacement, le prix d'une demi-course, calculé d'après les prix établis pour l'intérieur de Paris, par l'art. 27.

30. — Lorsqu'un cocher aura été pris pour aller charger à domicile et marcher à l'heure, le prix de l'heure lui sera dû à partir de son arrivée à la porte du voyageur.

Si ce cocher, pris pour marcher à la course, est obligé d'attendre le voyageur plus de dix minutes, il sera censé avoir été pris à l'heure.

31. — Il est enjoint aux cochers de demander aux personnes qui montent dans leurs voitures si elles entendent être conduites à l'heure ou à la course.

Le voyageur qui aura pris une voiture pour marcher à la course pourra, avant d'arriver à sa destination, demander à être conduit à l'heure ; dans ce cas, le cocher n'aura droit qu'au tarif de l'heure, et ce prix lui sera dû à partir de l'instant où sa voiture aura été occupée.

Les personnes qui auront pris une voiture à l'heure auront le droit d'indiquer au cocher l'itinéraire qu'il devra suivre.

Sauf les exceptions portées en l'art. 15, et à moins d'ordres contraires de la part de ces personnes, le cocher qui aura été pris à l'heure devra marcher au trot.

Si le cocher est pris pour marcher à la course, il devra suivre le chemin le plus court et le plus facile.

32. — Le cocher qui, dans une course, aura été détourné de son chemin, par la volonté de la personne qui l'emploiera, aura droit au prix de l'heure.

Le cocher pris à la course et qui, sans être détourné de son chemin, sera requis de déposer en route une ou plusieurs des personnes qui se trouveront dans sa voiture n'aura droit qu'aux prix de la course.

33. — Tout cocher pris avant minuit et qui arrivera à sa destination après minuit, n'aura droit qu'au prix fixé pour le jour, mais seulement pour la première course ou la première heure.

Celui qui aura été pris avant six heures du matin et qui n'arrivera à sa destination qu'après six heures aura droit au prix de nuit, mais seulement pour la première course ou la première heure.

34. — Les cochers devront se faire payer d'avance lorsqu'ils conduiront des personnes aux théâtres, spectacles, bals, concerts et autres lieux de réunion et de divertissements publics.

Ils sont autorisés à se faire payer immédiatement si les per-

sonnes conduites descendent à l'entrée d'un jardin public ou de tout autre lieu où il est notoire qu'il existe plusieurs issues, etc.. . . . .
. . . .

42. — Le prix total de la première heure sera toujours dû intégralement lors même que le cocher n'aura pas été employé pendant l'heure entière.

A compter de la deuxième heure inclusivement, le prix à payer sera calculé suivant l'espace de temps pendant lequel le cocher aura été employé.

Dans aucun cas, les cochers ne pourront exiger de pour boire.

43. — Les prix établis par les articles 27 et 35 ne sont point applicables aux locations à la journée; le prix de ces locations continuera d'être réglé de gré à gré entre le public et les cochers.

44. — Il y aura constamment dans l'intérieur des voitures de place une plaque indicative du numéro et des tarifs.

Le préfet de police,

Signé : Carlier.

TRANSPORTS EN COMMUN.

VOITURES A 30 CENTIMES.

Outre les voitures de place et de remise, Paris est sillonné dans tous les sens par des voitures à 30 centimes qui prennent et déposent le voyageur, à sa volonté, dans toute l'étendue de leur parcours. Les premières, qui furent établies vers 1825, ayant pris le nom d'OMNIBUS, toutes les voitures de même sorte sont généralement appelées ainsi. Cependant il importe de connaître parfaitement leur nom particulier et les lignes qu'elles suivent dans Paris, pour ne pas se tromper en les prenant. Outre leur parcours fixe et direct, ces voitures, au moyen de correspondances établies entre les différentes lignes d'une même entreprise, ou même entre les diverses administrations, conduisent le voyageur dans tous les quartiers de Paris. Les voyageurs comprendront qu'il nous est impossible de donner ici la clé de toutes ces correspondances qui varient souvent, et dont d'ailleurs la mémoire la mieux exercée ne saurait tirer profit, tant cet écheveau est inextricable. Nous allons seulement indiquer les parcours directs, et en montant en omnibus le voyageur consultera la liste des correspondances affichée dans la voiture. Le conducteur lui-même est tenu de les indiquer quand on se trouve aux divers points où l'on change de voiture, pour en profiter.

Omnibus. — De la Madeleine à la Bastille sur toute la ligne des boulevards ; — de la barrière du Trône au Carrousel ; — de la Bastille à la barrière Monceaux ; — de la barrière du Roule au boulevard des Filles-du-Calvaire ; — de la barrière Blanche à l'Odéon ; — de Passy au Carrousel ; — de Neuilly au boulevard de la Madeleine ; — de Bercy à la Bastille ; — de la Bastille au Père-Lachaise ; — du Louvre à Neuilly ; — du Louvre à Bercy ; — de Charenton à Saint-Lazare.

Citadines. — De Belleville à la place Dauphine, par la place de Grève et la place des Petits-Pères ; — carrespondance au bureau des Petits-Pères pour le chemin de fer de Versailles (rive droite).

Favorites. — De la Chapelle Saint-Denis à la barrière d'Enfer ; — des bains de Tivoli à Vaugirard ; — de la barrière des Martyrs aux Gobelins ; — du chemin de fer du Nord à la place Saint-Sulpice.

Batignolaises. — Du Palais-Royal à Batignolles-Monceaux.

Gazelles. — De la barrière de la Gare à la place du Palais-Royal.

Hirondelles. — Du Château-Rouge à la barrière Saint-Jacques ; — de la place Cadet à la rue Mouffetard.

Parisiennes. — De Vaugirard au chemin de fer de Lyon ; — du Panthéon à la barrière Poissonnière ; — de la barrière Montparnasse au boulevard du Temple.

Béarnaises. — Du Gros-Caillou à la Bastille par la place Saint-Sulpice.

Constantines. — De la barrière de Longchamps au faubourg Saint-Martin.

Dames réunies. — De la Villette à la place Saint-Sulpice; — de Saint-Laurent au Champ-de-Mars et Grenelle.

Excellentes. — De Belleville à la barrière de l'Étoile par les boulevards extérieurs.

Montrougiennes. — De la rue de Grenelle-Saint-Honoré, 55, à Montrouge.

Tricycles. — De la porte Saint-Martin à la barrière du Maine.

L'étranger doit bien se rappeler que toute personne montée dans une voiture dite *omnibus* doit payer sa place, quand bien même, s'étant trompée de parcours, elle descendrait sur-le-champ. Les conducteurs doivent refuser les voyageurs qui seraient en état d'ivresse ou qui seraient porteurs de paquets incommodes. Les chiens ne peuvent monter dans les omnibus avec leurs maîtres. Tout voyageur qui veut profiter d'une correspondance doit en faire la demande au conducteur en payant sa place, à peine de perdre son droit. Enfin, il est bien entendu que 30 centimes ne donnent droit qu'à une seule correspondance, et que le voyageur doit la prendre au bureau indiqué, et non sur le point de la ligne qui lui conviendrait. Depuis environ six mois, les omnibus des quais et des boulevards ont des places d'impériale au prix de 15 centimes.

CHEMINS DE FER.

CHEMIN DE FER DU NORD. —Pour Calais, Bruxelles, Cologne, Hambourg, Berlin. — Départs de Paris à 7 h. 30 m. du matin et à 8 h. du mâtin.

De Paris à Londres, par Calais, départ de Paris à 8 h. du matin.

De Paris à Boulogne, départ de Paris à 8 h. du matin, à 12 h. 40 m. et à 11 h. du soir.

L'embarcadère est situé dans le clos Saint-Lazare, vers le haut du faubourg Saint-Denis.

CHEMIN DE FER DE ROUEN. — Pour Rouen, le Havre et Dieppe ; départs de Paris à 8 h. du matin et à 11 h. du soir.

Embarcadère rue Saint-Lazare.

CHEMIN DE FER DE STRASBOURG. — Départs de Paris à 7 h. 40 m. du matin et à 7 h. 30 m. du soir.

Embarcadère rue de Strasbourg, entre les faubourgs Saint-Martin et Saint-Denis. C'est un bâtiment fort remarquable comme architecture et d'un bel aspect, surtout depuis le percement du nouveau boulevard de Strasbourg.

Chemin de fer de Chartres *ou de l'Ouest*. — Départs de Paris à 8 h. 30 m. du matin, 7 h. 30 m. du soir. La gare, pour les voyageurs, est au chemin de fer de Rouen, pour les marchandises, barrière du Maine.

Versailles (rive gauche). — Départs toutes les heures depuis 8 h. du matin jusqu'à 10 h. du soir. (*Gare de l'Ouest.*)

Chemin de fer d'Orléans. — Départs de Paris de 7 h. 45 m. du matin à 7 h. 40 m. du soir.

Corbeil. — Départs de 8 h. 45 m. du matin à 8 h. 45 m. du soir.

Centre par *Orléans, Vierzon.* — Départs de 7 h. 45 m. du matin à 7 h. 40 m. du soir.

Orléans à *Bordeaux* par *Tours.* — Départs de Paris à 7 h. 45 m., 9 h. 5 m. du matin, 1 h. 5 m. du soir.

Tours à Nantes, par *Orléans.* — Départs de Paris de 7 h. 45 m. du matin à 7 h. 45 m. du soir. (*Gare d'Orléans.*)

Chemin de fer de Lyon, par *Châlon-sur-Saône.* — Départs de Paris de 8 h. 5 m. du matin à 8 h. 5 m. du soir.

Chemins de fer de Saint-Germain et Versailles (*rive droite.*). — Départs de Paris de 7 h. 30 m. du matin à 7 h. 30 m. du soir, jusqu'à 10 h. pour Versailles. (*Gare de Rouen, rue Saint-Lazare.*)

Chemin de fer de Sceaux — Départs de 7 h. du matin à 9 h. 30 m. du soir.

Des omnibus spéciaux, dont les stations se trouvent sur différents points de Paris, conduisent les voyageurs et leurs bagages aux différentes gares de chemins de fer. Les heures des départs de Paris, variant selon les saisons, sont affichées dans Paris; des bulletins, à cet effet, sont distribués à un prix très-modique et publiés dans tous les journaux.

Nous nous proposons, en faisant plus loin l'historique et la description des environs de Paris, d'indiquer les différentes stations de toutes les lignes de chemins de fer et les bureaux de voitures publiques conduisant aux villes et villages que les chemins de fer ne desservent pas.

PROMENADES D'UN OBSERVATEUR

DANS PARIS.

Sous ce titre, et pour éviter la monotonie des notices, nous réunissons en un seul article tout ce que Paris renferme de curieux et d'utile pour le voyageur et l'étranger.

La *flânerie* est chère au parisien, mais c'est bien à tort qu'on en a fait une maladie innée chez lui ; elle est plutôt dans l'atmosphère, car le voyageur le plus anti-parisien en subit l'influence après un séjour de quelques heures seulement. Paris se présente sous une telle variété d'aspects, il a ses accidents si multipliés, si imprévus, qu'une promenade tracée d'avance, qu'un itinéraire prémédité ne permettrait de rien voir. La *flânerie*, au contraire, va, vient, revient, retourne, s'éloigne de son chemin, s'égare sans souci du temps et du but et ne laisse rien passer.

Pour faire, sans sortir de Paris, une de ces promenades matinales que nous recommandent les préceptes d'hygiène, l'étranger qui voudra goûter un semblant de campagne, passe dans le jardin des Tuileries, traverse la place de la Concorde et gagne les Champs-Élysées. C'est l'heure où les chaises qu garnissent les allées sont rangées en piles, les cafés sont à peine ouverts, les orchestres se taisent, les allées sont désertes ; ceux qui n'aiment pas la foule, qui veulent observer ou réfléchir à leur aise pourront louer, dans un des nombreux manéges de ce quartier, un cheval de selle pour visiter commodément le bois de Boulogne, tout nouvellement changé en pittoresque paysage. Les chevaux se louent à l'heure ou à la journée ; mais il faut bien se garder, par économie, de les prendre à ces loueurs spéciaux établis aux portes du bois de Boulogne et du bois de Vincennes. Ces animaux, tous usés, quelques-uns vicieux, montés par tout le monde, n'ont plus de bouche, ne sauraient obéir à la bride et deviennent par cela même plus dangereux pour le cavalier peu expérimenté. D'ailleurs, ils ne paient pas de mine, et ne sauraient sortir de leurs allées habituelles sans exposer leur cavalier aux railleries des passants. Ce qui, cette année, frappera avant tout les yeux du voyageur dans les Champs-Élysées, c'est le Palais de Cristal, le palais de l'Exposition, théâtre d'une lutte glorieuse et pacifique.

Si le voyageur a passé quelque temps sans venir à Paris, il sera stupéfait en avançant dans la rue de Rivoli. Ses regards, il y a un an à peine, étaient encore arrêtés par des murs et des maisons ; maintenant, de la place de la Concorde, il aperçoit la place de l'Hôtel-de-Ville ; il passe devant la place du Palais-Royal agrandie et déblayée, ayant pour faire face à son palais les nouvelles galeries du Louvre au lieu de cet horrible palais du Château-d'Eau, et de maisons et de rues plus horribles encore, qui ont à jamais disparu, après avoir été le théâtre d'un combat acharné à la révolution de Février. Cette nouvelle rue de Rivoli, ou plutôt ce prolongement est parallèle à la rue Saint-Honoré, et depuis le palais des Tuileries jusqu'à l'Oratoire, les maisons qui séparaient les deux rues ont été démolies et en grande partie reconstruites sur un modèle uniforme ; elles doivent être et seront achevées pour l'époque de l'Exposition universelle. On ne saurait croire tout ce que cette rue sème d'air et de santé sur son passage.

En la quittant pour un instant, le flâneur peut pénétrer dans les halles ; il est de bonne heure pour lui, mais il est tard pour toute cette population, dont le commerce en gros se fait pendant la nuit. Les chefs cuisiniers des grandes maisons et des principaux restaurants sont venus faire leurs provisions quand le jour n'était pas encore paru. Les maraîchers ont vendu leurs légumes, les jardiniers leurs fruits, les éleveurs leurs volailles, etc... aux revendeurs qui, maintenant, vont attendre les consommateurs. Des travaux immenses sont en cours d'exécution pour les halles, qui avant peu seront complétement transformées, et par contre transformeront le quartier. Outre ces halles, il y a dans chaque arrondissement de Paris plusieurs marchés, qui sont : le marché de la Madeleine, le marché Saint-Honoré, le marché Notre-Dame-de Lorette, le marché Saint-Joseph, le marché des Prouvaires, le marché du Château-d'Eau, le marché Saint-Martin, le marché des Blancs-Manteaux, le marché Saint-Jean, le marché de Bretagne ou des Enfants-Rouges, le marché Sainte-Catherine, le marché Lenoir, le marché Neuf, le marché de la rue de Sèvres, le marché Saint-Germain, le marché à la Volaille, le marché des Carmes, le marché des Patriarches.

Puisque nous n'avons pas quitté le quartier des halles, la flânerie peut nous faire faire une petite excursion jusqu'à la halle aux huîtres, dans la rue Montorgueil. L'huître est la vie, le commerce de ce quartier ; de là partent le matin, vendues à la criée, toutes ces douzaines qui vont se débiter dans les restaurants et chez les marchands de vin de Paris, car l'huître est maintenant pour toutes les bourses. En général, les gens distingués n'entrent pas chez les marchands de vins ni dans les débits de liqueurs pour y boire; cependant il est telles maisons, et principalement dans la rue Montorgueil, où l'on est servi comme dans les meilleurs restaurants. A propos des débits de liqueurs, il s'est fondé tout dernièrement à Paris des établissements de ce genre que l'on a pris l'habitude de désigner sous le nom de *comptoirs d'argent*, à cause, sans doute, de la magnificence des comptoirs, et il a été de mode, pendant quelque temps, d'y entrer et d'y boire debout. Mais à Paris, comme partout, la mode est capricieuse, et sauf peut-être une ou deux maisons où la société est assez bien composée, l'étranger fera bien de s'abstenir, surtout dans les quartiers d'ouvriers.

Nous reviendrons à notre premier itinéraire de flâneur, la rue de Rivoli. En continuant de marcher vers l'Hôtel-de-Ville, on ne peut manquer d'apercevoir la tour de Saint-Jacques-la-Boucherie.

C'était autrefois la tour de l'église paroissiale de Saint-Jacques-la-Boucherie, dont l'origine n'est pas bien connue, et qui a été démolie en 1793. Le célèbre et mystérieux Nicolas Flamel, écrivain et bourgeois de Paris, y fit bâtir un portique où l'on voyait son portrait et celui de la demoiselle Pernelle, son épouse. C'est une des plus curieuses histoires de ce temps que la légende de Nicolas Flamel. Il était né à Pontoise, et ne pouvait posséder qu'un bien modique patrimoine, puisqu'il exerçait à Paris le métier d'écrivain; mais il se mêlait aussi de poésie, de philosophie et surtout d'alchimie, ce qui lui servit beaucoup, comme on va le voir, sinon à faire sa fortune, du moins à l'expliquer.

Les juifs expulsés du royaume laissaient de nombreux débiteurs, contre lesquels ils n'avaient recours que pendant quatre mois. Au dire de plusieurs historiens, Nicolas Flamel prit le rôle d'homme d'affaires à leur profit et au sien, car il y aurait gagné de grosses sommes que, du reste, il employa en fondations pieuses et en bonnes œuvres pendant tout le cours de sa vie.

Mais dans ce temps, un simple bourgeois ne pouvait impunément devenir riche tout à coup sans que l'origine de cette fortune fût bien claire. Les envieux se communiquèrent leurs

conjectures, et le roi, qui s'en émut, voulut savoir le secret du bourgeois. Nicolas Flamel avoua tout bonnement qu'il avait trouvé la fameuse *poudre de projection* ou pierre philosophale, qui lui donnait le pouvoir de transformer tous les métaux en or et en argent. Il avait, disait-il, découvert ce secret en feuilletant un manuscrit hébreu qu'il était allé se faire traduire correctement par un juif de Gallice. Ce qu'il y a d'à peu près certain, c'est qu'il possédait à sa mort la somme énorme, pour ce temps, de 1,500,000 écus. Il fut inhumé avec la dame Pernelle dans l'église Saint-Jacques-la-Boucherie.

La fable dont il se servit lui survécut, et fut même très-probablement embellie après sa mort. On fouilla sa maison de fond en comble pour trouver le précieux manuscrit, et deux siècles après sa mort, sous Louis XIV, le voyageur Paul Lucas, pensionné par le roi et voyageant par son ordre, rapportait fort sérieusement qu'en Asie il avait su d'un dervis que Nicolas Flamel et sa femme vivaient toujours au moyen de leur fameuse poudre; que, craignant les persécutions, ils avaient feint de mourir, et fait enfermer à leur place des soliveaux dans leurs cercueils; puis ils étaient partis pour un autre continent. Ce dervis prétendait même les connaître très-particulièrement, et les avoir laissés dans l'Inde l'année précédente.

De l'église Saint-Jacques-la-Boucherie, il ne reste plus que la tour qui fut commencée en 1508, et terminée en 1522, sous le règne de François Ier. Il est probable que l'on s'étudia alors à la mettre en harmonie avec le style de l'église, car elle porte le cachet d'une époque beaucoup plus reculée. Elle se trouvait enclavée au milieu de vieilles maisons; mais grâce au marteau des démolitions, elle se trouve aujourd'hui parfaitement dégagée, et même un peu trop, car elle est, si l'on oublie son mérite d'antiquité, d'un effet assez singulier au milieu d'une place publique.

Si l'on s'arrête devant ce monument, on remarque aux environs, dans la rue Rivoli, au 66, un de ces établissements qui, dans leur modeste utilité, fera toujours la province tributaire de Paris : c'est la TEINTURERIE NOUVELLE, qui a perfectionné ses teintures et apprêts, qui est arrivée à opérer le nettoyage de tous les vêtements confectionnés, sans qu'on ait besoin de les déformer ou de les découdre.

Le flâneur arrive à l'Hôtel-de-Ville et jette un coup d'œil sur cette vaste *caserne Napoléon*, nouvellement construite.

Monterons-nous la rue du Temple pour jeter un coup d'œil sur l'emplacement où s'élevait encore le *Temple* il y a quelques mois, et où l'on ne voit plus maintenant qu'un terrain nivelé, attendant les architectes et les maçons. Un flâneur peut se laisser entraîner par ses rêveries, et nous ne manquerons pas de souvenirs devant cet espace vide.

L'ordre des hospitaliers de Saint-Jean-de-Jérusalem, établi au XIe siècle pour accueillir et protéger les pieux pèlerins contre les infidèles, fut l'origine des chevaliers du Temple, qui eurent là leur maison à Paris vers la fin du même siècle. Devenus trop riches et trop puissants, ils furent persécutés par Philippe le Bel qui les fit brûler. On connaît la fin tragique de Jacques Molay et de Guy, le 18 mars 1314. Le Temple, qui servit de palais, de garde meuble, de prison au roi Louis XVI et à sa famille, n'existe plus aujourd'hui.

Mais reprenons notre flânerie active, et passant devant l'emplacement de l'hôtel Saint-Paul et de la Bastille — encore deux géants disparus, — nous arrivons au boulevard Bourdon. Là, le jeudi, le vendredi et le samedi saint, se tient tous les ans une foire aux jambons très-célèbre et très-suivie. Si nous nous hasardons à gravir le faubourg Saint-Antoine jusqu'au rond-point de la barrière du Trône, nous pourrons songer que le lundi de Pâques, sur cette place, se tient la foire aux pains d'épice.

Avant de dire adieu à ce quartier, allons visiter le cimetière de l'Est, plus connu sous le nom du Père-Lachaise, jésuite confesseur du roi Louis XIV.

Rien n'est plus vrai que cette maxime quelque peu sans façon : *On s'habitue à tout!* Le cimetière du Père-Lachaise est pour cent mille parisiens peut-être, un but de promenade habituel. Il est vrai qu'il renferme des monuments funéraires fort remarquables, et puis, indistinctement, on aime à lire sur la pierre tumulaire les noms si poétiques d'Héloïse et d'Abeilard et tant d'autres noms illustres dont le cimetière est le rendez-vous forcé. Pour en finir avec les cimetières, nous dirons qu'il y a encore à Paris le cimetière Montmartre ou du Nord, le cimetière de Montparnasse ou du Sud, et le cimetière Picpus.

Est-il onze heures ? Oui.

C'est l'heure où Paris déjeune. J'entends le Paris riche, le Paris bourgeois et le Paris commerçant ou faiseur d'affaires. L'ouvrier a déjeuné avant le jour, dîne (selon les professions) entre midi et deux heures, puis soupe en quittant son atelier.

Dans une heure, il fera bon à parcourir les boulevards pour y voir cette fourmilière de promeneurs et de gens affairés. Les boulevards, par leur courbe prononcée, forment presque toujours le chemin le plus long ; mais les trottoirs sont si larges, si beaux, si promptement secs ; on y a si peu de souci des voitures, qu'à tout prendre c'est encore le chemin le plus court. Nous ne mettons pas en ligne de compte ce dont se préoccupe assez peu l'homme pressé, mais que nous, flâneur, prisons par dessus tout : la variété du coup d'œil. Saluons d'abord ce magnifique boulevard Beaumarchais, presque désert il y a une douzaine d'années, puis le boulevard des Filles-du Calvaire, puis enfin le boulevard du Temple, le terrain dramatique par excellence. Là étaient autrefois les tréteaux de Bobèche et de son rival Galimafré, deux célèbres *pitres*, faiseurs de parade qui, par émulation, avaient obtenu une réputation immense.

Quand alors on venait à Paris — et pour cela on faisait

son testament, — on demandait à voir avant tout le Palais-Royal, le Jardin des Plantes et Bobèche! Mais le boulevard du Temple n'est bien animé que le soir. Flâneur, partons! et nous apercevons le Château-d'Eau.

O surprise! le dur et gris asphalte du trottoir s'est transformé en parterre verdoyant et florescent. Depuis le faubourg du Temple jusqu'au théâtre de l'Ambigu-Comique; voici trois allées de jardins naturels avec leurs roses, œillets, jasmins, bruyères, arbustes, etc. C'est aujourd'hui lundi ou jeudi, car ce que nous voyons est le marché aux fleurs. Si le calendrier indique pour demain un de ces grands saints qui figurent dans les trois quarts des baptêmes tels que Pierre, Paul, Louis, Marie, etc., etc.; vous verrez ces nombreuses marchandes entourées d'acheteurs et des nuées de bouquets multicolores, sembleront s'envoler joyeux dans toutes les directions pour quêter des baisers à leurs propriétaires.

Les mardis et vendredis, même spectacle sur la place de la Madeleine, et les mercredis et samedis, sur l'ancien quai aux Fleurs, dans la Cité, entre le pont aux Changes et le pont Notre-Dame.

Déjà, sans nous en apercevoir, nous avons passé le boulevard Saint-Martin; avant d'arriver à la porte Saint-Denis, jetons un coup d'œil sur ce nouveau et magnifique boulevard de Strasbourg, percé en si peu de temps, et dont les maisons semblent maintenant s'élever comme par enchantement. La perspective a pour limite l'élégante construction de l'embarcadère du chemin de fer de Strasbourg. Les faubourgs Saint-Denis et Saint-Martin, quoique fort larges, ne suffisaient plus à la circulation des voitures que produit l'établissement d'une gare de chemin de fer. Grâce à cette large voie qui monte parallèlement entre les deux faubourgs, on n'a plus d'accidents ni d'embarras à craindre, et le quartier se trouve singulièrement assaini. Il est à souhaiter que l'on exécute bientôt le projet du prolongement de ce boulevard jusqu'à la Seine entre les rues Saint-Denis et Saint-Martin.

Nous touchons au boulevard Bonne-Nouvelle, et nous passons vite, car c'est un boulevard triste, s'il en fut, et que nous traversons avec la rapidité d'une dépêche télégraphique pour arriver au boulevard Montmartre.

En parlant du boulevard Montmartre, il me revient en mémoire une délicieuse définition de Paris, par Méry, le poète élégant et incisif, le prosateur et le romancier charmant que chacun connaît.

Paris, dit-il, est la ville la plus petite du monde, elle commence à la rue de la Chaussée-d'Antin, et finit à la rue du Faubourg-Montmartre, tout le reste est du remplissage; et Méry a raison.

En effet, qu'est-ce que Paris? Le vieux Jehan de Bohême, avant de mourir, n'avait qu'un seul désir, n'émettait qu'un seul vœu, « *que je voye Paris, disait-il, c'est l'endroit le plus chevaleresque du monde.* » Or, chevaleresque, comme l'entendait l'illustre guerrier, voulait dire, dans ce langage du moyen âge, la ville accomplie par excellence. Au ciel, il y avait Dieu; sur la terre la chevalerie; tout le reste, pour dire comme Méry, était du remplissage, et le dictionnaire, pour ces gens bardés de fer, se réduisait à bien peu de mots.

Paris était donc, à cette époque, un lieu de délices, la Capoue des terres occidentales, la ville des brillants tournois, des passes d'armes, des chevaliers et des dames.

Paris est tout cela encore aujourd'hui; on l'a appelé (je ne sais trop si ce rapprochement est flatteur pour lui), la Babylone moderne.

Mais cette Babylone n'est certainement ni la rue aux Ours, ni le carrefour de la place Maubert, et il y a certes plus loin du boulevard de Gand à la rue St.-Denis, que de Moscou Chaudernayor, et les hommes de la rue Brise-Miche et Gratte-Pain, ne ressemblent pas plus aux promeneurs du boulevard des Italiens, que les Lapons blancs et petits ne ressemblent aux Patagons noirs et géants. Nous sommes au sein de la ville élégante, et déjà nous voyons le théâtre des Variétés et le portail du passage des Panoramas se refléter dans le vernis de nos bottes.

Loin de nous donc rue Copeau que bordent des pensions bourgeoises et des ateliers de chiffonniers, que sillonnent des guerriers en retraite quoique rabougris, des femmes depuis longtemps montées en graisse, et des étudiants en médecine allant à l'hôpital de la Pitié! Loin de nous, rue Mouffetard, autre patrie d'amours à carquois d'osier, de Diogène à lanternes et à crochet; nous ne vous verrons pas, aimables habitantes de ces lieux aux mouchoirs gras sur des cheveux maigres, aux tartans maigres sur des jupons entre-lardés et reluisant de graisse. Vierges folles, s'il y a cinquante ans vous portiez jadis sur la tête les plumes que vous portez aujourd'hui sous le bras; qui, pour vos amants d'autrefois, sentiez le musc et la violette, et qui, pour complaire à ceux d'aujourd'hui, mangez de l'œil et buvez du trois-six.

Ne tremblez pas jeunes et beaux voyageurs nous ne vous ferons pas entrer dans les appartements de ces Job des temps modernes, et nous ne vous imposerons pas un des travaux d'Hercule en vous faisant vider les écuries d'Augias.

Adieu donc, pays lointain dont un large fleuve nous sépare, adieu nictipithèques parisiens qui êtes tout l'opposé de ceux de la décadence!

A nous maintenant Paris; Paris émaillé de femmes fraîches et jolies ruisselant sur le bitume à flots de dentelles et de soie; à nous maintenant Paris où se coudoient les vertus et les vices, vierges sages et les vierges folles, caravansérail universel où se heurtent les Grecs et les Bohêmes, les voleurs et les artistes.

A notre gauche est le passage des Panoramas, à notre droite le passage Jouffroy.

Bien que séparés par le boulevard seulement, ces deux viaducs de la circulation parisienne ont une figure et un aspect complétement différents.

Le passage des Panoramas est de construction bien plus ancienne que celle de son voisin. Nous croirions insulter à l'hellénisme de nos lecteurs en leur donnant l'explication de ce nom qui a sa double racine dans les mots grecs τας, et οραά. C'est un passage sérieux où de vieilles et recommandables industries ont maintenu leur domicile en dépit de l'émigration générale; dans ce passage se trouvent la galerie St-Marc, l'entrée des artistes du théâtre des Variétés, ce qui y attire une foule compacte et désireuse de voir si ces femmes charmantes qui les enivrent sur la scène, ont à la ville cette grâce, cette élégance, cette fraîcheur qui résistent rarement aux feux de la rampe.

Craignez, hélas! de nombreuses déceptions! et, puisque l'occasion s'en présente, qu'il nous soit permis une fois dans notre vie de dire ce que nous pensons à l'endroit du théâtre.

L'auteur demande ici le droit d'introduire une parenthèse pour émettre son opinion sur ces messieurs et ces dames du théâtre; quelque étrange que puissent paraître ses données sur l'art, il croit accomplir un devoir de conscience en les dévoilant ici.

Puisse sa littérature être légère à ses lecteurs.

Il le sait, et là gît tout le courage de sa confession, il soulèvera un houra général, le public lui jetera la pierre, et il aura peut-être raison.

Or donc, vous tous spectateurs naïfs et qui payez avec candeur des places que le directeur se croit heureux de nous offrir écoutez bien ceci.

Si vous craignez de voir vos illusions s'enfuir à tire-d'ailes, de même que les hirondelles, ces oiseaux voyageurs et ingrats qui s'en vont quand les beaux jours sont passés ; si votre foi est peu robuste et que vous craigniez, aux dépens de votre bonheur, de vous laisser aller à la vérité de nos appréciations, tournez sans les lire les quelques pages qui vont suivre.

Je vais cesser d'être chroniqueur pour devenir historien. Vous le savez, historien vient de *histor*, *histor* veut témoin, et un témoin n'a pas le droit d'être infidèle.

Je cherche donc, et je trouve mon excuse dans la sainteté de ma mission, dans l'accomplissement de mon devoir.

Posez-vous d'abord en principe que le feu de la rampe est un peu caméléonien, aux lueurs fantastiques duquel rien ne paraît sous son jour naturel.

Tel tableau, tel paysage même vous paraît insipide si vous ne le voyez pas sous le jour qui lui est propre, et la Yung-Straw, qui vous laisse parfaitement froid si vous la voyez au soleil de midi, vous transporte si vous la voyez aux heures qui lui sont propres.

C'est que la nature est comme une jeune femme qui, pour paraître dans toute sa beauté et éblouir, a besoin de certains apprêts.

Bernardin de Saint-Pierre a dit quelque part (dans le Paria, croyons-nous,) « C'est que la nature est comme une belle femme qui le jour montre des beautés vulgaires, et qui le soir en découvre de secrètes à son amant. »

Ce qui est vrai pour la nature est vrai pour le théâtre qui n'est qu'une représentation de la nature.

Lecteurs ne vous ameutez pas contre moi, et quelque indignation que soulève cet aphorisme, mettez une sourdine à vos voix.

Voici cet aphorisme :

Au théâtre le faux c'est le vrai.

Et je le prouve.

Sur la scène vous avez un ciel en carton, des arbres en carton, des maisons, des bosquets, des rochers, le tout *ejusdem farinæ*.

Cependant tout cela est plus vrai d'aspect que la nature elle-même.

Vous en doutez ?

Allez, je vous prie, au théâtre de San Carlo, à Naples.

Comme je veux vous éviter ce voyage et apporter les preuves à l'appui de mon assertion, voilà la topographie des lieux.

San Carlo, ou Saint-Charles, si vous l'aimez mieux ainsi, se trouve à la partie ouest, ayant son entrée du côté de la ville. Le fond de la scène se trouve naturellement à la partie ouest, sur le golfe au milieu duquel apparaît, parfumée comme une pastille du sérail, l'île d'Ischia, cette île où l'on sait aimer.

Au deuxième acte de Mazaniello, cette perle fine extraite de l'écrin de Carafa, la scène représente une vue du golfe de Naples.

Le fond du théâtre, ménagé exprès pour cette scène peut-être, est une large ouverture.

Cependant la toile se lève, les pêcheurs viennent retirer le fruit de leur labeur et de leurs fatigues, et au lieu de la toile de jour apparaît ce golfe immense, cette île charmante dont les orangers en fleurs envoient leurs douces senteurs sur l'aile des brises enamourer des spectateurs captivés déjà par l'harmonie puisée aux sources de vérité première.

L'orchestre engrène ses notes sympathiques, qui viennent

mourir aux pieds des auditeurs avec les doux murmures de la lame sur la grève napolitaine.

Il est merveilleux vraiment d'écouter ce triple accord de la musique, de la brise et des vagues ; de voir ce ciel pur et limpide, qu'étoilent quelques roses d'or du firmament, qui se perd dans une douce vapeur à l'horizon, avec les brumes tièdes et grises d'une mer transparente et diaphane ; ligne divine qui, sans transition, réunit la terre au ciel et fait rêver d'un autre monde.

Eh bien ! faut-il le dire, ô misère ! ce spectacle est froid, le spectateur est apathique ; ce qu'il veut n'est pas la nature : un décor serait bien mieux son affaire.

Ce qui est vrai pour la nature est également vrai pour les artistes.

Qu'un acteur soit vrai, il sera réputé mauvais ; il faut qu'il ait l'air vrai et voilà tout.

Les anciens l'avaient tellement compris qu'ils ne jouaient jamais sans masque. La comédie et la tragédie avaient chacune un masque différent.

Les décors sont en carton, il faut des artistes en carton.

La plus belle figure veut du rouge et du blanc ; les sentiments les plus vrais veulent être fardés.

Ce qu'il faut au théâtre sont des émotions de convention et non des douleurs vraies.

Pour être maître de son public il faut que l'artiste soit maître de lui-même.

Boileau, dans son art poétique, a dit une stupidité, en posant en principe ce vers :

« Pour m'arracher des pleurs, il faut que vous pleuriez. »

Une actrice qui pleurerait véritablement au théâtre aurait les yeux rouges, ce qui enlaidit, et il faut qu'une actrice soit jolie ; sa voix, entrecoupée par ses larmes, aurait des hoquets et ses notes saccadées, ce qui ferait rire.—Elle doit donc pleurer et gémir de sang froid pour produire son effet. Hors cela pas de salut, pas de succès, pas d'applaudissements, pas de couronnes, pas de bouquets.

Inutile d'ajouter que le soleil dans les apothéoses est un effet de papier huilé, que l'orage qui gronde est une feuille de fer blanc, et le Jupiter tonnant, un comparse frappant à contre temps, un tam-tam exilé de l'orchestre.

Nous fermons ici la parenthèse.

Pendant que nous étions aux Variétés, j'aurais bien fait peut-être de vous raconter une histoire qui a sa raison d'être en raison des événements actuels, de la lutte qui met l'Europe en présence de la Russie ; mais, pour le moment, nous la garderons sous silence. Peut-être, plus tard, nous raconterons-nous cette histoire, dont les héros sont Brunet, l'ex-directeur des Variétés, et le père du czar Nicolas.

En quittant le passage des Panoramas, nos lecteurs nous permettront, avant d'entrer au passage Jouffroy, de nous reposer quelques instants ; et précisément voilà que se présente à nous, au milieu de l'aridité de notre course et la sécheresse de notre itinéraire, comme une oasis dans le désert, un café-estaminet, où nous attendent, pour nous festoyer, bonne figure d'hôte et sorbets à la glace, deux choses fort appétissantes et beaucoup plus rares qu'on ne le croit généralement.

« A bon vin pas d'enseigne »,

dit un proverbe. — Notre vieil ami, Sancho Pança, les considérait comme la sagesse des peuples, comme l'expression la plus vraie de la pensée humaine. Que cette opinion soit ou ne soit pas erronée, ceci n'est pas notre affaire, et, certes, nous ne lui chercherons pas querelle à cet égard.

13.

Toujours est-il que cette devise est celle de notre amphitryon ; à cette devise, il aurait pu ajouter comme épigraphe à ce titre :

CAFÉ-ESTAMINET DE PARIS. Il est simple en ses goûts, modeste en sa parure.

En effet, sa simplicité, toute provinciale à l'extérieur, est loin de laisser supposer tout le confortable que réunit une administration sagement et intelligemment dirigée. C'est ainsi que vous voyez dans ces charmantes villes, qui avoisinent Paris, d'humbles chaumières de mousse et de bois brut; une porte, grossièrement travaillée, s'entr'ouvre, et vous laisse apercevoir, sous cette apparence rustique et danubienne, tout ce que le luxe le mieux entendu, l'élégance la plus raffinée, ont pu trouver de correct et de gracieux au double point de vue de l'art et du goût.

Quelque parfumée que soit cette glace à l'ananas, quelque appétissantes et affriolantes que soient toutes ces bonnes choses dont nos voisins de table font leurs délices, notre devoir de cicerone ne nous permet pas de nous amollir plus longtemps dans ces délices de la gastronomie parisienne, et nous nous voyons, quoiqu'à regret, obligés de continuer nos pérégrinations historiques à travers cet immense dédale dont nous tenons le fil conducteur.

A deux pas de nous est le passage Jouffroy.

Il ne ressemble en rien à son vis-à-vis.

Plus jeune de plusieurs années, il a des allures de coquetterie que son aîné ne pourrait se permettre sans outrecuidance. — Autant l'autre est grave et renfrogné, autant celui-ci est guilleret et vinicole, comme dirait Mathieu. Les vieillards le hantent peu ; la jeunesse y a fait élection de domicile ; on y voit plus de moustaches en accroches-cœurs que de poils gris taillés en brosses, plus de talmas que de carricks, et plus d'Agnès que de duègnes. Là est le rendez-vous habituel des bohêmes en activité de service et des gens de lettres en disponibilité ; on y rencontre assez souvent des demoiselles éplorées et peintes au pastel, au pourchas d'un beefteck récalcitrant ou d'une côtelette panée qu'elles affectionnent par une touchante similitude. On y voit aussi quelque peu de jeunes gens, déjeûnant par hasard, dînant par circonstance, et ne soupant jamais, qui attendent pendant cinq heures consécutives l'ami providentiel qui leur offrira le verre d'absynthe consolateur. — Ne sachant encore s'ils dîneront, ils préparent leur estomac à un festin problématique, et travestissent, pour la plus grande édification d'un chacun, cette pensée de saint Augustin :

Dans le doute, absynthe-toi.

Le soir on y aperçoit aussi se chauffant, et lisant sous un bec de gaz, des poètes, ces hommes qui se crottent en marchant, lesquels étudient gravement n'importe quoi, promènent en se récitant des hémistiches et marchent sur la queue des chiens au grand déplaisir des propriétaires.

Près du passage et à sa gauche en entrant par le boulevard se trouve une boîte oblongue et laidement décorée qui, si elle savait parler répondrait au nom de bazar qu'on lui a donné. — C'est une espèce de mayonnaise ou d'arlequin où se sont donnés rendez-vous, les mets les plus indigestes et les plus hétérogènes de l'industrie moderne.

Cette galerie profite à son propriétaire et aux gens mouillés en temps de pluie qui, faute de mieux, s'y réfugient ; elle est au passage ce qu'était jadis au Nil le fameux lac d'Amenophis, elle en reçoit le trop plein. Je le conseille aux individus qui ont à se donner rendez-vous. Ils sont bien sûrs de s'y rencontrer, il n'y aura jamais qu'eux seuls, à moins cependant qu'il ne pleuve des sauterelles ou des hallebardes.

En descendant le boulevard du côté de la Madeleine, nous trouvons à l'angle de la rue Drouot, le Jockei-Club, un cercle de ce que la France possède de plus distingué en fait d'appréciateurs de chevaux, de chiens et de femmes ; on apprécie aussi assez bien les oncles à succession et les héritiers a trente-six carats; c'est le titre de l'or le plus pur. N'ayant rien à faire, ils ont déclaré une guerre à outrance à l'administration des haras. — C'est la dernière station avant d'arriver à Clichy.

En face, se trouve la maison Frascati, dont la réputation fut européenne, et un café appelé Cardinal ; on n'a jamais pu savoir pourquoi.

Mais quittons ce ton léger, nous arrivons au passage de l'Opéra.

Et tout d'abord quels sont tous ces points noirs qui remuent, vont et viennent et se détachent en grains de moutarde sur la luisante propreté du bitume? On dirait d'une tache d'encre sur une feuille de papier blanc, ou de mouches noires sur un cadavre. — Silence, ce sont les croupiers de la bourse, les rois de la hausse, les princes de la baisse. — Tous ces gens n'ont qu'un seul but, celui de se tromper naturellement ; leur habileté est mesurée à leur degré de dissimulation, et le plus fort est celui qui, ayant abusé tous les autres, n'a jamais été dupé par aucun d'eux. Alors il devient un homme considérable, il porte des breloques et des bottes, il se donne des allures de grand seigneur, se pose en Mecène auprès des artistes et finit par crever de vanité et de bêtise en additionnant les livres de dépenses de sa cuisinière.

Les autres, moins habiles, sont des traquenards à pigeons, plus ou moins bien confectionnés.

Un homme à crâne et à gilet beurre frais, au ventre rebondi, à la trogne rougissante, aux doigts couverts de bagues et ruisselant de chaînes, de boutons de diamant et d'épinglettes, vient-il à se hasarder impunément sur ce que ces messieurs appellent dans leur langage abréviatif, le *bit du boul des It*; tout aussitôt tombe sur lui une nuée de travailleurs, en habits noirs, qui, pour la rente, qui, pour les chemins de fer, qui, pour les docks; on dirait des corbeaux pendant l'hiver arrivant à la curée et disputant leur part de festin aux chiens maigres des équarrisseurs.

A quelques pas plus loin, s'avance angulairement sur le boulevard et la rue Laffite, la célèbre maison dorée, chef-d'œuvre d'architecture et surtout de sculptures, sculptures dues à l'habile ciseau des frères Le Chêne; ces artistes éminents, dont chaque coin de Paris s'enorgueillit de compter un petit chef-d'œuvre.

Oui, là est la maison d'or, à l'entresol partagé en petites tranches bien chaudes, bien coquettement parées, et garnies de divans, près desquels celui de Crebillon n'était que de la Saint-Jean; la maison dorée, dont les fenêtres illuminées pendant la nuit, la font ressembler à un bâtiment dont les abords sont ouverts; la maison dorée, le rêve de l'étudiant en goguette, le souvenir secret et chéri du provincial rendu à la vie de famille; la maison dorée que hantent les nuits de bals masqués, les pierrots, les titis, les laitières, les pierrettes et autres garçons des deux sexes. Et puis plus loin encore, c'est Tortoni, un des relais du Jokei-Club, et le fameux café de Paris, connu des gourmets de l'univers entier; le café de Paris qui, pendant les cent jours, fut témoin de tant de scènes que Marco Saint-Hilaire raconte si bien, et dont le devant est encombré de chaises où le public parisien va se soleiller et faire le lézard aux beaux jours.

Cette exposition est assez bizarre pour que nous nous y arrêtions quelques instants.

Voilà tout d'abord assis sur trois chaises un monsieur qu

serait désolé qu'on ne le vit pas, et il a ma foi raison, car sa vue est désopilante.

Il porte, à cheval sur le nez, une paire de bésicles qui le font loucher, bien que les verres soient complètement inoffensifs ; son front est partagé en deux par une raie qui aboutit derrière la tête, au-dessus de la colonne vertébrale, dont elle a l'air de jalouser la partie inférieure. Il porte un habit trop court, un gilet trop long, un pantalon trop étroit ; enfin il est tout à fait à la mode ; on dirait un mannequin de chez Renard ou chez Dusautoy. Ses pieds tuberculeux habitent dans des bottes vernies, dont il fait admirer aux passants les semelles d'une entière blancheur ; sa frisure atteste que le célèbre Galabert a passé par là, et des moustaches phénoménalement longues, et cirées à outrance, lui traversent horizontalement la figure au-dessus de la bouche, ce qui lui donne assez l'apparence d'une de ces oies dans les narines desquelles on a passé une plume pour les empêcher de s'échapper au travers des claies.

Il fait l'admiration des bonnes d'enfant, et les péripatéticiennes du boulevard lui lancent des regards assassins. Sa tenue en général accuse Carprentras ou Brives-la-Gaillarde.

Près de lui rebondit une grosse paysanne du pays de Caux. Sans s'arrêter à son embonpoint, au moins respectable, et à son tablier de toile cirée, son nez légèrement retroussé, ses narines ouvertes, sa lèvre épaisse, font supposer au flâneur intelligent et amateur que si elle n'était pas nourrice elle aurait dû l'être, et qu'elle avait dû, à l'époque de la fenaison, manger le fruit défendu jusqu'au pépin.

A sa droite est une femme qui fut jeune il y a soixante ans, mais qui, pour cela, n'en a pas renoncé aux œuvres de messire Satan, ainsi que l'indiquent une perruque blonde soigneusement montée, une couche épaisse de crème de Turquie et surtout un jeune garçon blanc et rose, qui peut avoir de dix-huit à vingt ans, et qui est né bien certainement en Bretagne ou en Vendée, ainsi que le témoigne la naïveté de ses gestes et de son attitude. Sur les genoux de la dame repose un carlin qui s'appelle invariablement azor, et qui a hérité de l'affection que la dame avait pour feu le chevalier son époux.

Une des curiosités de la capitale est donc cette partie de la population qui vient chaque jour s'accroupir sur les chaises du café de Paris. Cette physionomie est multiple et change tous les jours. C'est à ce point de vue qu'est surtout applicable dans toute son acception le mot de Panoramas, car il n'y a pas un peuple au monde dont le café de Paris n'ait vu passer de nombreux échantillons sous ses fenêtres ; il n'est pas rare d'y voir des Persans, des Turcs, des Arabes, des Chinois, des nègres de la côte d'Afrique. Nous ne parlons pas des européens, nous nous bornerons à dire que ceux qui sont en plus grand nombre sont les Grecs et les Bohêmes.

Puisque nous sommes en plein boulevard de Gand, disons de suite, pour ne pas l'oublier, qu'il doit son nom à la restauration. Quand Louis XVIII revint de Gand avec l'aide des baïonnettes étrangères, il voulut entrer triomphalement dans sa bonne ville de Paris et son beau château des Tuileries. Il suivit pour cela la longue file des boulevards, la place de la Concorde, et entra dans le jardin par la grille du Pont-Tournant. Pendant son trajet sur le boulevard des Italiens, quelques têtes, quelques bouquets, quelques mouchoirs se montrèrent aux fenêtres, à titre de congratulation probablement ; et la Majesté réentrônée voulut, pour perpétuer ce mémorable souvenir de sa brillante rentrée, que ce boulevard changeât son nom des Italiens, contre celui de boulevard de Gand. Mais hélas ! le parrain et le filleul ne sont plus, et le peuple a promptemeut oublié ce souvenir historique en lui redonnant son nom de boulevart des Italiens.

Si nous avons dit, d'après Méry, que Paris commençait à la Chaussée d'Antin, pour se terminer à la rue du Faubourg-Montmartre, il ne faut pas en conclure que Paris se borne à cette ligne de hautes et magnifiques maisons qui longent l'asphalte du boulevard; car alors ce ne serait plus une ville, mais une plate-bande. Paris s'étend en épaisseur jusqu'au bas de la côte de Montmartre, c'est-à-dire à la limite de la rue Saint-Lazare; près de cette dernière se trouve la rue Chantereine autrefois, rue de la Victoire aujourd'hui. C'est là qu'habitait Napoléon quand il était premier consul.

Non loin de l'hôtel Bonaparte s'est élevé, depuis longtemps déjà, sous le nom de Néothermes, un des plus beaux établissements, un des plus complets qu'il y ait en Europe. Cette magnifique maison pourrait s'appeler sans présomption l'hôtel des bains et mérite à tous égards de fixer l'attention des étrangers. On y trouve surtout des appareils hydrothérapiques d'une très grande puissance; c'est ainsi qu'une des douches a soixante pieds de chûte, à côté d'une source dont l'eau a neuf degrés réaumur.

On reçoit aux Néothermes des malades, des convalescents, comme les personnes en bonne santé, qui y trouvent un confortable que les premiers hôtels seraient incapables de pouvoir procurer.

Là l'utile se mêle à l'agréable, et le propriétaire de cet établissement a su y faire une heureuse application de *l'utile dulci*, d'Horace. C'est ainsi que dans les salons, où tout se passe en famille, on fait de la musique que des artistes ne désapprouveraient pas. On y joue aussi, toujours en famille, de charmantes pièces, des opérettes qui ne manquent ni de verve ni de talent. Un journal, je ne sais lequel, appelait dernièrement les Neothermes le troisième théâtre Lyrique, et il n'avait peut-être pas tort.

Puisque nous sommes revenus au théâtre, nous allons vous conter cette anecdote que nous vous avons promise en flânant avec vous au passage des Panoramas, galerie des Variétés, et dont le sujet est Vernet, cet acteur qui a laissé un sérieux et légitime souvenir.

Galerie des Néothermes.

VERNET A SAINT-PÉTERSBOURG.

Nous n'avons nullement l'intention de faire ici la guerre à l'autocratie et de jeter la pierre à un mode de gouvernement que nous n'approuvons pas, il est vrai, mais que nous nous abstiendrons d'apprécier, ayant pris une ligne de conduite dont nous nous sommes fait une loi de ne pas nous écarter.

Les hautes questions politiques ne sont pas de notre domaine, Dieu merci, et nous laissons le soin de les discuter aux malheureux mortels que leur mauvaise étoile a poussés dans ette voie.

est pourquoi, dans cette anecdote, le lecteur voudra bien ne voir qu'une étude de mœurs, et non la satire des actes d'un gouvernement étranger.

Dans les premières années qui suivirent la révolution de juillet et l'avènement au trône de Louis-Philippe, ce roi que la postérité peindra assis près d'une borne, aveugle et muni d'un parapluie surmonté d'un coq (ce coq qui chantait si souvent, mais qui ne se battait jamais); dans ces premières années, disons-nous, chacun se souvient, sans nul doute, de ces longues pérégrinations que le monarque faisait à pied, comme un bourgeois de la rue aux Ours, par les rues de sa bonne ville de Paris, caché sous un incognito que ne trahissait pas la dignité royale.

Cet homme, en effet, n'était pas né pour porter le manteau de pourpre, et n'était véritablement heureux et béat que dans le paletot constitutionnel.

Ces promenades, accompagnées de poignées de main toutes démocratiques, avaient pour but de s'attirer cette affection qui est la force du pouvoir; affection qui lui manqua pendant sa splendeur et qu'il ne trouva pas pour le consoler aux mauvais jours.

Cette compassion je ne la témoigne pas à Philippe d'Orléans, mais à l'homme malheureux que la providence a puni si cruellement, et qui, seul, isolé, abandonné des siens, maudit de tous, a emprunté, pour se soustraire à l'orage populaire, cet humble vêtement de l'ouvrier qu'il avait méconnu. (1).

Ainsi que jadis le dernier roi de la branche cadette, le czar de Russie aime aussi passionnément à se promener en simple particulier dans les rues de la capitale. Grave, austère, le respect qu'on lui témoigne et les marques de déférence ou plutôt de basse servitude dont il est l'objet, indiquent assez

(1) Ce fut, vêtu d'une blouse, que Louis-Philippe quitta les Tuileries.

le maître sans pitié, le juge suppême et sans appel d'une population malheureuse, humblement inclinée devant la fraternité du knout, devant l'égalité de la souffrance.

Dans les fêtes, dans les bals, dans les réunions publiques, partout, vous voyez apparaître cette figure calme et pâle dont la froideur éteint l'élan et comprime la joie prête à s'épanouir sur le visage flétri de ces hommes esclaves qui espèrent peut-être se soustraire momentanément à une tyrannie odieuse, à une oppression de chaque heure. Personne ne lui parle tant sa grandeur effraye et repousse ; il ressemble dans son isolement à ces mauvais génies que le malheur accompagne et dont on s'éloigne avec terreur. Quiconque oserait lui parler serait immédiatement arrêté et condamné par suite à des peines sévères.

Voici, à cette occasion, ce qui arriva à l'une de nos plus grandes illustrations dramatiques, Vernet, ce spirituel acteur qui, tout en se faisant un grand nom comme artiste, pavait d'or la salle des recettes du théâtre des Variétés.

Sachant parfaitement que si l'on est prophète en France, on devient divinité dès qu'on a passé la frontière, Vernet quitta un public jaloux, désespéré de son départ, et se rendit à Saint-Pétersbourg pour échauffer des rayons ardents de son génie et de son talent, ces natures froides et mortes du nord, dont le cœur et le climat marquent le même degré au thermomètre.

Il est inutile de dire avec quel enthousiasme il fut accueilli à son début ; la foule osait presque applaudir ; quant au czar, il se pâmait d'aise au fond de la loge impériale.

Sortant le lendemain pour faire sa promenade habituelle, le noble autocrate rencontra Vernet, qui, fumant un cigare et les mains dans les poches de son paletot fourré, flânait comme tout honnête parisien se permet de le faire après dîner, soit aux Champs-Elysés, soit au boulevard de Gand.

— Vernet, lui dit-il, je vous remercie du plaisir que vous

m'avez fait hier, et de celui que je me promets pendant le temps que vous voudrez bien nous consacrer.

L'illustre comédien s'inclina, remercia le prince du bon souvenir qu'il avait conservé de lui, et se retira.

Quelque minutes après, deux agents de police prièrent poliment Vernet de les suivre, et l'écrouèrent à la maison d'arrêt.

Le chef d'accusation qui pesait sur lui, était d'avoir parlé à l'empereur dans un lieu public.

Cependant, le soir de ce même jour, on donnait au théâtre Impérial de Saint-Pétersbourg, une des plus gracieuses pièces du théâtre des Variétés de Paris, et dont le rôle principal, rempli par Vernet, était une de ses plus charmantes créations. Cette représentation annoncée depuis longtemps et impatiemment attendue, avait comblé la salle de tout ce qui portait un nom terminé en orff ou en witch, ce qui, assure-t-on, est une grande marque de distinction en Russie.

La toile se lève, la pièce commence, Vernet ne paraît pas par le motif que vous savez, et son rôle, rempli par une détestable doublure, ouvrait démesurément ces nobles bouches qui ne trouvaient qu'un bâillement contagieux, là où elles s'attendaient à sourire.

L'ennui général après avoir effleuré toutes les lèvres, vint enfin se poser sur celles de l'empereur qui, se tournant et se retournant sur sa banquette cramoisie, à crépines d'or, d'étendait ses bras aristocratiques avec une paresse toute princière.

Lui aussi attendait son acteur favori, ignorant la disgrâce qui lui était arrivée.

— Mais où donc est Vernet, s'écria-t-il enfin, impatienté d'une absence dont il ne se rendait pas compte ; serait-il malade, ou obéirait-il à un de ces caprices que les artistes se croient permis, même vis-à-vis des têtes couronnées ?

— Sire, lui répondit un de ses premiers ministres, Vernet est en prison pour avoir osé, il y a quelques heures, vous adresser la parole.

— Qu'on aille le chercher immédiatement, s'écria-t-il, ou plutôt allez-y vous-même et remettez-lui ce bijou en lui témoignant mes regrets de ce qui est arrivé ; et il remit une tabatière, enrichie de diamants, au noble seigneur qu'il envoya délivrer Vernet, traitant, pour ainsi dire, avec lui, de puissance à puissance.

Quelques instants après, le célèbre artiste, applaudi et fêté, rendait l'animation et la vie à cette multitude naguère encore apathique, morte et glacée.

Laissons derrière nous le boulevard fashionnable et dirigeons nos pas vers le Madeleine.

A notre gauche s'élève, à l'extrémité de la rue de la Paix, et comme un gigantesque obélisque de bronze, la colonne Vendôme, glorieux trophée du premier empire ; beaux jours que nous ne désespérons pas de voir renaître sous le second.

L'étoile de Napoléon brille toujours à l'horizon de la France.

Suivant les arcades de la rue de Rivoli, la plus belle, sans contredit, qu'il y ait au monde, nous arrivons à la place de la Concorde aujourd'hui ; de Louis XV, il y a quarante ans ; de la Révolution, il y en a soixante.

La place de la Concorde, une des plus spacieuses et la plus splendide de l'univers, offre, comme homogénéité et surtout comme aboutissants, l'ensemble le plus parfait que l'on puisse imaginer, le coup d'œil le plus magique que l'on puisse voir.

Quiconque l'a vue, le soir d'une fête brillamment illuminée, égrenant comme des perles et des diamants de toutes nuances, les gouttes d'eau transparentes de ces fontaines, peut se faire une idée des merveilles des mille et une nuits.

Par une belle soirée de printemps et d'automne, le spectacle est plus féerique encore : autour, d'immenses statues, fièrement assises, carrément campées, semble des sentinelles vigilantes, sphynx préposés à la garde de l'obélisque, ce voyageur étrange venu des déserts de la haute Égypte, pour donner à deviner à notre inquiète curiosité les signes mystérieux gravés sur ses flancs de granit rose.

Au sud, le palais Législatif montre, de l'autre côté de la Seine, son pérystile et son fronton d'architecture grecque ; vis-à-vis, la Madeleine, d'une construction analogue, termine au nord la rue Royale. A gauche, le jardin et le palais des Tuileries ; à droite les Champs-Élysées, dignes en tous points de cette dénomination mythologique et où se trouvent réunies toutes les nécessités et toutes les jouissances de la vie. Au milieu de ses arbres séculaires s'élève, avec sa toiture de fer et de cristal, le palais de l'Industrie, dont le dôme brille aux dernières lueurs du crépuscule.

Jetons, en passant, un regard au Jardin-d'Hiver, la seule chose, à Paris, que l'on trouve au dessous de sa réputation ; passons entre l'Hippodrome et l'Arc-de-Thiomphe, ce carnet vivant de nos gloires nationales, et prenant l'avenue de Courbevoie, dirigeons-nous vers le bois de Boulogne.

En parlant de l'Arc-de-Thriomphe, j'avais oublié de vous dire, que le plus bel éloge qu'en aient fait nos voisins d'Outre-Manche, était de l'appeler un beau tas de pierres.

C'est en vain qu'à Londres nous en avons cherché un semblable.

Le bois de Boulogne ! mot magique qui fait bondir tant de

cœurs, qui fait palpiter tant de seins, surgir tant de rêves !

Le bois de Boulogne est en effet l'Eldorado du Parisien, sans distinction de caste ; c'est que le bois de Boulogne est à peu près la nature, nature un peu tourmentée, il est vrai; mais enfin c'est la nature à la porte de la civilisation, le désert près de la ville, le calme près du bruit, et on peut bien lui pardonner d'être un peu plus coquette qu'en Bretagne ou en Poitou. Pendant la semaine, Madrid, le restaurant du bois, est le rendez-vous de la fashion parisienne ; les allées qui y aboutissent, retentissent incessamment sous le sabot des chevaux de pur sang, que montent les gentlemen-riders, ou sous les roues des coupés et des calèches, où se prélassent l'aristocratie dorée du quartier d'Antin, et la noblesse à quartiers du faubourg Saint-Germain.

Le dimanche, la scène change; les chevaux élégants cèdent le pas aux ânes et les gentilshommes se retirent pour faire place aux boutiquiers, aux commis et aux grisettes.

Le bois retentit alors de cris de joie, ou de terreur si l'âne rétif refuse d'obéir à la main inexpérimentée de sa conductrice et au fouet ou à l'aiguillon de son cornak. Des bonnets bien frais, bien coquets, aux rubans roses et bleus, sillonnent les allées ombreuses, disparaissent dans un bosquet, d'où s'échappent des clameurs excentriques; dans les clairières, la pelouse est émaillée, non de violettes ou de marguerites, comme vous pourriez le supposer, mais bien de nappes recouvertes de veau, de salade, de bleu à 15, fabriqué chez le marchand de vins de la porte Maillot.

Autour de ce festival préparé de longue main et venu de la rue des Lombards, s'ébaudissent des trognes rouges et rebondies qui ont abandonné pour quelques heures le comptoir et l'arrière-boutique.

Paris est le pays des enchantements, et cependant au milieu

de toutes ces merveilles, parmi tous ces travaux d'Hercule, ces œuvres de géants, il est une chose qui excite une admiration profonde, un étonnement sans bornes, ce sont les nouveaux travaux exécutés au bois de Boulogne, et dus à l'initiative de l'empereur qui, dit-on, a prescrit lui-même, avec un tact et un goût exquis, l'ordonnance de ces rivières, de ces canaux, de ces cascades rocheuses, de ces parcs de verdure qui constituent, au point de vue du goût et de l'élégance, un ensemble de perfection artistique qui laisse bien loin derrière elle les jardins anglais et allemands où nagent des poissons en fer blanc, où batifollent des canards et des cygnes dus aux successeurs de Vaucanson.

Que sera-ce donc quand ces lacs et ces rivières seront sillonnés de gracieuses embarcations, imitant les jonques chinoises et les gondoles vénitiennes, au milieu desquelles viendront se glisser comme des anguilles, les pirogues de la Nouvelle-Calédonie (lisez Asnières) et les élégants canots du port Saint-Nicolas et de Bercy?

Que sera-ce donc quand ces îles se couvriront de pagodes aux formes bizarres, empruntées aux bords du Gange, de châlets dérobés aux glaciers d'Interlaken ou aux rivages du lac de Genève; quand des ponts minces et déliés comme les passerelles de lianes de l'Amérique du Nord, réuniront au continent ces oasis fraîches et parfumées. En vérité, je vous le dis, ce sera un merveilleux enchantement, et le promeneur, doucement ému, pourra dire, lui aussi, comme le berger des bucoliques : *Deus nobis hoc otia fecit*

ENVIRONS DE PARIS.

La capitale, si curieuse par ses monuments, l'est encore par ses environs, dignes de la curiosité des étrangers sous le rapport de l'intérêt historique et de la beauté du paysage. Nous allons donner une notice sur chacun d'eux et indiquerons en même temps les moyens de transport que devront choisir, de préférence, les étrangers.

Asnières.

Joli village, à 8 kilomètres de Paris, ayant une population de 4,000 habitants. Sur le bord de la Seine et sur le parcours du chemin de fer de Saint-Germain. Son nom vient de ce que, vers le IIe siècle, on y élevait beaucoup d'ânes. C'était à cette époque où les abbés de Saint-Denis étaient seigneurs de ce village. Ils y rendaient la justice une fois par an sur le bord de l'eau, et le fermier du bac était obligé de leur servir à dîner. Maintenant Asnières est le rendez-vous des canotiers et des femmes dites *Lorettes*, attirés tous par un château dont le délicieux parc permet de donner, chaque semaine, plusieurs fêtes ravissantes; ce château, aujourd'hui le rendez-vous des artistes, commis, clercs, etc., qui viennent admirer les belles dames du quartier Bréda et danser avec quelques naturelles endimanchées du pays, fut habité autrefois par des hôtes célèbres, tels que la duchesse de Brunswick, madame de Parabère et Anne de Clèves.

PARC D'ASNIÈRES.

Alfort.

Village de 8 à 900 âmes, à deux lieues de Paris, S. E., par la barrière du Trône ou de Vincennes; sur la route de Lyon. C'est dans ce village qu'est la magnifique École des médecins vétérinaires. Il y a un bal, tous les dimanches, dans le parc, et aux frais des élèves. La fête du pays a lieu le second dimanche de juillet. Mêmes voitures que Charenton, place de la Bastille.

Auteuil.

Charmant village, à 7 kilomètres de Paris, près du bois de Boulogne et près la route de Versailles. Population, 4,000 habitants. Chemin de fer du Havre. Fête le 15 août et dimanche suivant.

Ce village est illustré par le séjour qu'y ont fait Boileau, Helvétius, Franklin, Lafontaine, Molière et Racine. Toutes les habitations sont d'une coquetterie sans égale. Auteuil est aujourd'hui la réunion du monde élégant et artistique et est habité par une grande quantité de nos artistes dramatiques. Les choses les plus curieuses à visiter sont : la brasserie de Billancourt, la tannerie de M. Séguin, la pyramide élevée dans le cimetière à la mémoire d'Aguesseau. On voit encore dans la rue, près de l'église, la modeste maison qu'habitait Boileau.

Ce village, plus que tout autre, peut donner aux étrangers une juste idée de la beauté des environs de Paris.

Bellevue.

Réunion de quelques jolies maisons de campagne, construites depuis une vingtaine d'années, et d'un ancien château royal, qui forment un petit village, à 6 kilomètres de la barrière Vaugirard.

Batignolles.

Faubourg de Paris, à la barrière Clichy, ayant une population de 23,000 habitants. (Rien de remarquable.)

Belleville.

Village situé un peu au dessus de Romainville et les Prés-Saint-Gervais. Population, 35,000 habitants. La petite bourgeoisie parisienne vient tous les dimanches d'été s'y délasser des travaux de la semaine.

Bercy.

Village de 3,500 habitants, sur la Seine et à la barrière de la Rapée. Voitures, rue Bourbon-Villeneuve, 35, et rue de la Bibliothèque, 10. Ce village n'a de remarquable que son vaste entrepôt de vins et eaux-de-vie. On y voit aussi le château construit par Louis Levau, avec un parc planté par Le Nôtre; il y a aussi plusieurs manufactures remarquables.

Bicêtre.

Village situé à 2 kilomètres de Paris. Sur une hauteur s'élève l'hospice de la vieillesse (hommes) réservé aux incurables et aux aliénés. C'était, au moyen-âge, la maison de Plaisance de l'évêque de Winchester, laquelle tomba en ruines, devint un repaire de brigands et fut convertie, par Richelieu, en chapelle et en commanderie de Saint-Louis, espèce d'asile pour les soldats invalides. Bicêtre présente, à vol d'oiseau, l'aspect d'un polygone inmense, semé de cours irrégulières : on y voit rassemblés, côte à côte, un hopital de vieillards, une infirmerie, une maison de fous, un amphithéâtre et un cimetière. Comme l'eau manquait, Boffrand creusa, en 1733, le fameux puits, taillé dans le roc vif à une profondeur de 57 mètres, et qui conserve toujours 3 mètres d'eau intarissable. Un manège fait mouvoir deux seaux pesant chacun 600 kilogrammes et de la contenance d'un muids.

Boulogne.

Grand village de 3,000 âmes, entre le bois de ce nom et la Seine, barrière de Passy. Fêtes, promenades de Longchamps, les mercredi et vendredi saints. Curiosités : plusieurs maisons de campagne et une fabrique de pains à cacheter.

Bourg-la-Reine.

Village de 1,500 âmes, à deux lieues S. de Paris, près la Bièvre, par la barrière d'Enfer. Fête le premier dimanche après le 25 juin. Curiosités : une pension de jeunes demoiselles dans laquelle est une chambre qu'occupa plusieurs fois Henri IV.

Bric-sur-Marne

Village de 500 âmes, à trois lieues E. de Paris, par la barrière du Trône. Rien de remarquable que le château commencé par M. Silboutte et terminé par M. Delage.

Chantilly.

Bourg-de-l'Oise, à 50 kilomètres de Paris; 3,000 habitants. Il ne reste plus du magnifique séjour des Condé que le pavillon d'Enghien et les écuries. Le parc est encore un des plus beaux que l'on puisse visiter aux environs. C'était, au xviie siècle, des jardins enchantés où Molière, Boileau, Sauteuil, Raune, Bossuet, Bourdaloue, tous les grands de ce temps, avaient pu égarer leurs rêveries. C'est là qu'en septembre 1671 le Grand Condé donna cette belle fête à Louis XIV, dans laquelle il déploya une magnificence telle, que Paris se trouva, pendant trois jours, sans musique et sans spectacle. On sait que, pendant le dîner, la marée s'étant fait attendre, Vatel, le maître d'hôtel du prince, se crut perdu d'honneur et se perça de son épée. Des courses de chevaux ont lieu en mai et en octobre sur la pelouse du château.

La Chapelle.

Faubourg de Paris, après la barrière de Saint-Denis, 20,000 habitants; vaste entrepôt de marchandises.

Charenton.

Bourg de 6,000 âmes, à 8 kilomètres de Paris, par la barrière de ce nom; fêtes le second dimanche de juillet. Voitures rue des Tournelles, 20, et porte Saint-Antoine; retour d'heure en heure.

FONTAINEBLEAU.

Clichy.

Village de 2,000 âmes, situé entre la rive croite de la Seine et la route de Saint-Denis à Versailles à 3/4 de lieue de Paris, par la barrière de ce nom. Curiosités: fabrique de produits chimiques; Paphos.

Compiègne.

Sous-préfecture de l'Oise, à 80 kilomètres de Paris; 10,000 habitants. Cette ville, située à l'entrée d'une vaste forêt, a été la résidence favorite de nos premiers rois. Clotaire Ier, Louis-le-Bègue, Carlomen y moururent. A la porte du Vieux-Pont, on voit une tour du xviiie siècle, qui porte l'inscription suivante: *Cy-fus Jehanne d'Arc, près de certain passaige, par le nombre accablée et vendue à l'Anglais.* En effet, Jeanne s'était enfermée là, lorsque dans une sortie elle fut traîtreusement prise et livrée au duc de Bedfort, qui la fit brûler comme sorcière, à Rouen, en 1755. Louis XV ordonna à l'architecte Gabriel d'élever, pour sa nouvelle maîtresse, Mme du Barry, un château d'une splendeur toute royale, des pierres, du marbre, des dorures pour elle, s'écriait-il en le parcourant, que ne puis-je lui donner un palais digne d'elle, un palais de diamants! Le dernier souvenir historique de Compiègne est la réception de Marie-Louise, en 1810, par son impérial époux. Après le château, l'on visite volontiers l'hôtel de ville gothique, flanqué de tourelles, les églises Saint-Jacques et Saint-Antoine, le tombeau du comte de Toulouse aux Carmélites; mais ce qui mérite l'attention du touriste, ce sont les colossales ruines de Pierrefonds, dont les seigneurs furent plus puissants que le roi pendant deux siècles. Cette forteresse, que n'habitait que des sujets rebelles, fut démantelée et rasée sous Louis XVIII. (Chemin de fer du Nord.)

Corbeil.

Village sur la Seine, sous-préfecture de Seine-et-Oise, à 33 kilomètres de Paris ; 5,000 habitants. Cette petite ville qui a eu des comtes souverains jusqu'à Louis le Gros, ne vit plus que sur l'ancienne renommée de son église de Saint-Spire, qui date du xe siècle, et sur le souvenir de ses saintes châsses. L'industrie moderne en a fait un entrepôt du commerce des grains. (Chemin de fer de Corbeil et bateau à vapeur de Montereau.)

Aux environs est la colonie agricole réservée aux jeunes détenus, *petit bourg* ou Mme de Montespan vint pleurer ses amours trahies.

Le Nôtre et la *Quintinie* avaient fait merveille dans les jardins. *Lebrun* s'était chargé des peintures, tout cela pour mettre durant quelques heures le château en état de recevoir l'homme qui se connaissait le plus en magnificence. Aussi son propriétaire gagna-t-il à cette énorme dépense le titre de duc d'Épernon.

Fontainebleau.

Sous-préfecture de Seine-et-Marne, à 60 kilomètres de Paris; 9,900 habitants. Parlons de la forêt d'abord, qu'il ne faut pas oublier de visiter avec attention. Elle contient plus de 40,000 arpents de vieux arbres et a près de 20 lieues de pourtour. En voici les endroits les plus remarquables : les chênes de Henri IV et de Sully, la Mare-aux-Èves, le carrefour de Bellevue, la Gorge-aux-Loups, la Table du Roi, la grande Treille, la vallée de Franchard, le Calvaire, le Désert, la Roche-qui-Pleure, Montaigu-les-Erables, etc.; on admire dans le parc des arbres modèles, de belles charmilles, des eaux transparentes, un étang de 500 toises avec un pavillon construit par l'Empereur, un labyrinthe de l'effet le plus pittoresque, des plantations de toutes sortes. Le château, œuvre de *Prematice*, date du règne de François Ier. Le *Guide spécial de Fontainebleau* contient sur ce château des détails intéressants. De grands faits historiques se sont passés dans cette résidence royale; l'entrevue de François Ier et de Charles-Quint en 1539. L'assassinat de Monadelschi, l'amant adoré de la reine Christine de Suède, exécuté dans la galerie des Cerfs, par ordre de sa royale maîtresse. Le mariage de Louis XV et de Leczynska; l'abdication de Napoléon, le 20 avril 1814; enfin le mariage du duc d'Orléans et d'Hélène de Mecklembourg en 1837. (Chemin de fer de Lyon.)

Fontenay-aux-Roses.

Village de 4,000 âmes, à deux lieues S.-O. de Paris ; par la barrière d'enfer. Voitures rue d'Enfer. Fêtes le premier dimanche après le 6 juillet. Ce village doit son nom aux vastes champs de roses qui l'environnent.

Franconville.

Village de 1,500 âmes, à quatre lieues N.-O. de Paris dans la vallée de Montmorency ; rien de remarquable que la demeure de M. de Bure, illustrée par la mémoire du comte de Tressan.

Meudon.

Village sur la Seine, à 9 kilomètres de Paris; 3,800 habitants. Ce village, dont le joyeux Rabelais fut curé, et où s'installa le premier couvent des capucins, possède un vieux château, élevé sur les dessins de Philibert Delorme, et agrandi plus tard par Mansard. Le ministre Louvois, qui l'avait acheté, y fit orner son cabinet de travail d'une façon équivoque; des glaces sur les murs, au plafond, sur le parquet ; c'est ce qui fit dire à un plaisant : c'est le cabinet montre tout. Le château actuel est dû au grand dauphin, et son père Louis XIV, avait coutume d'en dire qu'il ressemblait plus à la demeure d'un financier qu'à celle d'un prince. Ce dauphin y termina misérablement sa vie en 1711, atteint d'une petite vérole qu'il gagna dans une chaumière de la forêt. On l'enterra en toute hâte sans aucune cérémonie : ses deux fils ne suivirent même pas le convoi. En 1789, un autre dauphin, le premier fils de

Louis XVI, succomba à une maladie de langueur. Le vieux château disparut sous l'Empire. (Chemin de fer de Versailles.)

Montmorency.

Village sur une éminence, à 17 kilomètres de Paris, 2,100 habitants. La charmante vallée de Montmorency, si visitée par les femmes aimables et les hommes d'esprit du dernier siècle, compte une foule de villages bâtis pour le plaisir des yeux, tels que Saunois, illustré par le gracieux souvenir de Mme d'Houdetot; Franconville, où M. de Tressan exerçait une si aimable hospitalité; Andilly et ses bois; Saint-Leu et Eaubonne; Épinay et son joli pavillon de la Chevrette; le petit Mont-Louis, triste demeure où s'était réfugié le philosophe de Genève pour écrire le *Contrat Social* et l'*Émile*; Enghien et son lac, charmant paysage que la baguette d'une fée a ravi à la Suisse; le mont Doré et Spa, tout ensemble aux portes de Paris, un beau lieu que la mode s'efforce de gâter; Écouen, dont le château ducal a été occupé par les orphelins de la Légion d'honneur; Montmorency et sa romantique forêt, etc., les étés se suivent sans que la vogue diminue. Quelle femme célèbre n'a pas vu cette vallée toujours jeune et parée? toutes y sont venues depuis Mme de Staël de Lamballe, Krudner jusqu'à Fany Esler et Taglioni; depuis la reine Hortense jusqu'à Mars et Malibran. Quant aux hommes, il suffit de citer J.-J. Rousseau. Ce nom seul rend cher aux générations le petit coin de terre qu'il a illustré.

N'oublions pas de citer aux étrangers le joyau de cette vallée, Ermenonville, à jamais célèbre par le nom d'un de ses hôtes, l'auteur des *Confessions* et de la *Nouvelle Héloïse*. C'est à la famille de Girardin qu'appartenait, au dernier siècle, le château, construction presque moderne, entourée d'un large fossé. On lui doit le parc charmant, rempli de beaux sites, de fleurs et de bassins, et où s'élevait ce temple dédié à la philosophie, qui reçut la visite de tant d'hommes illustres, entr'autres de Joseph II et de Gustave III de Suède. La tour de Gabrielle, située dans ce village, servait de cachette aux rendez-vous de Henry IV avec sa belle maîtresse. L'intérieur rappelle, dans ses détails, le style du xvie siècle. Mais le point le plus intéressant d'Ermenonville, c'est cette corbeille de feuillage qui se dessine au milieu du lac, l'*île des Peupliers*. Là, sous un monument d'une simplicité de bon goût, a reposé, jusqu'en 1794, la dépouille mortelle du philosophe de la nature, J.-J. Rousseau. Lesueur a sculpté sur son tombeau une mère qui allaite son enfant, le livre d'*Émile* à la main.

Neuilly.

Village à 8 kilomètres de Paris. Il doit le pont qui traverse la Seine à un accident qui faillit coûter la vie à Henri IV et à Marie de Médicis : les chevaux du carrosse royal se précipitèrent dans le fleuve, et sans le secours de deux gentilshommes, c'en était fait de la monarchie. Réparé sous Louis XIII, ce pont fut remplacé, en 1772, par un autre qui est le chef-d'œuvre de Perronnet. Au xviiie siècle, deux maisons opulentes firent l'honneur de Neuilly : l'hôtel Saint-James où la princesse Pauline Borghèse se montra magnifique jusqu'à l'extravagance (on parle d'un rocher énorme dont l'agencement seul coûta deux millions), et l'hôtel Sainte-Foix, élevé en 1750 par le marquis d'Argenson. Cet hôtel, ainsi que le château de Villiers, devint la propriété et la résidence favorite de Louis-Philippe depuis son retour en France. Le palais de Neuilly a été brûlé et dévasté en 1848. Sur la route qui y conduit, à Sablonville, on voit la petite chapelle de Saint-Ferdinand, consacrée à la mémoire du duc d'Orléans, si misérablement tué le 13 juillet 1842.

Près de Neuilly se trouvent : 1° Courbevoie, localité de 3,700 habitants, ayant de belles casernes d'infanterie; 2° Nanterre, la patrie de Geneviève, patronne de Paris, dont l'intercession réussit, dit-on, à faire sortir Attila des Gaules. C'est ce dernier village où s'est conservée la coutume du couronnement des rosières. Puis Villiers-le-Bel, dont le château est compté au nombre des résidences royales.

Pantin.

Village de 1,000 habitants, à trois quarts de lieue N. E. de Paris, par la barrière de la Villette. Curiosités : le bois de Romainville, les prés Saint-Gervais et le canal de l'Ourcq.

Rambouillet.

Sous-préfecture de Seine-et-Oise, à 54 kilom. de Paris; 4,000 habitants. Ce n'était au xive siècle qu'une seigneurie appartenant à la famille d'Angennes. Le château est de toutes parts environné de forêts étendues favorables aux grandes chasses. Son plan est irrégulier, son architecture lourde, massive et sans décoration. Tout ce qui est bâti en briques ne paraît pas remonter au delà du règne de Henri IV. Des anciennes constructions il ne reste que la grosse tour qui puisse être regardée comme antérieure au xve siècle. Dans cette tour est une chambre où, le 31 mars 1547, le roi François Ier vint mourir d'une maladie honteuse. Depuis dix ans il souffrait, et son humeur s'en assombrissait; aussi s'écriait-il souvent que Dieu le punissait par où il avait péché! La trop célèbre fille du Régent, la duchesse de Berri, établit à Rambouillet le théâtre de ses galanteries. Les jardins sont l'œuvre de Le Nôtre, ainsi que le parc, où Louis XVI fit construire une ferme pour l'établissement du premier troupeau de mérinos introduit en France. Marie-Louise et Charles X, précipités l'un et l'autre du trône, cherchèrent un refuge à Rambouillet, y emmenant chacun leur héritier, qui s'appelait roi de Rome et duc de Bordeaux : l'un comme l'autre dut reprendre en hâte la route de l'exil. Aujourd'hui le parc est livré à des entrepreneurs qui essaient, par toutes les trompettes de la réclame, d'attirer à leurs fêtes les sympathies parisiennes. (Chemin de fer de l'Ouest.)

Rueil.

Village agréablement situé, au pied d'un vignoble, à 17 kilomètres de Paris; 5,000 habitants. Résidence du cardinal de Richelieu, qui l'acheta, en 1635, pour une rente viagère de 12,000 livres. Il fit embellir le château et les jardins, et voulut que cette propriété surpassât en magnificence les demeures royales; on y vit pour la première fois des cascades artificielles. La cour, menacée par la Fronde, qui occupait Paris, s'y réfugia en 1648. Il appartient aujourd'hui à la famille Masséna.

Dans l'église du village, reconstruite aux frais du cardinal, on visite avec un sentiment de respect mêlé d'admiration, le mausolée de l'impératrice Joséphine, œuvre simple et élégante due au ciseau de Cartelier; il a été érigé, en 1825, par la piété filiale de la reine Hortense, qui repose, depuis 1836, à côté de sa mère et de son frère le prince Eugène. A l'entrée de Rueil est une magnifique caserne bâtie par Louis XV. (Chemin de fer de Saint-Germain.)

Par la grande route ombragée d'arbres qui mène à Saint-Germain, on arrive à la Malmaison, dont l'origine se perd dans les invasions normandes. Le château, qui appartient aujourd'hui à la reine Christine d'Espagne, a été la résidence favorite de Bonaparte, sous le consulat; sa première femme y mourut, pleurée de tous, en 1814. Par une fatalité sans exemple, Napoléon, traqué en 1815 par les colonnes de Blücher et de Wellington, vint poser son pied fugitif dans cette demeure, qui devait lui rappeler tant de souvenirs! Il s'en éloigna pour aller mourir à Sainte-Hélène.

St-Cloud.

Charmant village sur la Seine, à 11 kilomètres de Paris; 3,600 habitants.

Vers l'an 533, des mariniers déposèrent sur la rive un enfant que ses oncles avaient donné l'ordre de tuer; ils le sauvèrent. C'était le fils de Clodomir et de Clotilde, Clodoald qui donna son nom à Saint-Cloud. Deux siècles avant la révolution, le 1er août 1859, le jacobin Jacques Clément, poussé par la haine de Madame de Montpensier, brisait dans ce village la couronne au front d'une autre tête couronnée. Henri III mourut avant d'avoir repris ce Paris qu'il voulait raser jusqu'à la dernière pierre. Le cardinal Mazarin acheta Saint-Cloud, déjà remarquable par la beauté des sites et la richesse des habitations, et le roi en fit cadeau à son frère d'Orléans. Mansard et Lepautre furent chargés de sa réédification ; Le Nôtre dessina le parc, qui fait l'admiration des promeneurs par ses effets pittoresques.

Le palais eut grandement à souffrir des invasions étrangères : là où Napoléon avait concentré dix ans les regards du monde, où il avait commencé, par le coup d'état du 18 brumaire, sa fortune politique, vint se vautrer un homme qui n'avait rien d'humain, *Blücher*. Suivi partout par une meute de sales barbets, il se fit un plaisir brutal d'insulter, en les souillant, aux magnificences impériales. Charles X et Louis-Philippe se plaisaient à Saint-Cloud; le premier y signa les fameuses ordonnances qui devinrent le signal de sa chûte.

Le château, situé au sommet d'un côteau assez escarpé, a une façade d'un bon effet et très-élégante. On remarque, parmi les appartements, le salon de Mars, par Mignard ; ceux de Diane, de réception, en tapisserie des Gobelins ; de jeu, décoré d'une table en mosaïque, présent du pape Léon XII ; la Galerie d'Apollon, la chapelle, la salle des Gardes, etc. Le parc, qui a 16 kilomètres de tour, attire l'attention par ses belles pièces d'eau, dont la principale, la cascade, a été dessinée par Lepautre.

La fête de Saint-Cloud a lieu en septembre et dure trois semaines. Tout Paris s'y porte pour voir le spectacle des grandes eaux. (Chemin de fer de Versailles, rive droite.)

A 2 kilomètres au-dessus de Saint-Cloud, on trouve *Suresne*, connu par ses vignobles, au pied du Mont-Valérien, qui porte le fort le plus considérable de Paris.

Saint-Denis.

Sous-Préfecture de la Seine, à 10 kilomètres de Paris ; 10,000 habitants. Son origine provient d'une abbaye célèbre, dont l'église attire toujours l'attention des visiteurs. Il y a aussi dans cette ville industrielle la maison impériale de la Légion-d'Honneur, où 400 jeunes filles, orphelines ou filles de légionnaires, sont élevées au frais de l'état. L'église a été fondée, dit-on, au Ve siècle en l'honneur de Saint-Denis, surnommé l'apôtre des Gaules, et qui subit le martyre en même temps que Rustique et Eleuthère sur la colline de Montmartre. La première inhumation royale fut celle de Dagobert, qui demanda dans son testament à y être enterré. Pépin-le-Bref, Louis VII et Louis IX réédifièrent, chacun à leur tour, cette basilique qui, étant ainsi l'œuvre de plusieurs, dut offrir dans toutes ses parties, le goût dominant de chaque époque. L'ensemble est pourtant d'un beau gothique ; la façade, très-large, est percée de trois portes couvertes de bas-reliefs en bronze ; les différentes sculptures extérieures représentent Jésus-Christ au milieu des saints, la Résurrection universelle, les Vierges de l'Évangile, Saint-Denis en prison et Saint-Denis martyr. Sur les chambranles on voit les signes du Zodiaque ; le reste figure une rose convertie en cadran. Les tours, dont l'une est en reconstruction, et la façade appartiennent au XIIe siècle, ainsi que les deux premiers arcs de la nef. A l'entrée du cœur s'élève le maître-autel, l'un des plus riches de France ; il est revêtu de marbre d'Egypte, décoré sur le devant d'un bas relief en vermeil, qui représente l'adoration des Bergers.

Saint-Germain-en-Laye.

Petite ville à 15 kilomètres de Paris, ayant une population de 14,000 habitants. Cette petite ville, bien bâtie, mais triste, aux rues larges, irrégulières, est la patrie de Marguerite de Valois, de Henri II, de Charles IX et de Louis XIV. Le château, aujourd'hui pénitencier militaire, ressemble, avec ses vastes fossés, sa construction en briques et son ordonnance uniforme et sévère, à une ancienne forteresse plutôt qu'à une résidence royale. On y montre la salle de François Ier, la chambre où mourut Jacques II d'Agleterre. Les immenses balcons, la cour intérieure, la chapelle aux croisées ogivales, sont dignes de remarque. Il fut commencé par Henri II et achevé sous Louis XIII. Ce fut Le Nôtre qui dessina la magnifique terrasse qui règne le long du parc et qui a 29 mètres de large sur 2,338 de long, offrant le panorama le plus varié des environs de la capitale. Après avoir ajouté les cinq gros pavillons dont le palais est flanqué, Louis XIV, que la vue des tours de Saint-Denis attristait, l'abandonna et lui préféra le séjour de Versailles. A 200 toises du vieux château, sur la croupe de la colline, on voit le pavillon de Henri IV, une des nombreuses habitations, construites par ce roi pour sa maîtresse Gabrielle. C'est aujourd'hui un des restaurants à la mode de la banlieue. Henri IV aimait tant le séjour de Saint-Germain, que pour donner aux habitants une preuve de sa bienveillance, il les exempta de toutes charges, privilège qui dura jusqu'en 1789. L'amour de Gabrielle n'était peut-être pas étranger à cet acte de munificence, si ruineux pour le Trésor public.

La forêt, l'une des plus belles de France, à 2,775 hectares. On y remarque la faisanderie, les pavillons du Val, de la

Muette et des Loges. Ce fut ce dernier qui servit d'exil à Mme du Barry et que l'Empire convertit en succursale de la maison d'éducation de Saint-Denis. Près de Saint-Germain, M. Alexandre Dumas a fait élever, à grands frais, une maison de Plaisance connue sous le nom de Monte-Cristo. (Chemin de fer de Saint-Germain.)

Sèvres.

Bourg de 5,000 âmes, à trois lieues O. de Paris. Rien de remarquable que la manufacture de porcelaine, celle de faïence, d'émaux, les caves, le pont et un superbe haras dans lequel on voit de 80 à 100 chevaux. (Chemin de fer, rive gauche.)

SAINT-CLOUD.

Versailles.

Préfecture de Seine-et-Oise, à 21 kilomètres O. S. O. de Paris. 36,000 habitants. Grande ville bien bâtie, aux rues larges et bien pavées ; au dernier siècle elle a compté jusqu'à 100,000 habitants. En 1,630 ce n'était encore qu'un rendez-vous de chasse au milieu d'une immense forêt. En 1661, Louis XIV qui n'aimait point Paris, y jeta les fondations d'un admirable palais. L'assainissement du sol coûta la vie à des milliers d'hommes ; les travaux de constructions s'élevèrent à un chiffre tellement prodigieux, que le grand roi n'osa y jeter les yeux et en jeta le mémoire au feu. En effet, cette fantaisie première valait plus d'un milliard ! L'histoire de Versailles met en relief deux grandes dates : la convocation des états généraux, le 5 mai 1789, et le serment du jeu de Paume, 30 juin, par lequel les députés jurèrent de ne se séparer qu'après avoir donné une Constitution à la France. En 1830, Louis-Philippe conçut et exécuta la grande pensée de faire du Palais un musée ouvert à toutes les gloires nationales. On trouve dans ce musée, méthodiquement disposés par époque, tous les grands faits de notre histoire, les portraits des rois et des grands hommes. Le parc a été dessiné par Le Nôtre qui y a puisé toutes les fécondes ressources de son gracieux talent. Des dépenses énormes ont été faites par Louis XIV pour faire venir, au moyen-âge, d'une machine hydraulique, construite à Marly, les eaux de la Seine, qui alimentent la ville et permettent, les jours de fête, de faire jouer les grandes eaux des fontaines et bassins.

Nous ne pouvons donner ici la nomenclature des chefs-d'œuvre qui remplissent le musée de Versailles, les jardins et le parc. Il existe un livret spécial auquel nous renvoyons le voyageur.

Aux extrémités du parc se trouvent les deux Trianons. Le grand est l'ouvrage de Mansard, qui l'édifia dans l'hiver 1671, pour Mme de Maintenon. C'est là que Louis XIV venait se délasser des pompes de Versailles. Le petit consiste en un pavillon à la romaine, orné d'un jardin anglais ; c'était le séjour favori de Marie-Antoinette.

Revenons au château et indiquons sommairement la place qu'occupent les différents chefs-d'œuvre qui font de ce château le plus riche des musées au rez-de-chaussée. Au centre du château, il y a la galerie Louis XIII, les portraits des grands amiraux, connétables, maréchaux ; les tableaux des palais impériaux et une partie de la collection des pièces de marine. Au premier étage, on voit la chambre de Louis XIV, restaurée et meublée comme elle était à sa mort, les tableaux qui ont rapport au temps de Louis XIV et de Louis XV. Dans la salle des gardes, maintenant appelée Salle du Sacre, il y a les tableaux du couronnement de Napoléon, la distribution des drapeaux et des aigles aux légions, par David ; et dans la salle des Cent-Suisses, il y a les portraits de tous les grands militaires de la révolution, et plusieurs en double, montrant leurs grades en 1792, et ce qu'ils sont devenus plus tard, comme l'empereur, maréchal Lannes, maréchal Soult, Murat, Bernadotte, etc. ; maintenant on appelle cette salle la Salle de 1792.

Au rez-de-chaussée, au sud, tableaux de l'histoire militaire de Napoléon, de 1796 jusqu'à 1815, quelques statues et bustes de l'empereur et de sa famille, et un salon dédié aux jours

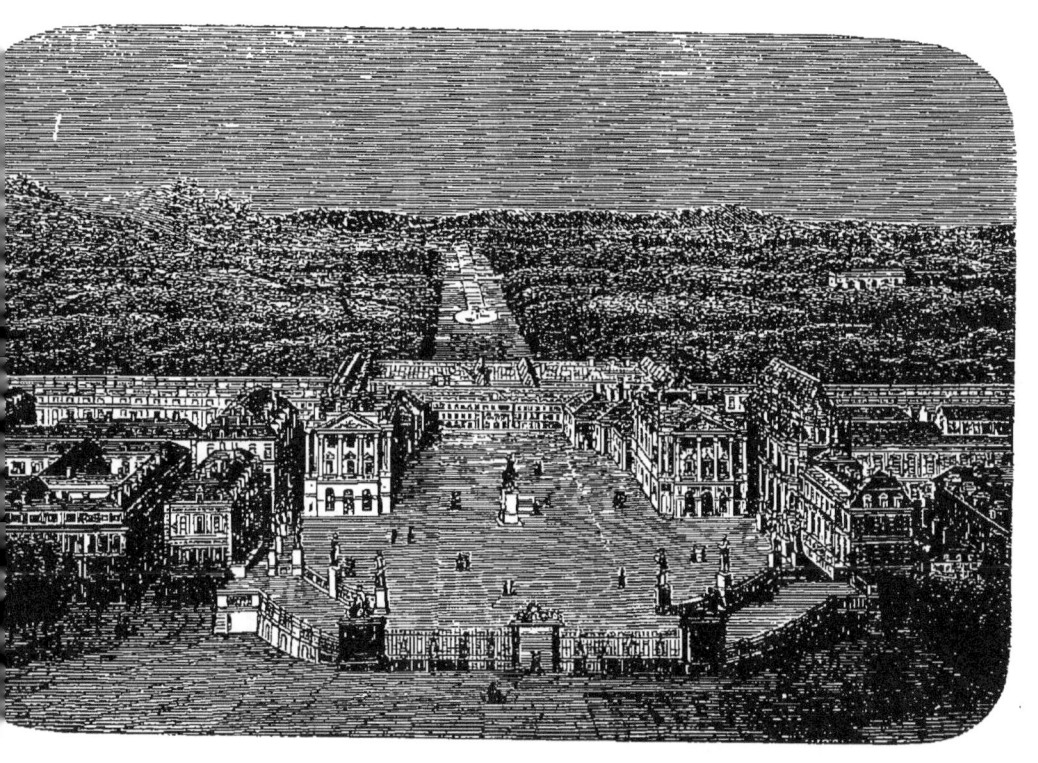

VERSAILLES.

glorieux de Marengo ; une galerie de 327 pieds remplie des statues et bustes des plus célèbres généraux de 1790 à 1815.

Au premier étage, une autre galerie de 337 pieds, remplie des bustes et statues des personnages remarquables depuis 1500 jusqu'à 1792, qu'on appelle galerie de Louis XIV. Au-dessus de la Salle Marengo est la Salle de 1830, où il y a les tableaux qui ont rapport à cette révolution ; tout le reste de cet étage est occupé par la grande galerie de Louis-Philippe, qui est de 393 pieds par 42 ; ici on voit 33 tableaux de vastes dimensions, qui représentent les grandes victoires de la nation française ; l'effet de cette galerie est magnifique.

Au rez-de-chaussée, au nord, tableaux des événements principaux de l'histoire de France jusqu'à la révolution. Une galerie en pierre de 300 pieds, remplie de statues et bustes des rois, des reines et personnages illustres, jusqu'à l'époque de Louis XV. Au premier étage, une autre galerie de 300 pieds, remplie des statues et bustes des personnages illustres des premiers temps de la monarchie, et dans les appartements, vers le jardin, la suite des tableaux historiques jusqu'à l'année 1830. Beaucoup de portraits et de médailles sont placés au second étage. Entre la salle de l'Opéra et la chapelle, est l'édifice bâti par Louis-Philippe, et au rez-de-chaussée est placée une autre partie des tableaux de marine et des tableaux qui ont rapport aux Croisades. Au premier étage, les tableaux qui ont rapport au règne de S. M. Louis-Philippe. Le musée est ouvert au public les samedis, dimanches, lundis et mardis de 10 à 4 heures.

Les étrangers qui ne manqueront pas de visiter ce palais, trouveront chez le concierge une description détaillée des nombreuses beautés que ce château renferme.

Versailles possède un collége, un séminaire, une salle de spectacle, une bibliothèque de 40,000 volumes, une manufacture d'armes, fabrique de bougies, filatures de coton et une pépinière.

On peut citer dans la banlieue de Versailles, Argenteuil, 4,700 habitants, dont l'important vignoble fournit 100,000 pièces de vin par an. Bougival, quartier d'été de la fashion parisienne ; Grignon et son institut national, qui contient 80 élèves ; Jouy où Oberkampf établit la première fabrique de toiles peintes ; Maisons Laffitte, avec un château coquettement caché dans les délicieux massifs de verdure ; Marly, où le grand roi tenait sa petite cour et dont le palais a été entièrement détruit. Saint-Cyr, où une école militaire a remplacé l'école religieuse de Mme de Maintenon. Ville d'Avray, lieu charmant qui satisfait à tous les caprices du genre pittoresque. On y pénètre par des petites routes tapissées de fleurs, par des sentiers ombragés d'arbres magnifiques ; çà et là, des plates-formes toujours riantes, toujours fraîches et parées qui ressemblent à des jardins suspendus. Il est impossible d'imaginer rien de plus joli, de plus mignon, de plus délicat, de plus gracieux. Ce petit coin de terre ressemble au bonheur : Il n'a pas d'histoire. C'est comme Meudon, Bellevue, Enghien, Auteuil, Saint-Mandé, Fontenay-aux-Roses, une espèce d'Eldorado qui touche presque aux portes de Paris.

Vincennes.

Village à 7 kilomètres E. de Paris. 4,000 habitants. Ce village est surtout célèbre par la forêt qui l'avoisine et son château fort. Les rois y venaient chasser ; Saint-Louis, selon la chronique, y rendait la justice à son peuple, assis sous un chêne. Philippe de Valois commença le donjon en 1337, sur les ruines du vieux château de Philippe Auguste ; il fut terminé par Charles V. Philippe V, Charles IV, Charles IX et le Cardinal de Mazarine y rendirent le dernier soupir. Devenue prison d'état sous Louis XI, qui y institua l'ordre de Saint-Michel, cette forteresse reçut des hôtes illustres : le roi de Navarre, César de Vendôme, le maréchal d'Ornano, le prince de Condé, le cardinal de Retz, le duc de Beaufort, Rantzau, Bassompierre, le prince de Conti, Crebillon fils, Latude, Diderot, Mirabeau, le général Palafox, les ministres de Charles X, et en 1848 Barbès et Blanqui. En 1815, le duc d'Enghien, arrêté en Allemagne par ordre de Napoléon, fut conduit à Vincennes et fusillé dans les fossés du château. Ce château, qui sert d'arsenal à la garnison de Paris, a la forme d'un parallélogramme régulier, d'une grandeur considérable, flanqué de neuf tours, dont huit furent rasées en 1848 au niveau de la plate-forme. La chapelle, fondation de Charles V, est d'un beau gothique ; l'on y admire des vitraux peints d'après les dessins de Raphaël. (Omnibus à la Bastille.)

En supposant que le voyageur qui vient visiter Paris puisse consacrer une semaine à l'examen des curiosités et des monuments de la grande cité, il fera bien de disposer de son temps avec ordre, afin de ne rien négliger et de ne pas faire un chemin inutile. Voici, à notre avis, comment il pourrait organiser ses promenades.

EMPLOI DE LA JOURNÉE.

CURIOSITÉS A VISITER.

Première journée. — Boulevards, place de la Concorde, Champs-Élysées, Elysée, hôtel des Invalides, Ecole-Militaire et Champ-de-Mars, Palais-Bourbon, Légion-d'Honneur, conseil d'État.

Seconde journée. — Les quais, Notre-Dame, Hôtel-Dieu, Palais-de-Justice, Sainte-Chapelle, Hôtel-de-Ville, Imprimerie-Impériale, Palais-Royal, la Bourse.

Troisième journée. — Le Louvre, le musée du Louvre, les Tuileries et le jardin, l'Arc-de-Triomphe, de l'Étoile, et les Champs-Élysées.

Quatrième journée. — Le Panthéon, les Écoles de droit et

de médecine, le Musée de l'Hôtel-Cluny, la Sorbonne, le Jardin-des-Plantes.

Cinquième journée. — Le Luxembourg, son jardin et son musée, l'église Saint-Sulpice, l'Observatoire, le Val-de-Grâce, l'Institut, le palais des Beaux-Arts, le Pont-Neuf, les églises Saint-Eustache et Saint-Germain-l'Auxerrois.

Sixième journée. — La bibliothèque impériale, les boulevards jusqu'à la Bastille ; après avoir vu la place Vendôme, revenir par les quais jusqu'à la rue Saint-Denis, voir les halles centrales en construction, parcourir la rue de Rivoli, s'arrêter à la tour Saint-Jacques.

Septième journée. — Les églises Saint-Roch, la Madeleine, les boulevards, Notre-Dame-de-Lorette, Saint-Vincent-de-Paul ; aller à midi à Versailles, visiter le musée, le petit Trianon ; à quatre heures prendre le chemin de fer et s'arrêter à Saint-Cloud, résidence impériale, où chaque dimanche les eaux jouent.

Nous nous bornerons à indiquer les principaux monuments pour chaque journée. Cependant le voyageur, qui chaque jour pourra disposer de quelques instants, fera bien de visiter les autres curiosités qui se trouvent dans le voisinage de celles que nous lui avons signalées. Si le voyageur veut prolonger son séjour pendant quinze jours à Paris, la marche à suivre pour lui est aussi facile que naturelle. Il doit doit consacrer les douze premiers jours à visiter les douze arrondissements, l'un après l'autre, en se réservant les trois derniers jours pour aller à Versailles, à Saint-Cloud, et dans quelques autres villes voisines de Paris, à Fontainebleau, par exemple, ou à Montmorency près Enghien-les-Bains, réunion de villes de construction toute moderne, où, indépendamment de l'établissement des bains, se trouve un bal, réunion de la fashion parisienne; ce bal se trouve devant le lac.

Memento.

JANVIER.

FÉVRIER.

MARS.

AVRIL.

MAI.

— 274 —

JUIN.

JUILLET.

AOUT.

SEPTEMBRE.

OCTOBRE.

NOVEMBRE.

DÉCEMBRE.

NOTES PARTICULIÈRES.

TABLE DES MATIÈRES.

	Pages.
Introduction	5
A l'étranger	9
Topographie	10
Le vieux Paris	13
Le nouveau Paris	20
1er arrondissement	21
2e —	22
3e —	23
4e —	24
5e —	25
6e —	26
7e —	28
8e —	29
9e —	30
10e —	31
11e —	32
12e —	ib.
Les Écueils	34
Renseignements généraux	46
Ambassadeurs	47
Théâtres	49

PREMIÈRE SÉRIE.

Le Palais des Tuileries	51
Le Louvre	55
Le Palais-Royal	58
Palais du Corps législatif	61
Le Palais du Luxembourg ou du Sénat	6

Élysée national.	65
Le Palais-de-Justice.	66
L'Hôtel-de-Ville.	69
Palais de l'Institut.	72
Hôtel des Invalides.	76
La Bourse.	80
Le Palais du Conseil d'État.	82
L'Observatoire.	83
Le Jardin des Plantes.	84
Palais de la Légion d'Honneur.	87
Le Palais des Beaux-Arts.	88
Le Garde Meuble.	90
Imprimerie impériale.	91
Hôtel des Monnaies.	93
Banque de France.	96
Administration des Postes.	98
Conservatoire des Arts et Métiers.	103
— de Musique et de Déclamation.	104
Timbre impérial.	105
Arsenal.	106
Mont-de-Piété.	107
Entrepôt des Douanes.	110
Hôtel des Ventes.	111
La Morgue.	112

DEUXIÈME SÉRIE.

Arc de Triomphe de l'Étoile.	113
— du Carrousel.	114
Porte Saint-Denis.	115
Porte Saint-Martin.	116
Colonne Vendôme.	117
— de Juillet.	119
Obélisque du Louqsor.	120
La Fontaine des Innocents.	121
— Molière.	122

La Fontaine du Château-d'Eau............	124
— du Châtelet................	ib.
— de Médicis................	125
— du Satyre.................	126
Le Puits de Grenelle...................	126

ÉGLISES DE PARIS.

Notre-Dame..........................	127
La Madeleine.........................	129
Sainte-Geneviève.—Panthéon............	132
Saint-Etienne-du-Mont..................	133
Sainte-Chapelle.......................	134
Notre-Dame-de-Lorette.................	ib.
Saint-Vincent-de-Paul..................	135
Saint-Roch...........................	ib.
Eglise des Invalides....................	136
Saint-Sulpice.........................	ib.
Saint-Germain-des-Prés................	137
Saint-Eustache.......................	138
Saint-Germain-l'Auxerrois..............	139
Petits-Pères..........................	140
Assomption..........................	ib.
Saint-Gervais........................	ib.
Saint-Paul...........................	141
Saint-Louis-d'Antin...................	ib.
Saint-Louis..........................	142
Sainte-Marguerite.....................	ib.
Saint-Merry..........................	ib.
Saint-Philippe-du-Roule................	ib.
Saint-Thomas-d'Aquin.................	ib.
Saint-Sulpice-de-Chaillot...............	143
Notre-Dame-de-Bonne-Nouvelle.........	ib.
Saint-Laurent........................	ib.
Saint-Nicolas-des-Champs..............	ib.
Saint-François-d'Assises................	ib.
Saint-Ambroise.......................	ib.

Saint-Denis-du-Saint-Sacrement.................................... 144
Eglise des Missions.. ib.
Église de la Sorbonne.. ib.
Saint-Médard.. ib.
Saint-Nicolas-du-Chardonneret..................................... ib.
Chapelles des différents cultes................................... 145

Ministères... 146
Préfecture de police... 147

Bibliothèque impériale... 148
— de l'Arsenal.. 151
— Mazarine... ib.
— Sainte-Geneviève....................................... ib.
Bibliothèques de l'Hôtel-de-Ville, de l'École de médecine,
  du Jardin des Plantes, etc...................................... 152

Musée du Louvre.. 153
— du Luxembourg... 155
— Dupuytren... ib.
— d'Artillerie.. ib.

Monnaies et médailles.. 156
Manufacture des Gobelins... ib.
— des glaces.. ib.
— des tabacs.. ib.

Collége de la Sorbonne... 158
Faculté de Droit... 159
— de médecine... ib.
Collége de France.. ib.
Lycée Corneille.. 160
— Descartes... ib.
— Bonaparte... ib.
— Charlemagne... ib.

Lycée Monge	161
Collége Rollin	ib.
— des Anglais	ib.
— des Écossais	ib.
— des Irlandais	ib.
École polytechnique	162
— normale	ib.
— des ponts et chaussées	ib.
— des mines	ib.
— d'État-major	ib.
— des arts et manufactures	ib.
— gratuite de dessins	165
Institution des sourds-muets	ib.
Prisons	165
Hopitaux et hospices	169
Académie impériale de musique	176
Théâtre-Français	177
— impérial de l'Odéon	178
— italien	179
— de l'Opéra-Comique	180
Deuxième théâtre lyrique	182
Vaudeville	183
Théâtre des Variétés	184
— du Palais-Royal	ib.
— de la Porte-Saint-Martin	185
— de la Gaîté	186
— de l'Ambigu-Comique	ib.
— du Cirque	ib.
— des Folies-Dramatiques	187
— des Délassements-Comiques	ib.
— Beaumarchais	188
— du Luxembourg	ib.
— des Funambules	ib.

Théâtre du Petit-Lazari	189
— Comte	ib.
— de Robert-Houdin	190
— Séraphin	ib.
Concert des Folies-Nouvelles	ib.
Hippodrome	ib.
Arènes impériales	191
Diorama	ib.
Bals publics	193
Voitures de place	196
Transports en commun	204
Chemins de fer	207
Promenades d'un observateur	210
Environs de Paris	241
Emploi de la journée. Curiosités à visiter	266
Memento	269
Tableau général des rues de Paris	289

TABLEAU GÉNÉRAL DES RUES DE PARIS

PLACES, CARREFOURS, PASSAGES,
IMPASSES, COURS, QUAIS, AVENUES, BOULEVARTS, PONTS,
PORTS ET BARRIÈRES,

corrigé avec le plus grand soin sur des documents authentiques.

Dans les rues parallèles au cours de la Seine, l'ordre des numéros augmente en descendant le fleuve. Dans les rues horizontales à la Seine, la série des numéros commence du côté du fleuve.

Nota. C'est à déssein que nous avons répété deux fois les noms des rues qui, par leur orthographe, laisseraient quelque incertitude, telle que la rue Maître-Albert, qu'on trouve aussi à Albert (Maître-), ou bien encore : Ancienne-Comédie (de l'), mise à Comédie (de l'Ancienne-), etc.—Nous avons aussi mis les rues basses à la lettre B et les rues neuves à la lettre N. — Les rues comprises dans l'enceinte de la Halle aux Vins seront l'objet d'une note particulière à l'article Halles et Marchés.

Rues	*Arr.*	*Commence*	*Finit*
Abattoirs (des)	2	Faub. Saint-Denis	Aux Abbattoirs.
Abbaye (de l')	10	de l'Echaudé	St-Germ.-des-Prés
Abbé de l'Epée (de l')	12	Saint-Jacques	d'Enfer.
Abbeville (d')	3	place Lafayette	de Rocroy.
Ablon (d')	12	Gracieuse	Mouffetard.
Aguesseau (d')	1	du faub. St-Honoré	de Surêne.
Aiguillerie de (l')	4	Saint-Denis	pl. Ste Opportune.
Albert (Maître-)	12	des Grands Degrés	place Maubert.
Albouy	5	des Marais du Temp.	des Vinaigriers.
Alexandre (Saint)	6	enclos de la Trinité	Grenetat.
Alger (d')	1	de Rivoli	Saint-Honoré.
Alibert	5	quai Jemmapes	Bichat.
Aligre (d')	8	de Charenton.	marché Beauveau.
Amandiers (des)	12	mont. Ste-Geneviève	des Sept-Voies.
Amandiers-Popinc. (des)	8	Popincourt	bar. des Amandiers.
Amboise (d')	2	Richelieu	Favart.
Ambroise (Saint)	8	Popincourt	Saint-Maur.
Ambroise-Paré	5, 3	Rocroy	Bouvines
Amélie	10	Saint-Dominique	de Grenelle.
Amelot	8	place de la Bastille	Saint-Sébastien.
Amsterdam (d')	1	Saint-Lazare	de Parme.
Anastase (Saint)	8	Saint-Louis	Thorigny.
Ancienne Comédie (de l')	11	carrefour Buci	de l'Ec. de Médecine.
André (Saint)	8	Folie-Regnault	barrière d'Aulnay.
André-des-Arts (Saint)	11	p. du pont St-Michel	carrefour Buci.
Anglade (de l')	2	Traversière	l'Evêque.
Anglais (des)	12	Galande	des Noyers.
Anglaises (des)	12	de Lourcine	du Petit-Champ.
Angoulême (d')	6	boulev. du Temple	Saint-Maur.
Anjou Dauphine (d')	10	Dauphine	de Nevers
Anjou-Saint-Honoré (d')	1	du faub. St-Honoré	de la Pépinière.
Anjou (d') (au Marais)	7	Charlot	Grand-Chantier.
Anne (Sainte)	2	de l'Anglade	Neuve St-Augustin.

— 290 —

Rues	Arr.	Commence	Finit
Antin (d')	2	Nᵉ. des-P.-Champs	du Port-Mahon.
Antoine (Saint)	7, 8, 9	place Baudoyer	pl. de la Bastille
Antoine (du Faub. Saint)	8	place de la Bastille	barrière du Trône.
Antoine-Dubois	11	p. de l'Ecole de Méd.	Monsieur le Prince.
Apolline (Sainte)	6	Saint-Martin	Saint-Denis.
Arbalète (de l')	12	Mouffetard	de Belhmont.
Arbre-Sec (de l')	4	place de l'Ecole	Saint-Honoré.
Arcade (de l')	1	Malesherbes	Saint-Lazare.
Arcade-Colbert (de l')	2	Vivienne	Richelieu.
Arche-Pépin (de l')	4	St-Germ.-l'Auxerr.	q. de la Mégisserie.
Arcole (d')	9	quai Napoléon	place Notre-Dame.
Argenteuil (d')	2	des Frondeurs	Neuve-Saint-Roch.
Arquebuse (ruelle de l')	8	Saint-Albin	
Arras (d')	12	Saint-Victor	Clopin.
Arsenal (de l')	9	de Sully	boulev. Bourdon.
Arts (des)	6	enclos de la Trinité	près la rue Grenetat.
Asile-Popincourt	8	Popincourt	Mouffle.
Assas (d')	11	du Cherche-Midi	de Vaugirard.
Astorg (d')	1	de la Ville-l'Evêque	Delaborde.
Aubry-le-Boucher	6	Saint-Martin	Saint-Denis.
Aubusson (d')	1	St-Nicolas-d'Antin	Nve-des-Mathurins.
Aumaire	6	Volta	Saint-Martin.
Aumale (d.)	1	Saint-Georges	La Rochefoucauld.
Austerlitz (d')	10	quai d'Orsay	de Grenelle.
Austerlitz (Gde Rue d')	12	pl. de la bar. d'Ivry	boulevart l'Hôpital.
Aval (d')	8	de la Roquette	Amelot.
Babille	4	de Viarmes	des Deux-Ecus.
Babylone (de)	10	du Bac	boul. des Invalides.
Bac (du)	10	quai d'Orsay	de Sèvres.
Bac (Petite Rue du)	10	de Sèvres	Cherche-Midi.
Bagneux (de)	10	du Cherche-Midi	de Vaugirard.
Baillet	4	de la Monnaie	de l'Arbre-Sec.
Bailleul	4	de l'Arbre-Sec	des Poulies.
Baillif	4	Cr. des Pet.-Champs	des Bons-Enfants.
Bailly	6	Henri	Saint-Paxent.
Ballets (des)	7	Saint-Antoine	de Malher.
Balzac	1	faub. Saint Honoré	Châteaubriand.
Banque (de la)	3	place de la Bourse	Cr. des Pet.-Champs.
Banquier (du)	12	marché aux chev.	Mouffetard.
Banquier (du Petit)	12	du Banquier	boulev. de l'Hôpital.
Barbe (Sainte)	5	Beauregard	boulev. B.-Nouvelle.
Barbet-de-Jouy	10	de Varennes	de Babylone.
Barbette	8	des Trois-Pavillons	Vieille-du-Temple.
Barillerie (de la)	9, 11	pont au Change	pont Saint-Michel.
Barouillère (de la)	10	de Sèvres	du Cherche-Midi.
Barres (des)	9	q. de l'Hôtel-de-Ville	place Baudoyer.
Barrés (des)	9	Saint-Paul	du Fauconnier.
Barthélemi	10	c. de ronde b. de Sèv.	avenue de Breteuil.
Basfroid	8	Charonne	de la Roquette.
Basse-des-Carmes.	12	Mont. Ste-Geneviève	des Carmes.
Basse-du-Rempart	1	égl. de la Madeleine	de la Chaus.-d'Antin.
Basse Saint-Pierre	1	quai Billy	Chaillot.
Basse-des-Ursins	9	des Chantres	Glatigny.
Bassins (des)	1	Newton	de Chaillot.
Bassompierre	9	boulevart Bourdon	de l'Orme.
Batailles (des)	1	de Longchamp	ruelle Sainte-Marie.
Battoir (du)	12	Lacépède	du Puits de l'Erm.
Baville (de)	11	cour de Harlay	cour Lamoignon.

Rues	Arr.	Commence	Finit
Bayard	1	avenue Montaigne	place François 1er
Bayard	10	Kléber	Duguesclin.
Beaubourg	7	Simon-le-Franc	Réaumur.
Beauce (de)	7	d'Anjou	de Bretagne.
Beaujolais	2	de Valois	Montpensier.
Beaujolais (Marais)	6	de Bretagne	du Forez.
Beaujon	1	de l'Oratoire, Roule	avenue Ste-Marie.
Beaune (de)	10	quai Voltaire	de l'Université.
Beauregard	5	Poissonnière	de Cléry.
Beauregard des Martyrs	2	aven. de Trudaine	Rochechouart.
Beaurepaire	5	des Deux-Portes	Montorgueil.
Beautreillis	9	des Lions	Saint-Antoine.
Beauveau	8	de Charenton	marché Beauveau.
Beaux-Arts (des)	10	de Seine	Bonaparte.
Beccaria (ruelle)	8	Bethmont	Traversière.
Bellart	10	avenue de Saxe	c. de r. bar. de Sèv.
Belle-Chasse	10	quai d'Orsay	de Varennes.
Bellefond	2	faub. Poissonnière	Beaujon.
Bellièvre	12	des Deux-Moulins	de la Gare.
Bel-Respiro	1	Barrière de l'Etoile	Chartreuse-Beaujon
Belzunce	3	du Nord	de Rocroy.
Benoît St-Germain (St)	10	Jacob	Taranne.
Benoît Saint-Martin (St)	6	Réaumur	Saint-Vannes.
Bercy Saint-Antoine (de)	8	de la Contrescarpe	barrière de Bercy.
Bercy Saint-Jean (de)	7	Vieille-du-Temple	Marché Saint-Jean.
Bergère	2	du F.-Poissonnière	du F. Montmartre
Berlin (de)	1	place de l'Europe	de Clichy.
Bernard (Saint)	8	du F.-St-Antoine	de Charonne.
Bernardins (des)	12	q. de la Tournelle	Saint-Victor.
Bertholet	1	de Penthièvre	de la Ville-l'Evêque.
Berthoud	6	Vaucanson	Montgolfier.
Bertin-Poirée	4	q. de la Mégisserie	des Bourdonnais.
Bertrand	10	Duroc	de Sèvres.
Bethmont (de)	8	de Bercy	de Charenton.
Beurrière	11	du Four-St-Germ.	du Vieux-Colomb.
Bichat	5	du F.-du-Temple	au Canal.
Bienfaisance (de la)	1	du Rocher	de Miroménil.
Bièvre (de)	12	quai de la Tournelle	Saint-Victor.
Billettes (des)	7	de la Verrerie	Ste Cr.-de-Bretonn.
Biron	12	de la Santé	du F. St-Jacques.
Bizet	1	quai de Billy	de Chaillot.
Blanche	2	Saint-Lazare	barrière Blanche.
Blanchisseuses (des)	7	de la Tannerie	sous le q. Pelletier.
Blancs-Manteaux (des)	7	Vieille-du-Temple	du Temple.
Bleue	2	du F.-Poissonnière	Cadet.
Bochart de Saron	3	avenue Trudaine	barr. Rochechouart.
Boileau	11	cour de la Ste-Chap.	quai des Orfèvres.
Bon (Saint)	7	de Rivoli	de la Verrerie.
Bonaparte	10, 11	quai Malaquais	de Vaugirard.
Bondy (de)	5	du Fbg du Temple	Porte-Saint-Martin.
Bonne-Nouvelle	3, 5	Beauregard	boul. Bonne-Nouv.
Bon-Puits (du)	12	Saint-Victor	Traversine.
Bons-Enfants (des)	2, 4	Saint-Honoré	Baillif.
Bons-Hommes (des)	1	quai de Billy	barrière Franklin.
Borda	6	Volta	Montgolfier.
Bordeaux	1	Caumartin	N.-des Mathurins.
Borne (de)	9	place de la Bastille	place de l'Arsenal.
Bossuet	3	place Lafayette	Chevet de l'Eglise.

— 292 —

Rues	Arr.	Commence	Finit
Bossuet	9	pont de la Cité	Chanoinesse.
Boucher	4	de la Monnaie	des Bourdonnais.
Boucherie (de la)	10	quai d'Orsay	Saint-Dominique.
Boudreau	1	Trudon	Caumartin.
Bougainville (de)	1	avenue de Neuilly	faubourg du Roule.
Boulangers (des)	12	Saint-Victor	des Fossés-St-Victor.
Boule-Rouge (de la)	2	faub. Montmartre	Richer.
Boulets (des)	8	de Montreuil	de Charonne.
Boulogne (de)	2	Blanche	de Clichy.
Bouloi (du)	4	C.-des-Pet.-Champs	Coquillière.
Bouquet-de-Longchamp	1	de Longchamp	aux Champs.
Bouquet-des-Champs	1	de Longchamp	barrière des Bassins
Bourbon-le-Château	10	de Bussy	de l'Echaudé.
Bourbon-Villeneuve	5	du Petit-Carreau	Saint-Denis.
Bourdaloue	2	Ollivier	Saint-Lazare.
Bourdonnaie (la)	10	avenue Lowendal	avenue de Tourville.
Bourdonnais (des)	4	q. de la Mégisserie	Saint-Honoré.
Bourg-l'Abbé	6	aux Ours	Grenetat.
Bourgogne (de)	10	quai d'Orsay	de Varennes.
Bourgtibourg	7	anc. marc. St-Jean	Ste-Croix-de-la-Bret.
Bourguignons (des)	12	Lourcine	Champ-des-Capuc.
Boursault	2	Blanche	de la Rochefoucault.
Bourse (de la)	2	place de la Bourse	Richelieu.
Boutarel	9	quai d'Orléans	Saint-Louis.
Boutebrie	11	de la Parcheminerie	des Noyers.
Bouvines	3	de Dunkerque	barrière St-Denis
Boyauterie (de la)	5	du Faub.-St-Martin	barrière du Combat.
Braque (de)	7	du Chaume	du Temple.
Bréa	11	N.-D.-des-Champs	boul. Montparnasse.
Breda	1, 2	N.-D.-de-Lorette	de Laval.
Bretagne (de)	6, 7	Vieille-du-Temple	du Temple.
Breteuil (de)	6	Réaumur	Vaucanson.
Bretonvilliers	9	quai de Béthune	Saint-Louis-en-l'Ile.
Brillat	7	boulevart Morland	Mornay.
Brisemiche	7	du Cloître-St-Merry	Saint-Merry
Brissac	9	boulevart Morland	Crillon.
Brongniart	3	N.-D.-des-Victoires	Montmartre.
Bruant	12	des Deux Moulins	barr. de la Gare.
Bruxelles (de)	2	N.-D.-de-Lorette	barrière Blanche.
Bruyère (de la)	2	N.-D.-de Lorette	Pigale.
Bûcherie (de la)	12	place Maubert	du Petit-Pont.
Buci (de)	10	Mazarine	Sainte-Marguerite.
Buffault	2	faub-Montmartre	Lamartine.
Buffon (de)	12	boulev. de l'Hôpital	Geoffroy-St-Hilaire.
Buisson (du) Saint-Louis	5	Saint-Maur	barr. de la Chopin.
Buttes (des)	8	de Reuilly	Picpus.
Buttes-Chaumont	5	faub. Saint-Martin	Grange-aux-Belles.
Byron	12	faub. St-Jacques	de la Santé.
Cadet	2	faub Montmartre	Lamartine.
Caffarelli	6	de Bretagne	enclos du Temple.
Caille (la)	12	boulevart d'Enfer	
Caire (du)	5	Saint-Denis	place du Caire.
Calais (de)	2	Blanche	place Vintimille.
Calandre (de la)	9	de la Cité	de la Barillerie.
Campagne-première	11	b. Mont-Parnasse	boulevart d'Enfer.
Campo-Formio (de)	12	boul. de l'Hôpital	boulevart d'Ivry.
Canal-St-Martin (du)	5	faub. Saint-Martin	quai Valmy.
Canettes (des)	11	du Four St-Germain	place Saint-Sulpice.

Rues	Arr.	Commence	Finit
Canivet (du)	11	Servandoni	Férou.
Capucins (des)	12	Ch.-des-Capucins	faub. St-Jacques.
Cardinale	10	Furstemberg	de l'Abbaye.
Cardinal-Lemoine (du)	12	q. de la Tournelle	Saint-Victor.
Carmes (des)	12	des Noyers	du Mont-St-Hilaire.
Carnot	11	N.-D.-des-Champs	boul. M.-Parnasse.
Caron	8	marc. Se-Catherine	Jarente.
Carpentier	11	du Gindre	Cassette.
Carrières (des)	1	dans les champs	carr. des Batailles.
Casimir-Périer	10	place Belle-Chasse	de Grenelle-S-Germ.
Cassette	11	du Vieux-Colomb.	de Vaugirard.
Cassini	12	faub. St-Jacques	place de l'Observat.
Castellane	1	Tronchet	de l'Arcade.
Castex	9	de la Cerisaie	Saint-Antoine.
Castiglione (de)	1	de Rivoli	Saint-Honoré.
Catherine St-Germ. (Ste)	10	Saint-Thomas	Saint-Dominique.
Catherine (Sainte)	8	Saint-Antoine.	du Val-Ste-Catherine
Catinat	4	de la Vrillière	des Victoires.
Caumartin	1	b. de la Madeleine	Saint-Lazare.
Cendrier (du)	12	du Marc.-aux-Chev.	des Foss.-St-Marcel.
Censier	12	Geoffroy St-Hilaire	Mouffetard.
Centre (du)	1	de l'Orat. du Roule	Balzac.
Cerisaie (de la)	9	cour des Salpêtres	du Petit-Musc.
Chabannais	2	N.-des-P. Champs	Sainte-Anne.
Chabrol	5	du Faub. St-Denis	Lafayette.
Chaillot (de)	1	de Longchamp	avenue de Neuilly.
Chaise (de la)	10	de Grenelle-St.-G.	de Sèvres.
Châlons (de)	8	boulevart Mazas	Rambouillet.
Champ-de-l'Alouette(du)	12	de Lourcine	boulev. des Gobelins
Champ-du-Capucin (du)	12	de la Santé	des Capucins.
Champ-du-Cordelier	12	Pascal	Julienne.
Champ-de-Mars (du)		av. de la Bourdonn.	Duroc.
Champ de la Vierge	10	av. Lamothe-Piquet	Grenelle St-Germ.
Champagny	10	Casimir-Périer	Martignac.
Champs (des)	1	de Longchamp	de Lubeck.
Champs-Elysées (des)	1	pl. de la Concorde	faub. Saint-Honoré.
Chanaleilles	10	Vanneau	Barbet-de-Jouy.
Chanoinesse	9	cloître Notre-Dame	de la Colombe.
Chantiers (des)	12	des Fos.-St-Bernard	de Pontoise.
Chantres (des)	9	Basse-des-Ursins	Chanoinesse.
Chapelle (de la)	5	Lafayette	barrière des Vertus.
Chapelle (de la Sainte)	11	de la Barillerie	quai des Orfèvres.
Chapon	6, 7	du Temple	Saint-Martin.
Chaptal	2	Pigalle	Blanche.
Charbonniers (des)	12	Lyonnais	des Bourguignons.
Charenton (de)	8	place de la Bastille	barr. de Charenton.
Charité (de la)	5	place de la Fidélité	Saint-Laurent.
Charlemagne	9	Saint-Paul	Nonnains-d'Hyères.
Charlot	6	des Quatre-Fils	boul. du Temple.
Charonne (de)	8	faub. Saint-Antoine	barr. de Charonne.
Charretière	12	du Mont-St-Hilaire	de Reims.
Chartreuse (de la)	1	Oratoire-du-Louvre	faub. du Roule.
Chastillon	5	St-Maur-Popinc.	bar. de la Chopinette
Châteaubriand	1	avenue Lord Byron	avenue Gabrielle.
Château-d'Eau (du)	5	de la Douane	faub. Saint-Denis.
Château-Landon	5	du F. Saint-Martin	barrière des Vertus.
Chauchat	2	Rossini	de la Victoire.
Chaudron (du)	5	du F.-Saint-Martin	Château-Landon.

Rues	Arr.	Commence	Finit
Chaume (du)	7	Blancs Manteaux	Vieilles-Haudriettes.
Chaumière (de la Grande)	11	N.-D.-des-Champs	boul. M.-Parnasse.
Chaussée-d'Antin (de la)	2	boul. des Capucines	Saint-Lazare.
Chaussée des Minimes	8	place Royale	Saint-Gilles.
Chauveau-Lagarde	1	de la Madeleine	Tronchet.
Chemin de la Chapelle	5	du F.-Saint-Martin	près la b. St.-Denis.
Chemin de la Chopinette	5	Saint-Maur	bar. de la Chopinette.
Chemin de Lagny	8	des Ormeaux	du F.-Saint-Antoine.
Chemin du Rempart	1	pl. de la Madeleine	de Surène.
Chemin de Versailles (du)	1	avenue de Neuilly	barrière des Bassins.
Chemin-Vert (du)	8	Amelot	Popincourt.
Chemin de la Voirie	5	des Foss.-St-Martin	Château-Landon.
Cherche-Midi (du)	10, 11	pl. de la Cr.-Rouge	de Vaugirard.
Chérubini	2	Chabannais	Sainte-Anne.
Chevalier-du-Guet	4	Saint-Denis	des Lavandières.
Chevet-Saint-Landry (du)	9	Basse-des-Ursins	des Marmousets.
Chevreuse (de)	11	N.-D.-des Champs	boul. Mont-Parnasse.
Chevert	10	av. Lamothe-Piquet	avenue de Tourville.
Chevet de-l'Eglise (de)	3	du F.-Poissonnière	barrière de ce nom.
Childebert	10	d'Erfurt	Sainte-Marthe.
Chilpéric	4	de l'Arbre-Sec	pl. St.-Germ.-l'Aux.
Choiseul (de)	2	Neuve-St.-Augustin	boulev. des Italiens.
Chopinette (de la)	5	hôpital Saint-Louis	bar. de la Chopinette
Christine	11	des Gr.-Augustins	Dauphine.
Christophe (Saint)	9	pl. du Parvis-N.-D.	de la Cité.
Cimetière-St-Benoît	12	Saint-Jacques	Fromentel.
Cirque	2	Ch.-Elysées, r. point	faub. Saint-Honoré.
Cisalpine.	1	Courcelles	du Rocher.
Ciseaux (des)	10	Sainte-Marguerite	du Four St-Germain
Cité (de la)	9	pont Notre-Dame	Petit-Pont.
Claude (Saint)	5	de Cléry	Sainte-Foy.
Claude (Saint)	8	boul. Beaumarchais	Saint-Louis.
Claude-Villefaux	5	Chastillon	Chopinette.
Clef (de la)	12	d'Orléans	Lacépède
Clément	11	de Seine	Mabillon.
Cléry (de)	3, 5	Montmartre	b. Bonne-Nouvelle.
Clichy (de)	1, 2	Saint-Lazare	barrière de Clichy.
Cloche-Perce	7	Saint-Antoine	du Roi-de-Sicile.
Cloître-des-Bernardins	12	Pontoise	des Bernardins.
Cloître Saint-Benoît (du)	12	Mathurins	pass. Saint-Benoît.
Cloître Saint-Jacques (du)	5	Grande-Truanderie	Mauconseil.
Cloître St-Merry (du)	7	du Renard	Saint Martin.
Cloître Notre-Dame (du)	9	Chanoinesse	d'Arcole.
Clopin	12	des Foss. St-Victor	d'Arras.
Clos-Bruneau (du)	12	Mont. Ste-Genev.	des Carmes.
Clos-Georgeot (du)	2	Fontaine-Molière	Sainte-Anne.
Clos-Rambouillet (du)	8	de Bercy	de Charenton.
Clotaire	12	place du Panthéon	pl. de l'Estrapade.
Clotilde	12	de Clovis.	de la Vlle-Estrapade
Clovis (de)	12	des Fossés St-Vict.	pl. Saint-Etienne.
Cluny (de)	11	place Sorbonne	Soufflot.
Cocatrix	9	Constantine	des Trois-Canettes.
Cochin	11	Pascal	Ch. des Capucins.
Cœur-Volant (du)	2	de Lubeck	carr. des Batailles.
Colbert	2, 3	Vivienne	Richelieu.
Coligny (de)	9	Henri IV	boulevard Morland.
Colisée (du)	1	Champs-Elysées	du Faub.-S-Honoré.
Colombe (de la)	9	Basse des Ursins	des Marmousets.

Rues	Arr.	Commence	Finit
Colombier (du)	8	Saint-Antoine	Neuve d'Ormesson.
Colonnes (des)	2	Neuve St-Augustin	Feydeau.
Comédie (de l'Anc.)	10, 11	carrefour Buci	de l'Ecole-de-Méd.
Comète (de la)	10	de Grenelle	Saint-Dominique.
Commerce (du)	6	Grenetat	enclos de la Trinité.
Commerce (du)	5	du F. St-Martin	du Faub. St-Denis.
Condé (de)	11	carr. de l'Odéon	de Vaugirard.
Constantine (de)	9	d'Arcole	du Palais de-Justice.
Constantinople (de)	2	place de l'Europe	barrière Monceaux.
Conté	6	Mongolfier	Vaucanson.
Contrat-Social (du)	3	de la Tonnellerie	des Prouvaires.
Contrescarpe	11	Dauphine	St-André-des-Arts.
Contrescarpe	12	des Fossés St-Vict.	de la VIIe-Estrapade.
Contrescarpe (de la)	8, 9	place Mazas	pl. de la Bastille.
Coq-Héron	3	Coquillière	Pagevin.
Coq-St-Honoré (du)	4	en démolition	
Coq Saint-Jean (du)	7	de Rivoli.	de la Verrerie.
Coquillière	3, 4	du Jour	Cr.-des-Pet.-Champs.
Corbeau	5	Bichat	Saint-Maur.
Cordelières (des)	12	Pascal	Ch. de l'Alouette.
Corderie (de la)	2	marché St-Honoré	Neuve-Saint-Roch.
Corderie (de la Petite)	6	rotonde du Temple	pl. de la Cordonnerie
Cordiers (des)	11	Saint-Jacques	de Cluny.
Cordonnerie (de la)	4	marché aux Poirées	de la Tonnellerie.
Corneille	11	place de l'Odéon	de Vaugirard.
Cornes (des)	12	du Banquier	des Foss.-St-Marcel.
Cossonnerie (de la)	4	Saint-Denis	de la Tonnellerie.
Cotte (de)	8	Charenton	du F. Saint-Antoine.
Courcelles (de)	1	de la Pépinière	de Monceaux.
Cour des Comptes (de la)	6	Petit-Thouars	du Puits-du-Temple
Courtalon	4	Saint-Denis	place Ste Opportune
Courty (de)	10	de Lille	de l'Université.
Coutellerie (de la)	7	place de Grève	de la Vannerie.
Coutures-Saint-Gervais	8	de Thorigny	Vieille-du-Temple.
Crébillon	11	de Condé	place de l'Odéon.
Cretet	2	Beauregard	Bochard de Saron.
Crillon	9	boulevart Morland	de l'Orme.
Croissant (du)	3	du Sentier	Montmartre.
Croix (Ste-)	9	Gervais-Laurent	Constantine.
Croix-Boissière	1	de Lubeck	de Longchamp.
Croix-de-la-Bretonn.(Ste)	7	Vieille du Temple	du Temple.
Croix-des-Petits-Champs	4	Saint Honoré	place des Victoires.
Croix-des-Petits-Champs	12	de la Glacière	du Ch.-de-l'Alouette.
Croix-du-Roule (de la)	1	faubourg du Roule	de Courcelles
Croullebarbe	12	Mouffetard	boul. des Gobelins.
Crussol (de)	6	des Fos.-du-Temple	Folie-Méricourt.
Culettes (ruelle des)	12	Petit-Gentilly (du)	Croullebarbe.
Culture-Ste-Catherine	7, 8	Saint-Antoine	du Parc-Royal.
Cuvier	12	quai Saint-Bernard	Geoffroy-St-Hilaire.
Cygne (du)	5	Saint-Denis	Mondétour.
Cygnes (de l'Île des)	10	de l'Université	quai d'Orsay.
Dalayrac	3	Méhul	Monsigny.
Dames de la Visitation	10	passage Ste-Marie	Grenelle St-Germain.
Damiette	5	cour des Miracles	Bourbon Villeneuve.
Dauphin	1	de Rivoli	Saint-Honoré.
Dauphine	10, 11	Pont-Neuf	carrefour Buci.
Daval	8	Roquette	Amelot.
Débarcadère (du)	12	place de l'Hôpital	boulev. de l'Hôpital.

Rues	Arr.	Commence	Finit
Déchargeurs (des)	4	de Rivoli	de la Ferronnerie.
Delaborde	1	du Rocher	de Miroménil.
Delambre	11	boulevart d'Enfer	bar. Mont-Parnasse.
Delessert	6	des Morts	près le canal.
Delorme	9	place de l'Arsenal	Saint-Antoine.
Delta	2	faub. Poissonnière	Rochechouart.
Demi-Saint (du)	4	Chilpéric	des F.-St-Ger. l'Aux.
Denain	3	place Valenciennes.	barrière St-Denis.
Denis (Saint)	4, 5, 6	pl. du Châtelet	porte Saint-Denis.
Denis (Saint)	8	faub. Saint-Antoine	de Montreuil.
Denis (du Faub. Saint)	3, 5	porte Saint-Denis	barrière Saint-Denis.
Dervilliers	12	du Ch.-de-l'Alouette	des Anglaises.
Desaix	10	avenue de Suffren	barr. de la Cunette.
Descartes	12	M.-Ste-Geneviève	de Fourcy.
Désert (du)	2	Larochefoucauld	petite rue du Désert.
Desèze	1	boul. de la Madel.	pl. de la Madeleine.
Deux-Ecus (des)	4	des Prouvaires	Grenelle-St-Honoré.
Deux-Ermites (des)	9	Cocatrix	des Marmousets.
Deux-Moulins (des)	12	boul. de l'Hôpital	barrière d'Ivry.
Deux-Ponts (des)	9	pont Marie	pont de la Tournelle.
Deux-Portes (des)	5	du Petit-Lion	Thévenot.
Deux-Portes (des)	7	de la Verrerie	pl. de l'Hôt.-de-Ville
Deux-Portes (des)	11	de la Harpe	Hautefeuille.
Devèze	2	Richer	Bleue.
Dominique (Saint)	10	des Saints-Pères	av. Labourdonnaie.
Dorée	8	Saint-Louis	Saint Gervais.
Dormesson	8	du Val Ste-Cather.	Cult.-Ste-Catherine.
Douai (de)	1, 2	Blanche	de Clichy.
Douane (de la)	5	Bondy	quai Valmy.
Douze-Portes (des)	8	Neuve-Saint-Pierre	St-Louis (Marais).
Dragon (du)	10	Taranne	de Grenelle
Drouot	2	boulev des Italiens	de Provence.
Dubois	8	du Four St-Antoine	
Dubois (Antoine)	11	pl. de l'Ecole-de-M.	Monsieur-le-Prince.
Duclos	2	de la Rochefoucauld	Blanche.
Dugommier	6	Percée-du-Temple	de Bretagne.
Duguay-Trouin	11	de Fleurus	de l'Ouest.
Duguesclin	10	Bayard	Dupleix.
Dunkerque	3	faubourg St-Denis	faub. Poissonnière
Duperré	2	Font^e. St-Georges	barr. Montmartre.
Dupetit-Thouars	6	du Temple	place de la Rotonde.
Duphot	1	Saint-Honoré	boul. de la Madeleine.
Dupleix	10	Kléber	place Dupleix.
Dupleix (ruelle)	10	place Dupleix	av. Lamothe-Piquet.
Dupont	1	Basse-Saint-Pierre	gr. rue de Chaillot.
Dupuis	6	enceinte du Temple	de Vendôme.
Dupuytren	11	de l'Ecole-de-Méd.	Monsieur-le-Prince
Duquesne	1	avenue de Neuilly	faubourg du Roule.
Duras	1	faub. Saint-Honoré	du Mar. d'Aguesseau
Duroc	10	boul. des Invalides	place de Breteuil.
Duvivier	10	av. Lamothe-Piquet	de Grenelle.
Eblé	10	boul. des Invalides	place Royale.
Echarpe de (l')	8	du Val-Ste-Cather.	place Royale.
Echaudé (de l')	7	Vieille-du-Temple	Poitou.
Echaudé-St-Germ. (de l')	10	de Seine	Sainte-Marguerite.
Echiquier (de l')	3	faub. Saint-Denis	faub. Poissonnière.
Ecluses-Saint-Martin (des)	5	Grange-aux-Belles	faub. Saint-Martin.
Ecole-de-Médecine (de l')	11	de la Harpe	de Buci.

Rues	Arr.	Commence	Finit
Ecole Polytechniq. (de l')	12	Mont. Sᵉ Geneviève	des Carmes.
Ecoles (des)	11, 12	de la Harpe	
Ecosse (d')	12	du Mont-St-Hilaire	du Four St-Hilaire.
Ecouffes (des)	7	du Roi-de-Sicile	des Rosiers.
Ecuries-d'Artois (des)	1	de Ponthieu	du Faub. du Roule.
Eglise (de l')	10	St-Dominique	de Lamothe-Piquet.
Eglise de Lorette (de l')	2	Saint-Lazare	Ollivier.
Egout (de l')	10	Sainte-Marguerite	du Four St-Germain.
Elisabeth (Ste)	6	des Fontaines	du Vert-Bois.
Eloi (Saint)	9	de la Calandre	Constantine.
Enfants-Rouges (des)	7	Pastourel	Molay.
Enfer (d') en la Cité	9	quai Napoléon	du Chev.-St-Landry.
Enfer-St-Jacques (d')	11, 12	place Saint-Michel	barrière d'Enfer.
Enghien (d')	3	faub. Saint-Denis	faub. Poissonnière.
Entrepôt (de l')	5	de la Douane	Grange-aux-Belles.
Epée-de-Bois (de l')	12	Gracieuse	Mouffetard.
Eperon (de l')	11	St-André-des-Arts	du Jardinet.
Erfurt (d')	10	Childebert	Sainte-Marguerite.
Essai (de l')	12	Poliveau	marché aux Chevaux
Est (de l')	11, 12	d'Enfer	boul. Mont-Parnasse.
Estaing (d')	1	Neuve-de-Berri	de l'Oratoire (Roule).
Estienne	4	Boucher	Rivoli.
Estrées (d')	10	place Fontenoy	avenue de Villars.
Etienne-du-Mont (St)	12	pl. Ste-Geneviève	Saint-Jacques.
Etoile (de l')	9	quai des Ormes	des Barres.
Etroites-Ruelles (des)	12	boulev. de l'Hôpital	bar. des 2 Moulins.
Etuves (des)	7	Beaubourg	Saint-Martin.
Evêque (l')	2	de l'Anglade	des Orties.
Fauconnier (du)	9	des Barres	des Prêtres-St-Paul.
Favart	2	de Grétry	boulev. des Italiens.
Félibien	11	Clément	Lobineau.
Femme-sans-Tête (de la)	9	quai Bourbon	de l'Ile-Saint-Louis.
Fénélon	9	Bossuet	Chevet-Notre-Dame.
Fénélon	3	près l'église Saint-	Vincent de Paul.
Fer-à-Moulin (du)	12	Geoffroy-St-Hilaire	Mouffetard.
Ferdinand	6	des 3 Couronnes	de Lorillon.
Ferme (de la)	1	Neuve-des-Mathur.	Saint-Nicolas.
Ferme de Grenelle (de la)	10	av. Lamothe-Piquet	avenue de Suffren.
Ferme-des-Mathur. (de la)	1	Basse-du-Rempart	ruelle de Trenck.
Ferronnerie (de la)	4	Saint-Denis	de la Lingerie.
Férou	11	place Saint-Sulpice	de Vaugirard.
Ferrière	2	Notre-D.-de-Lorette	de Bréda.
Fers (aux)	4	Saint-Denis	marché des Innoc.
Feuillade (de la)	3, 4	place des Victoires	de la Vrillière.
Feuillantines (des)	12	d'Ulm	Saint-Jacques.
Fèves (aux)	9	de la Calandre	Constantine.
Feydeau	2	Montmartre	place Boieldieu.
Fiacre (St)	3	des Jeûneurs	boulv. Poissonnière.
Fiacre (St)	10	avenue de Saxe	chemin de ronde.
Fidélité (de la)	5	faub. Saint-Martin	faub. Saint-Denis.
Figuier (du)	9	des Prêtres-St-Paul	du Fauconnier.
Filles-du-Calvaire	6	Saint-Louis	boulev. du Temple.
Filles-Dieu (des)	5	Saint-Denis	Bourbon-Villeneuve.
Filles-de-l'Hospice (des)	7	mar. des Bl.-Mant.	des Fr-Bourgeois.
Filles-Saint Thomas (des)	2	N.-D.-des-Victoires	Richelieu.
Fléchier	2	Ollivier	faub. Montmartre.
Fleurus (de)	11	Madame	N.-D.-des-Champs.
Florence (de)	1	de Valois	boulev. Malesherbes.

Rues	Arr.	Commence	Finit
Florentin (St)	1	de Rivoli	Saint-Honoré.
Foin (du)	8	Chem.-des-Minimes	Saint-Louis.
Folie-Méricourt	6	Ménilmontant	du Faub. du Temple.
Folie-Regnault	8	de la Muette	des Amandiers.
Fontaine (de la)	12	du Puits-de-l'Erm.	d'Orléans.
Fontaine-au-Roi	6	Folie-Méricourt	St-Maur-Popincourt.
Fontaine-Grenelle	10	av. Lamothe-Piquet	avenue-de-Suffren.
Fontaine-Molière (de la)	2	Saint-Honoré	Richelieu.
Fontaine-Saint-Georges	3	N.-D. de-Lorette	barrière Blanche.
Fontaines (des)	6	du Temple	Volta.
Fontaines (des)	2	Louis-le-Grand	Nve-Saint-Augustin.
Fontarabie	8	Folie-Regnault	barr. Fontarabie.
Forez (du)	6	Charlot	marché du Temple.
Forges (des)	5	Damiette	place du Caire.
Fortin	1	Ponthieu	des Écuries-d'Artois.
Fossés-St-Germain-l'Aux.	4	de la Monnaie	place du Louvre.
Fossés-Saint-Bernard	12	quai Saint-Bernard	Saint-Victor.
Fossés-Saint-Jacques	12	Saint-Jacques	place de l'Estrapade.
Fossés-Saint-Marcel	12	du Fer-à-Moulin	Mouffetard.
Fossés-Saint-Martin	5	de la Chapelle	du F.-Saint-Denis.
Fossés-Montmartre	3	place des Victoires	Montmartre.
Fossés du-Temple	6	Ménilmontant	du Faub. du Temple.
Fossés-Saint-Victor	12	Saint-Victor	Descartes.
Fouarre (du)	12	de la Bûcherie	Galande.
Four-Saint-Germain	10, 11	Sainte-Marguerite	carr. Croix-Rouge.
Four-Saint-Honoré	3, 4	Saint-Honoré	Coquillière.
Four-Saint-Jacques	12	des Sept-Voies	d'Écosse.
Four-Val-Ste-Catherine	8	Saint Antoine	Saint-Louis.
Fourcy (de)	9	de Jouy	Saint-Antoine.
Fourcy-Saint-Marcel (de)	12	Mouffetard	Neuve Se-Geneviève.
Fourneaux (des)	11	de Vaugirard	bar. des Fourneaux.
Fourreurs (des)	4	pl. Ste-Opportune	des Déchargeurs.
Foy (Sainte)	5	Saint-Denis	des Filles-Dieu.
Française	5	Pavée St-Sauveur	Mauconseil.
Francfort (de)	1	Miroménil	avenue de Plaisance.
François Ier	1	quai de Billy	place François Ier.
François-Miron	9	Pourt.-St-Gervais	Lobau.
Francs-Bourgeois	7, 8	Vieille-du-Temple	Payenne.
Francs-Bourgeois	12	cloître Saint-Marcel	des Foss.-St-Marcel.
Fraternité	1	Champs-Élysées	faub. Saint-Honoré.
Fréjus	10	de Babylone	Oudinot.
Friedland	12	boul. de l'Hôpital	b. des Deux-Moulins.
Frileuse	9	quai de la Grève	de l'Hôtel de Ville.
Frochot	2	Laval	barr. Montmartre.
Fromentel	12	Charretière	du Cloître-St-Benoît.
Fronde (de la)	8	imp. Saint-Bernard	de Montreuil.
Frondeurs (des)	2	de l'Anglade	Saint-Honoré.
Fulton	12	quai d'Austerlitz	de la Gare.
Furstemberg	10	Jacob	de l'Abbaye.
Fuseaux (des)	4	quai de la Mégiss.	St-Germ.-l'Auxerr.
Gaillon	2	N.-des-Pts-Champs	N.-Saint-Augustin.
Galande	12	place Maubert	Saint-Jacques.
Gambey	6	de Ménilmontant	d'Angoulême.
Garancière	11	Saint-Sulpice	de Vaugirard.
Gare (de la)	12	barrière de la Gare	boulev. de l'Hôpital.
Gasté	1	des Batailles	Basse Saint-Pierre.
Gênes (de)	1	Malesherbes	de Lisbonne.
Geneviève (Sainte)	1	gr. rue de Chaillot	dans les champs.

Rues	Arr,	Commence	Finit
Gentilly (de)	12	Mouffetard	boul. des Gobelins.
Geoffroy-l'Angevin	7	du Temple	Beaubourg.
Geoffroy-l'Asnier	9	quai de la Grève	Saint-Antoine.
Geoffroy Saint-Hilaire	12	Poliveau	Lacépède.
Geoffroy-Marie	2	faub. Montmartre	Richer.
Georges (Saint)	2	de Provence	place Saint-Georges.
Gérard-Boquet	9	des Lions St-Paul	Neuve Saint-Paul.
Germain-l'Auxerrois (St)	4	Saint Denis	place de l'Ecole.
Gervais-Laurent	9	de la Cité	marché aux Fleurs.
Gervais (Saint)	8	des Cout. St-Gervais	Neuve St-François.
Gilles (Saint)	8	boul. Beaumarchais	Saint-Louis.
Gindre (du)	11	du Vieux-Colombier	Mézières.
Gît-le-Cœur	11	quai des Augustins	St.-André-des-Arts.
Glacière (de la)	12	de Lourcine	boulev. St Jacques.
Glatigny	9	Basse des Ursins	des Marmousets.
Gobelins (des)	12	Mouffetard	rivière de Bièvre.
Gobelins (ruelle des)	12	Saint-Hippolyte	Ch. de l'Allouette.
Godefroy	12	barr. des Gobelins	pl. barrière d'Italie.
Godot-de-Mauroy	1	boul. la Madeleine	Nve des Mathurins.
Gourdes (des)	1	avenue Montaigne	ruelle des Marais.
Gracieuse	12	d'Orléans	Lacépède.
Grammont (de)	2	Neuve St-Augustin	boulev. des Italiens.
Grands-Degrés (des)	12	quai de la Tournelle	du Haut-Pavé.
Grand-Prieuré (du)	6	de Ménilmontant	de la Tour.
Grands-Augustins (des)	11	quai des Augustins	St-André-des-Arts.
Grand-Chantier (du)	7	des V.-Haudriettes	Pastourelle.
Grand Hurleur (du)	6	Saint-Martin	Bourg-l'Abbé.
Grande Truanderie (de la)	5	Saint-Denis	Montorgueil.
Grande rue Verte	1	du Faub. St-Honoré	de la Ville-l'Evêque.
Grand Saint-Michel (du)	5	du Faub. St Martin	au canal.
Grande rue de la Trinité	6	du Commerce	des Arts.
Grande-Chaumière(de la)	11	N.-D.-des Champs	boul. Montparnasse.
Grange-Batelière (de la)	2	Chauchat	du F. Montmartre.
Grange-aux-Belles	5	des Marais	barr. du Combat.
Gravilliers (des)	6	du Temple	Saint-Martin.
Greffulhe	1	de Castellane	Nve-des-Mathurins.
Grégoire-de-Tours.	11	de Buci	des Quatre-Vents.
Grenelle Saint-Honoré	4	Saint-Honoré	Coquillière.
Grenelle Saint-Germain	10	carref. Croix-Rouge	av. Labourdonnaie.
Grenetat	6	Saint Martin	Saint-Denis.
Grenier Saint-Lazare	7	Beaubourg	Saint-Martin.
Grenier-sur-l'Eau	9	Geoffroy-Lasnier	des Barres.
Grès (des)	11	Saint-Jacques	de la Harpe.
Grétry	2	Favart	de Grammont.
Gribeauval (de)	10	St-Thom.-d'Aquin	du Bac.
Gril (du)	12	d'Orléans	Censier.
Gros-Caillou (du)	10	centre du G.-Caillou	Invalides.
Guénégaud	10	quai Conti	Mazarine.
Guérin-Boisseau	6	Saint-Martin	Saint-Denis.
Guillaume	9	Saint Louis-en-l'Ile	quai d'Orléans.
Guillaume (Saint)	10	des Saints-Pères.	de Grenelle.
Guillemites (des)	7	des Bl.-Manteaux	de Paradis.
Guisarde	11	marché St Germain	des Canettes.
Guy-la-Brosse	12	de Jussieu	Saint Victor.
Hambourg (de)	1	d'Amsterdam	Cisalpine.
Hamelin	2	Blanche	de Clichy.
Hanôvre (d')	2	de Choiseul	du Port-Mahon.
Harcourt (d')	10	place Fontenoy	bar. des Paillassons.

Rues	Arr.	Commence	Finit
Harlay (de)	11	quai de l'Horloge	quai des Orfèvres.
Harlay (de)	8	boul. Beaumarchais	Saint-Claude.
Harpe (de la)	11	de la Huchette	place Saint-Michel.
Hasard (du)	2	Traversière	Sainte-Anne.
Haut-Moulin (du)	9	Glatigny	de la Cité.
Haut-Moulin (du)	6	de la Tour	faub. du Temple.
Haut-Pavé (du)	12	quai Montebello	de la Bûcherie.
Haute-des-Ursins	9	Glatigny	Saint-Landry.
Hautefeuille	11	pl. St-André-d.-Arts	de l'Ec.-de-Médecine
Hauteville (d')	3	boul. Bonne-Nouv.	place Lafayette.
Havre	1	St-Nicolas-d'Antin	Saint-Lazare.
Havre	5	de l'Entrepôt	quai Valmy.
Hébrard (ruelle)	8	barr. de Bercy	de Charenton.
Helder (du)	3	boulev. des Italiens	Taitbout.
Henri Ier	6	Bailly	Réaumur.
Hilaire (Saint)	12	des Sept-Voies	St-Jean-de-Beauvais
Hippolyte (Saint)	12	des 3 Couronnes	de Lourcine.
Hirondelle (de l')	11	pl. du Pt-St-Michel	Gît-le-Cœur.
Homme-Armé (de l')	7	Se-Croix de la Bret.	des Bl.-Manteaux.
Honoré (Saint)	1, 2, 3, 4	de la Lingerie	Royale.
Honoré (du Faub.-Saint)	1	Royale	barrière du Roule.
Honoré-Chevalier	11	Bonaparte	Cassette.
Hôpital-Général (de l')	12	boul. de l'Hôpital	barr. d'Ivry.
Hospitalières (des)	7	des Rosiers	des Fr.-Bourgeois
Hôtel-Colbert (de l')	12	quai Montebello	Galande.
Hôtel-de-Ville (de l')	9	de l'Etoile	Lobau.
Huchette (de la)	11	du Petit-Pont	de la Harpe.
Hugues (Saint)	6	Bailly	Réaumur
Hyacinthe (Saint)	2	marché St-Honoré	de la Sourdière.
Hyacinthe (Saint)	11	place Saint-Michel	Saint-Jacques.
Iéna (d')	10	quai d'Orsay	les Invalides.
Ile des Cygnes (de l')	10	de l'Université	quai d'Orsay.
Ile Louviers (de l')	9	boulevard Morland	port Louviers.
Impératrice			
Irlandais (des)	12	de la Vieille Estrap.	des Postes.
Isly (d')	1	de l'Arcade	du Hâvre.
Ivry (d')	12	du Banquier	boulev. de l'Hôpital.
Jacinthe	12	des Trois-Portes	Galande.
Jacob	10	de Seine	des Saints-Pères
Jacquard	8	Ternaux	Ménilmontant.
Jacques (Saint)	11, 12	du Petit-Pont	de Port-Royal.
Jacques (du Faub. Saint)	12	de la Bourbe	boul. Saint-Jacques.
Jacques-de-Brosse	9	q. de l'Hôt.-de-Ville	François Miron.
Jacques-l'Hôpital (Saint)	5	Grande Truanderie	Mauconseil.
Japy	6	Réaumur	Bailly.
Jardinet (du)	11	Mignon	de l'Eperon.
Jardins St-Paul (des)	9	des Barres	des Prêtres-St-Paul
Jarente	8	du Val-Ste-Cather.	Culture-Ste-Cather.
Jean-Baptiste (Saint)	1	de la Pépinière	Saint-Michel.
Jean-Bart	11	de Vaugirard	de Fleurus.
Jean Beausire	8	b. Beaumarchais	Saint-Antoine.
Jean-de-Beauvais (Saint)	12	des Noyers	du Mont-St-Hilaire
Jean-Gros-Caillou (Saint)	10	de l'Université	Saint-Dominique.
Jean-Goujon	1	quai de Billy	allée des Veuves.
Jean-Hubert	12	des Cholets	des Sept-Voies.
Jean-Jacques-Rousseau	3	Coquillière	Montmartre.
Jean-de-Latran (Saint)	12	S.-J.-de-Beauvais	place Cambrai.
Jean-Lantier	4	des Lavandières	Bertin-Poirée.

Rues	Arr.	Commence	Finit
Jean-Tison	4	Rivoli.	Bailleul.
Jeannisson	2	Saint-Honoré	Richelieu.
Jérôme (Saint)	7	quai de Gèvres	de la Tuerie.
Jérusalem (de)	11	quai des Orfèvres	(devenue impasse).
Jeûneurs (des)	3	Poissonnière	Montmartre.
Joaillerie (de la)	4, 7	place du Châtelet	Vannerie.
Joinville		Elle sera comprise	dans la rue St-Roch.
Joquelet	3	N. D.-des-Victoires	Montmartre.
Joseph (Saint)	3	du Sentier	Montmartre.
Joubert	1	de la Chaus. d'Antin	Sainte-Croix.
Jouffroy	12	quai d'Austerlitz	Neuve-de-la-Gare.
Jour (du)	3	Montmartre	place St-Eustache.
Jouy (de)	9	de Fourcy	Saint-Antoine.
Juges-Consuls (des)	7	de la Verrerie	cloître Saint-Merry.
Juifs (des)	7	du Roi-de-Sicile	des Rosiers.
Julien-le-Pauvre (Saint)	12	de la Bûcherie	Galande.
Julienne	12	Pascal	de Lourcine.
Jules (Saint)	8	du Faub. St-Antoine	de Montreuil.
Jussienne (de la)	3	Pagevin.	Montmartre.
Jussieu (de)	12	Cuvier	Fossés St-Bernard.
Kléber	10	quai d'Orsay	avenue de Suffren.
Laborde	1	du Rocher	de Miromesnil.
Laborde	5	du Faub. St-Martin	Lafayette.
Labourdonnaie (de)	10	avenue de Tourville	aven. de Boufflers.
Labruyère	2	place St-Georges	Larochefoucauld.
Lacaille	12	d'Enfer	boulevart d'Enfer.
Lacépède	12	Saint-Victor	Mouffetard.
Lacuée	8	place Mazas	faub. St-Antoine.
Lafayette	8	faub. Poissonnière	barrière de Pantin.
Laferrière	2	N.-D.-de-Lorette.	Neuve Bréda.
Lafeuillade (de)	3, 4	place des Victoires	de la Vrillière.
Laffitte	2	boulev. des Italiens	Ollivier.
Lagny (de)	8	des Ormeaux	du Fb St-Antoine.
Laiterie (de la)	6	du Commerce	des Arts.
Lamartine	2	Rochechouart	faub. Montmartre.
Lancry (de)	5	de Bondy	des Marais.
Landry (Saint)	9	quai Napoléon	des Marmousets.
Laperche	2	Blanche	de Clichy.
Lapeyrouse (de)	1	avenue de Neuilly	faubourg du Roule.
Laplace (de)	1	avenue de Neuilly	barrière des Bassins.
Lappe (de)	8	de la Roquette	Charonne.
Lard (au)	4	de la Lingerie	Lenoir.
Lareynie (de)	6	Saint-Martin	Saint-Denis.
Larochefoucauld (de)	2	Saint-Lazare	barr. Montmartre.
Larrey	11	de l'Ecole-de-Méd.	du Jardinet
Las-Cases	10	Bellechasse	place Bellechasse.
Laurent de Jussieu	10	de Lamothe-Piquet	de Grenelle.
Laurent (Saint)	5	du Faub. St-Martin	du Faub. St-Denis.
Laurette	11	de l'Ouest	N.-D. des Champs.
Laval	2	Pigale	des Martyrs.
Lavandières (des)	4	St-Ger.-l'Auxerrois	pl. Ste-Opportune.
Lavandières (des)	12	place Maubert	des Noyers.
Lavoisier	1	d'Anjou St-Honoré	d'Astorg.
Lazare (Saint)	1, 2	faub. Montmartre	de l'Arcade.
Lazare (Saint)	5	Saint-Laurent	foire Saint-Laurent.
Leclerc	12	faub. St-Jacques	boulev. St-Jacques.
Legraverend	8	boulevart Mazas	de Beccaria.
Lenoir	4	Saint-Honoré	de la Poterie.

— 302 —

Rues	Arr.	Commence	Finit
Lenoir	8	marché Beauveau	Faub. St-Antoine.
Lenôtre	1	Montaigne	Colisée.
Léonie	2	Boursault	Chaptal.
Lepelletier	2	boulev. des Italiens	de Provence.
Lesdiguières (de)	9	de la Cerisaie	Saint-Antoine.
Lesueur	1	de l'Echelle	Saint-Honoré.
Leture	6	Percée-du-Temple	du Petit-Thouars.
Licorne (de la)	9	des Marmousets	Saint-Christophe.
Lilas (ruelle des)	8	St-Pierre Popinc.	quai Valmy.
Lille (de)	11	des Saints-Pères	de Bourgogne.
Limace (de la)	4	des Déchargeurs	des Bourdonnais.
Limoges (de)	7	de Poitou	de Bretagne.
Lingerie (de la)	4	Saint-Honoré	Marc. des Innocents.
Lingerie (de la)	11	enclos du marché	Saint-Germain.
Lions (des)	9	du Petit-Musc	Saint-Paul.
Lisbonne (de)	1	de Malesherbes	Cisalpine.
Lobau	9	quai de l'H.-de-Ville	pl. de l'H.-de-Ville.
Lobineau	11	de Seine	Mabillon.
Lombards (des)	6	Saint-Martin	Saint-Denis.
Londres (de)	1	de Clichy	place de l'Europe.
Longchamp (de)	1	des Batailles	bar. de Longchamp.
Lord Byron	1	Châteaubriant	Bel-Respiro
Louis-le Grand	1, 2	Nve des-P.-Champs	boul. des Capucines.
Louis (Saint) au Marais	8	de l'Echarpe	Charlot.
Louis (Saint) en l'Ile	9	de Béthune	quai d'Orléans.
Lourcine (de)	12	Mouffetard	de la Santé.
Louvois	2	Richelieu	Sainte-Anne.
Lubeck	1	Croix-Boissière	de Longchamp.
Lully	2	Rameau	de Louvois.
Lune (de la)	5	Poissonnière	b. Bonne-Nouvelle.
Luxembourg (de)	1	de Rivoli	b. de la Madeleine.
Lyon (de)	8	boulev. Mazas	bar. de la Contresc.
Lyonnais (des)	12	Lourcine	des Charbonniers.
Mabillon	11	du Four St-Germain	Saint-Sulpice.
Mâcon	11	St-André-des-Arts	de la Harpe.
Maçons (des)	11	place des Ecoles	place Sorbonne.
Madame	11	Mézières	de l'Ouest.
Madeleine (de la)	1	faub. Saint-Honoré	Neuve des Mathur.
Madrid (de)	1	place de l'Europe	du Rocher.
Magdebourg (de)	1	quai Billy	des Batailles.
Magdebourg (de)	10	de Lille	de Verneuil.
Magloire	6	Salle-au-Comte	Saint-Denis.
Mail (du)	3	Vide Gousset	Montmartre.
Maison-Neuve	1	de la Pépinière	de la Voirie.
Maître-Albert	12	des Grands-Degrés	place Maubert.
Malar	10	de l'Université	Saint-Dominique.
Malher(du sous-lieut.)	7	Saint-Antoine	Vieille-du-Temple.
Malesherbes (de)	1	de la Bienfaisance	de Valois.
Malte	6	Ménilmontant	du F.-du-Temple.
Mandar	3	Montorgueil	Montmartre.
Mansard	9	Saint-Paul	Rabelais.
Marais (des)	10	de Seine	Bonaparte.
Marais (des)	5	du F.-du-Temple	du Faub.-St-Martin.
Marbeuf	1	Bizet	Champs-Elysées.
Marc (Saint)	2	Montmartre	Richelieu.
Marcel (Saint)	12	Mouffetard	place Saint-Marcel.
Marché d'Aguesseau (du)		d'Aguesseau	des Saussayes.
Marché-aux-Fleurs (du)		de la Pelleterie	Constantine.

— 303 —

Rues	Arr.	Commence	Finit
Marché des Bl.-Manteaux	7	Vieille du Temple	des Hospitalières.
Marché-aux-Chevaux(du)	12	Poliveau	boulev. de l'Hôpital.
Marché-St-Honoré (du)	2	Saint-Honoré	Nve-des-P.-Champs.
Marché-Popincourt (du)	8	Popincourt	Ménilmontant.
Marcoul (Saint)	6	Bailly	Réaumur.
Marc-Foy	5	du Gr.-Saint-Michel	des Ecluses.
Marguerite (Sainte)	10	de Buci	de l'Egout.
Marguerite (Sainte)	8	faub. St-Antoine	de Charonne.
Marie (Sainte)	1	quai de Billy	de Lubeck.
Marie (Sainte)	8	Charonne	passage Thierry.
Marie (Sainte)	10	de Lille	de Verneuil.
Marie-Stuart	5	des Deux-Portes	Montorgueil.
Marigny (de)	1	Champs-Elysées	du Faub.-St-Honoré.
Marionnettes (des)	12	faub. Saint-Jacques	de l'Arbalète.
Marivaux (de)	2	de Grétry	boulev. des Italiens.
Marmousels (des)	9	de la Colombe	de la Cité.
Marmousets (des)	12	des Gobelins	Saint-Hippolyte.
Marseille	5	de l'Entrepôt	quai Valmy.
Marsollier	2	Méhul	Monsigny.
Martel	3	des Petites-Ecuries	de Paradis.
Marthe (Sainte)	10	passage St-Benoît	Bonaparte.
Martignac	10	place Bellechasse	de Grenelle.
Martin (Saint)	6, 7	pont Notre-Dame	porte Saint-Martin.
Martin (du Faubourg-St)	5	porte Saint-Martin	barr. de la Villette.
Martyrs (des)	2	Saint-Lazare	barrière des Martyrs
Masseran	10	Neuve-Plumet	de Sèvres.
Massillon	9	Chanoinesse	cloître Notre-Dame.
Mathurins (des)	11	Saint-Jacques	de la Harpe.
Matignon	1	Champs-Elysées	du Faub.-St-Honoré.
Maubeuge	3	place du Nord	de Bouvines.
Maubuée	7	Beaubourg	Saint-Martin.
Mauconseil	5	Saint-Denis	Montorgueil.
Maur-Popincourt (St)	8	des Amandiers	de Richerand.
Maur-St-Germain (St)	10	de Sèvres	du Cherche-Midi.
Maure (du)	7	Beaubourg	Saint-Martin.
Mauvais-Garçons (des)	7	de Rivoli	de la Verrerie.
Mayet	10	de Sèvres	du Cherche-Midi.
Mazagran	3	boulev. B.-Nouvelle	de l'Echiquier.
Mazarine	10	de Seine	carrefour Buci.
Mazure (de la)	9	quai des Ormes	de l'Hôtel-de-Ville.
Mécaniques (des)	5	du Commerce	des Arts.
Méchain	12	de la Santé	du Faub. St-Jacques.
Méhul	2	N.-des-Pet.-Champs	de Grammont.
Ménars (de)	2	de Richelieu	de Grammont.
Ménilmontant	6, 8	b. des Filles-du-Calv.	barr. Ménilmontant.
Mercier	4	de Viarmes	de Grenelle.
Mercière	11	enclos Marché-St-G.	N....
Meslay	6	du Temple	Saint-Martin.
Messageries (des)	3	d'Hauteville	du faub. Poissonnière
Messine (de)	1	de la Bienfaisance	de Valois.
Métiers (des)	6	du Commerce	de Nancy.
Metz	5	Strasbourg	des Arts.
Mézières	11	Bonaparte	Cassette
Michel (Saint)	1	Maison-Neuve	Saint-Jean-Baptiste.
Michel-le-Comte	7	du Temple	Saint-Martin.
Michodière (de la)	2	carrefour Gaillon	boulev. des Italiens.
Mignon	11	Serpente	du Jardinet.
Milan	1	de Clichy	d'Amsterdam.

Rues	Arr.	Commence	Finit
Milieu-des-Ursins	9	quai Napoléon	Haute-des-Ursins.
Minimes (des)	8	des Tournelles	Saint-Louis.
Miromesnil	1	faub. Saint-Honoré	d'Amsterdam.
Mogador	1, 2	Nve-des-Mathurins	Saint-Nicolas.
Moineaux (des)	2	des Orties	Neuve Saint-Roch
Molay	7	Porte-Foin	de Bretagne.
Molière	11	place de l'Odéon	de Vaugirard.
Monceaux (de)	1	du faub. du Roule	de Courcelles.
Moncey	2	Blanche	Rochechouart.
Montdétour	4, 5	des Prêcheurs	Mauconseil.
Mondovi (de)	1	de Rivoli	Mont-Thabor.
Monnaie (de la)	4	St-Germain-l'Auxer.	Foss.-St-G.-l'Auxerr.
Monsieur (de)	10	de Babylone.	Oudinot.
Monsieur-le-Prince	11	carref. de l'Odéon	place Saint-Michel.
Monsigny	2	Dalayrac	Nve-Saint-Augustin.
Monte-S-Geneviève (de la)	12	place Maubert	pl. St-Et.-du-Mont.
Montaigne	1	des Champs-Elysées	du faub. St-Honoré.
Montesquieu (de)	4	Croix des Petits Ch.	des Bons-Enfants.
Montfaucon	11	du Four	marché St-Germain.
Montgalet	8	de Charenton	de Reuilly.
Montgolfier	6	marché St-Martin	du Vert-Bois.
Montholon	2	faub. Poissonnière	Rochechouart.
Montmartre	2, 3	pointe St-Eustache	boul. Montmartre.
Montmartre (du Faub.)	2	boulev. Montmartre	Saint-Lazare.
Montmorency	7	du Temple	Saint-Martin.
Montorgueil	3, 5	Pointe-St-Eustache	Saint-Sauveur.
Mont-Parnasse (du)	11	N.-D.-des-Champs	b. Mont-Parnasse.
Montpensier	2	Richelieu	Beaujolais.
Montreuil (de)	8	faub. Saint-Antoine	barrière Montreuil.
Mont-Thabor (du)	1	d'Alger	Mondovi.
Monthyon	2	Trévise	du F.-Montmartre.
Moreau	8	de Bercy	de Charenton.
Mornay (de)	9	de Sully	de Crillon.
Morts (des)	5	des Ecluses	faub. du Temple.
Moscou (de)	1	de Clichy	d'Amsterdam.
Mouffetard	12	de Fourcy	barr. Fontainebleau.
Mouffle	8	du Chemin-Vert	quai Jemmapes.
Moulin-Beaujon (du)	1	Champs-Elysées	faub. Saint-Honoré.
Moulin Joli (du)	6	des Trois-Couronnes	de Lorillon.
Moulins (des)	2	des Orties	Neuve-des-Petits-Ch.
Moulins St-Antoine (des)	8	barrière de Reuilly	Picpus.
Moulins-St-Marcel (des)	12		
Mousquetaires (des)	8	quai de la Râpée	de Bercy.
Moussy	7	de la Verrerie.	Ste-Cr. de la Breton.
Muette (de la)	8	de Charonne	de la Roquette.
Mulhouse (de)	3	Cléry	des Jeûneurs.
Munich (de)	1	de Courcelles	de Plaisance.
Mûrier (du)	12	Saint-Victor.	Traversine
Murs de la Roquette (des)	2	de la Roquette	de la Muette.
Nancy (de)	5	faub. St-Martin	embarc. de Strasb.
Naples (de)	1	place de l'Europe	Saint-Lazare.
Navarin	2	des Martyrs.	place Breda.
Necker	8	d'Ormesson	Jarente.
Négrier	10	Gros-Caillou	rue à ouvrir.
Nemours	6	Ménilmontant	d'Angoulême.
Neuve-d'Artois	2	de Provence	de la Victoire.
Neuve de Babylone	10	avenue de Villars	place Fontenoy.
Neuve de Berri	1	de Neuilly	du Faub.-du-Roule

Rues	Arr.	Commence	Finit
Neuve des Bons-Enfants	2, 4	Baillif	N. des Pet.-Champs.
Neuve Bourg-l'Abbé	6	Saint-Martin	Bourg-l'Abbé.
Neuve Bréda	2	des Martyrs	Bréda.
Neuve de Bretagne	8	des Filles-du-Calv.	Nve. Ménilmontant.
Neuve des Capucines	1	de la Paix	b. de la Madeleine.
Neuve des Capucins	1	place Sainte-Croix	de la Chaus.-d'Antin.
Neuve de la Cerisaie	9	boulev. Bourdon	Lesdiguières.
Neuve du Colombier	8	Saint-Antoine	marché Ste-Catherin.
Neuve Coquenard	2	Lamartine	aux Abattoirs.
Neuve des Ecuries	10	avenue Lowendal	av. Lamothe-Piquet.
Neuve de la Gare	12	ch. de r. de la Gare	boulev. de l'Hôpital.
Neuve Guillemin	11	du Four	du Vieux-Colombier.
Neuve de Lappe (de)	8	de Charonne	de la Roquette.
Neuve des Martyrs	2	des Martyrs	en construction.
Neuve des Mathurins	2	Chaussée-d'Antin.	de l'Arcade.
Neuve Ménilmontant	8	Saint-Louis	b. des Filles-du-Calv.
Neuve Montmorency	2	Feydeau	Saint-Marc.
Neuve Notre-Dame	9	place du Parvis	de la Cité.
Neuve de l'Oratoire	1	avenue de Neuilly	du Faub.-du-Roule.
Neuve des Petits-Champs	1,2	N. des Bons-Enfants	place Vendôme.
Neuve des Petits-Pères	3	de la Feuillade	Vide-Gousset.
Neuve Plumet	10	boul. des Invalides	avenue de Saxe.
Neuve des Poirées	11	pl. Louis-le-Grand	des Cordiers.
Neuve de Poissy	12	Fossés St-Bernard	de Poissy.
Neuve Popincourt	8	Ménilmontant	pass. Popincourt.
Neuve de Poitiers	1	Neuve de Berri	de l'Or.-du-Roule.
Neuve Richelieu	11	place Sorbonne	de la Harpe.
Neuve Saint-Anastase	9	Saint-Paul	des Prêtres-St-Paul.
Neuve Saint-Augustin	1, 2	Richelieu.	boul. des Capucines.
Neuve Sainte-Catherine	8	Saint-Louis-Marais	Païenne.
Neuve Saint-Charles	1	faubourg du Roule	de Courcelles.
Neuve Sainte-Croix	2	Saint-Nicolas	Saint-Lazare.
Neuve Saint-Denis	6	Saint-Martin	Saint-Denis
Neuve Saint-Etienne	12	Lacépède	Contrescarpe.
Neuve Saint-Etienne	5	Beauregard	boul. Bonne-Nouv.
Neuve Saint-Eustache	3	Montmartre	du Petit-Carreau.
Neuve Saint-François	8	Vieille-du-Temple	Saint-Louis.
Neuve Sainte-Geneviève	12	Vieille-Estrapade	des Postes.
Neuve Saint-Merri	7	Saint-Martin	du Temple.
Neuve Saint-Paul	9	Beautreillis	Saint-Paul.
Neuve Saint-Pierre	8	Saint-Gilles	des Douze-Portes.
Neuve Saint-Roch	2	Saint-Honoré	Nve des Petits-Ch.
Neuve Saint-Sauveur	5	Damiette	du Petit-Carreau.
Neuve de l'Université	10	de l'Université	Saint-Guillaume.
Neuve de la Vierge	10	quai d'Orsay	de l'Université.
Nevers (de)	10	quai Conti	d'Anjou Dauphine.
Newton	1	du Ch.-de-Versaill.	barr. de Neuilly.
Nicolas-Flamel	6	de Rivoli	des Lombards.
Nicolas-St-Antoine (Saint)	8	de Charenton	du Faub. St-Antoine.
Nicolas d'Antin (Saint)	1	Chaussée-d'Antin	de l'Arcade.
Nic.-du-Chardonnet (St)	12	Saint-Victor	Traversine.
Nicolet	10	quai d'Orsay	de l'Université.
Nonnains-d'Hyères	9	quai des Ormes	de Jouy.
Nord (du)	3	Saint-Quentin.	Lafayette.
Normandie (de)	6	Boucherat	Charlot.
Nôtre (le)	1	allée des Veuves	du Colisée.
N.-Dame-Bonne-Nouvelle	5	Beauregard	b. Bonne-Nouvelle.
N.-Dame-des-Champs	11	de Vaugirard	pl. de l'Observatoire
N.-Dame-des-Grâces	1	de la Madeleine	d'Anjou-St-Honoré.

Rues	Arr.	Commence	Finit
Notre-Dame-de-Lorette	2	Saint-Lazare	pl. Saint-Georges.
N.-Dame-de-Nazareth	6	du Temple	Saint-Martin.
N.-Dame-de-Recouvrance	5	Beauregard	b. Bonne-Nouvelle.
N.-Dame-des-Victoires	2, 3	carr. des Pet.-Pères	Montmartre.
N.-Dame (vieille rue)	12	Censier	d'Orléans-St-Marcel.
Noyers (des)	11, 12	place Maubert	de la Harpe.
Oblin	4	de Viarmes	Coquillière.
Odéon (de l')	11	carref. de l'Odéon	place de l'Odéon.
Oiseaux (des)	7	marc. des Enf.-Rouges	de Beauce.
Olivet (d')	10	des Brodeurs	Traverse.
Ollivier-Saint-Georges	2	du F.-Montmartre	Saint-Georges.
Omer (Saint)	3	de Dunkerque	N...
Opportune (Sainte)	4	pl. Ste-Opportune	de la Ferronnerie.
Orangerie (de l')	12	d'Orléans	Censier.
Oratoire (de l')	4	Saint-Honoré.	de Rivoli.
Oratoire de (l')	1	av. des Ch.-Élysées.	faub. St-Honoré
Orfèvre (des)	4	St-Germain-l'Aux.	Jean Lantier.
Orillon (de l')	6	Saint-Maur	barr. de l'Orillon.
Orléans St-Honoré (d')	4	Saint-Honoré	des Deux-Ecus.
Orléans St-Marcel (d')	12	Geoffroy St-Hilaire	Mouffetard.
Orme (de l')	9	place de l'Arsenal	de Sully.
Ormeaux (des)	8	place du Trône	de Montreuil.
Ormes (des)	8	de l'Arsenal	place de la Bastille.
Ormesson (d')	8	Culture Ste-Cather.	du Val-Ste-Cather.
Orties (des)	2	d'Argenteuil	Sainte-Anne.
Oseille (de l')	8	Saint-Louis	Vieille-du-Temple.
Oudinot	11	des Brodeurs	boul. des Invalides.
Ouest (de l')	11	Vaugirard	b. Mont-Parnasse.
Ours (aux)	6	Saint-Martin	Saint-Denis.
l'agevin	3	J.-J. Rousseau	place des Victoires.
Païenne	8	Nve.-Ste-Catherine	du Parc-Royal.
Paix (de la)	1	N.-des-Pet.-Champs	boul. des Capucines.
Palatine	11	Garancière	pl. Saint-Sulpice.
Palmier-Doré (du)	12	Gde-R. d'Austerlitz	des Deux-Moulins.
Paon (du)	12	Saint-Victor	Traversine.
Paon-Blanc (du)	9	quai des Ormes	de l'Hôtel-de-Ville.
Papillon	2	Bleue	place Montholon.
Papin	12	quai d'Austerlitz	Neuve-de-la-Gare.
Paradis (de)	7	Vieille-du-Temple	du Chaume.
Paradis-Poissonnière (de)	3	du Fb. Saint-Denis	du Fb. Poissonnière.
Parcheminerie (de la)	11	Saint-Jacques	de la Harpe.
Parc-Royal (du)	9	Saint-Louis	de Thorigny.
Paris (de)	1	place de l'Europe	boul. de Monceaux.
Parme (de)	1	de Clichy	d'Amsterdam.
Pascal	12	Mouffetard	de la Glacière.
Pas de la Mule (du)	8	boul. Beaumarchais	place Royale.
Pastourelle	7	du Grand-Chantier	du Temple.
Patriarches (des)	12	d'Orléans	de l'Epée-de-Bois.
Paul (St)	9	quai Saint-Paul	Saint-Antoine.
Paul-Lelong	3	N.-D.-des-Victoires	de la Banque.
Pauquet de Villejust	1	de Chaillot	barrière de l'Etoile.
Pavée Saint-André	11	quai des Augustins	St.-André-des-Arts.
Pavée, au Marais	7	Saint Antoine	Nve-Ste-Catherine.
Paxent (Saint)	6	Bailly	Réaumur.
Payenne	8	d. Francs Bourgeois	du Parc Royal.
Pecquay	7	Blancs Manteaux	de Rambuteau.
Pelée (ruelle)	8	canal Saint-Martin	Petite rue St-Pierre.
Pélerins St.-Jacques (des)	5	du Cloître St.-Jacq.	Mondétour.
Pélican (du)	4	Grenelle-St-Honoré	Croix-des-P.-Champs

Rues	Arr.	Commence	Finit
Pelleterie (de la)	9	pont Notre-Dame	Pont au Change.
Penthièvre (de)	1	faub. Saint-Honoré	de la Ville-l'Evêque.
Pépinière (de la)	1	de Courcelles	Saint-Honoré.
Percée Saint-André	11	de la Harpe	Hautefeuille.
Percée Saint-Antoine	9	des Prêtres St-Paul	Saint-Antoine.
Percée au Marais	6	marché du Temple	du Temple.
Perche (du)	7	Vieille-du-Temple	d'Orléans.
Percier	2	Laffite	de la Rochefoucauld.
Père-Lachaise (du)	8		
Pérignon	10	avenue de Saxe	bar. de l'Ecole-Milit.
Périgueux (de)	6	de Bretagne	Saint-Louis.
Périne (Sainte)	1	de Chaillot	dans les champs.
Perle (de la)	8	de Thorigny	Vieille du-Temple.
Perpignan (de)	9	des Marmousets	des Trois-Canettes.
Perrée	8	Caffarelli	du Temple.
Perrin Gasselin	4	Saint-Denis	pl. du Chev.du-Guet
Pétersbourg (Saint)	1	place de l'Europe	barrière de Clichy.
Petit Banquier (du)	12	du Banquier	barrière de l'Hôpital
Petit Carreau (du)	3, 5	Saint-Sauveur	de Cléry.
Petit Champ (du)	12	du Ch. de l'Alouette	de la Glacière.
Petit Chevert (du)	10	Chevert	av. Lamothe-Piquet.
Petit Gentilly (du)	12	Mouffetard	boul. des Gobelins.
Petit Hurleur (du)	6	Bourg-l'Abbé	Saint Denis.
Petit Lion (du)	5	Saint-Denis	Montorgueil.
Petit Moine (du)	12	de Scipion	Mouffetard.
Petit Musc (du)	9	quai des Célestins	Saint-Antoine.
Petit Pont (du)	11, 12	place du Petit-Pont	Galande.
Petit Thouars (du)	6	Rotonde du Temple	du Temple.
Petite Corderie (de la)	6	Rotonde du Temple	Dupuis.
Petite Friperie (de la)	4	de la Lingerie	de la Tonnellerie.
Petite rue du Bac	10	de Sèvres	du Cherche-Midi.
Petite rue du Désert	2	Saint-Lazare	du Désert.
Petite rue d'Ivry	12	boulev. de l'Hôpital	Villejuif.
Petite rue Neuve-St-Gilles	8	boul. Beaumarchais	Saint-Louis.
Petite rue de Reuilly	8	de Charenton	Gr. rue de Reuilly.
Petite rue Ste-Croix	7	Se-Croix-de-la-Bret.	
Petite rue Saint-Pierre	8	Amelot	du Chemin-Vert.
Petite rue Taranne	10	de l'Égout	du Dragon.
Petite rue Verte	1	faub. Saint-Honoré	Verte.
Petite Truanderie (de la)	5	Mondétour	de la Gde-Truanderie
Petite Voirie (de la)	8	Popincourt	aux champs.
Petite Voirie Roule (de la)	1	de la Voirie	de la Bienfaisance.
Petites Ecuries (des)	3	faub. Saint-Denis	du F.-Poissonnière.
Petits Champs (des)	7	Beaubourg	Saint-Martin.
Petits Hôtels (des)	3	place Lafayette	Saint-Quentin.
Petits-Pères	3	de la Banque	Vide-Gousset.
Pétrelle	2	du F.-Poissonnière	Rochechouart.
Phélippeaux	6	du Temple	Volta.
Philippe (Saint)	5	Bourb.-Villeneuve	de Cléry.
Picpus (de)	8	du F.Saint-Antoine	barrière Picpus.
Picpus (ruelle)	8	de Picpus	barrière du Trône.
Pierre (Saint)	1	Gde r. de Chaillot	Basse de Chaillot.
Pierre-Assis	12	Mouffetard	du Poirier.
Pierre-à-Poissons	4	place du Châtelet	de la Saunerie.
Pierre-au-Lard	7	Neuve-Saint-Merry	Saint-Hppolyte.
Pierre-Lebrun	2	rue projetée près la	rue Blanche.
Pierre-Levée	6	des Trois-Bornes	Fontaine au Roi.
Pierre Montmartre (Saint)	3	Montmartre	N.-D.-des-Victoires.

Rues	Arr.	Commence	Finit
Pierre Popincourt (Saint)	8	Saint-Sébastien	Ménilmontant.
Pierre-Sarrazin	11	de la Harpe	Hautefeuille.
Pigalle	2	Blanche	barrière Montmartre
Pinel (de)	12	boulev. de l'Hôpital	barr. des 2 Moulins.
Pirouette	4,5	carreau de la Halle	Montdétour.
Placide (Ste)	10	de Sèvres	du Cherche-Midi.
Plaisance (de)	1	de Munich	Valois du Roule.
Planchette (de la)	8	Lacuée	de Charenton.
Plat d'Etain (du)	4	des Lavandières	des Déchargeurs.
Plâtre (du)	12	des Anglais	Saint-Jacques.
Plâtre (du) Marais	7	de l'Homme-Armé	du Temple.
Poirées (des)	11	Collége Louis-le-Gr.	de Cluny.
Poirier (du)	7	Neuve-Saint-Merry	Simon-le-Franc.
Poissonnière	3,5	de Cléry	boul. Poissonnière.
Poissonnière (du faub.)	2, 3	boul. Poissonnière	barr. Poissonnière.
Poissy (de)	12	quai de la Tournelle	Saint-Victor.
Poitevins (des)	11	Hautefeuille	Serpente.
Poiliers (de)	10	quai d'Orsay	de l'Université.
Poitou (de)	7	Vieille-du-Temple	Charlot.
Polissart	7	des Hospitalières	Vieille-du-Temple
Poliveau	12	boulev. de l'Hôpital	Marché-aux-Chev.
Pompe (de la)	10	quai d'Orsay	de l'Université.
Ponceau (du)	6	Saint-Martin	Saint Denis.
Pont (du)	1	Basse-Saint-Pierre	de Chaillot.
Pont-aux-Biches (du)	12	Censier	du Fer-à-Moulin.
Pont-aux-Choux (du)	8	boul. Beaumarch.	Saint-Louis.
Pont-de-Lodi (du)	11	des Grands-August.	Dauphine.
Pont-Louis-Philippe (du)	9	quai del'H.-de-Ville	Saint-Antoine.
Ponthieu (de)	1	place Matignon	Neuve-de-Berri.
Pontoise (de)	12	quai de la Tournelle	Saint-Victor.
Popincourt (de)	8	de la Roquette	Ménilmontant.
Poquet	1	de Chaillot	de Newton.
Port-Mahon (du)	2	carrefour Gaillon	Louis-le-Grand.
Port-Royal	12	faub. Saint-Jacques	d'Enfer.
Porte-Foin	7	des Enfants-Rouges	du Temple.
Poste aux Chevaux	2	Pigalle	Larochefoucauld
Postes (des)	12	place de l'Estrapade	de l'Arbalète.
Pot-de-Fer-St-Marcel	12	Mouffetard	des Postes.
Poterie (de la)	4	de la Lingerie	de la Tonnellerie.
Poterie (de la)	7	Rivoli	de la Verrerie.
Pothier, Champs-Elysées	1	d'Angoulême	de Bougainville.
Poules (des)	12	de la Vlle-Estrapade	du Puits-qui-Parle.
Poulies (des)	4	en démolition	
Poultier	9	quai de Béthune	quai d'Anjou.
oupée	11	de la Harpe	Hautefeuille.
Pourtour St-Gervais (du)	9	François-Miron	place Baudoyer.
Prêcheurs (des)	4	Saint-Denis	carreau de la halle.
Prêt-St-Germ.-l'Auxer.	4	de la Monnaie	pl. St-G.-l'Auxerrois.
Prêtres-Saint-Etienne	12	Descartes	pl. St-Etienne-du-M.
Prêtres-Saint-Severin	11	Saint-Séverin	de la Parcheminerie.
Princesse	11	du Four St-Germ.	Guisarde.
Projetée	1	de Penthièvre	de la Pépinière.
Prouvaires (des)	3	Saint-Honoré	place St-Eustache.
Provence (de)	2	faub. Montmartre	de la Ch.-d'Antin.
Puits (du)	7	Se-Croix-de-la-Bret.	des Blancs-Manteaux
Puits-de-l'Ermite (du)	12	du Battoir	Gracieuse.
Puits-qui-parle (du)	12	Nve-Ste-Geneviève	des Postes.
Pyramides (des)	1	de Rivoli	Saint-Honoré.

— 309 —

Rues	Arr.	Commence	Finit
Quatre-Chemins (des)	8	de Reuilly	barrière de Reuilly
Quatre-Fils (des)	7	Vieille-du-Temple	du Grand-Chantier.
Quatre-Vents (des)	11	de Condé	de Seine.
Quentin (Saint)	3	de Chabrol	de Lafayette.
Quincampoix	6	des Lombards	aux Ours.
Rabelais	9	Saint Paul	Saint-Antoine.
Rabelais	1	Matignon	Montaigne.
Racine	11	de la Harpe	place de l'Odéon.
Rambouillet (de)	8	de Bercy	de Charenton.
Rambuteau	5, 6, 7	du Chaume	à la Halle.
Rameau	2	Richelieu	Sainte-Anne.
Rats (des)	8	Folie-Regnault	barr. des Rats.
Ravel	10	de Sèvres	du Cherche-Midi.
Réale (de la)	5	de Rambuteau	de la Gr-Truanderie.
Réamur	6	Volta	Saint-Martin.
Récollets (des)	5	faub. St-Martin	quai de Valmy.
Regard (du)	10, 11	du Cherche-Midi	de Vaugirard.
Regnard	11	place de l'Odéon	de Condé.
Regnault de la Folie	8	de la Muette	des Amandiers.
Regratière	9	quai d'Orléans	St-Louis-en-l'Ile.
Reims (de)	12	des Septs-Voies	des Cholets.
Reine-Blanche (de la)	12	des Foss.-St-Marcel	Mouffetard.
Rempart (du)	2	Saint-Honoré	Richelieu.
Renard (du)	5	Saint-Denis	des Deux-Portes
Renard (du)	7	de la Verrerie	Saint-Merry.
Rennes (de)	11	de Vaugirard	barr. Montparnasse.
Reuilly (de)	8	faub. Saint-Antoine	barrière de Reuilly.
Révolte (de la)	1	Champs-Elysées	du Faub. du Roule.
Reynie (de la)	6	Saint-Martin	Saint-Denis.
Ribouté	2	Bleue	place Moutholon.
Richard-Lenoir	8	de Charonne	de la Roquette.
Richelieu	2	Saint-Honoré	boulev. Montmartre.
Richepanse	1	Saint-Honoré	Duphot.
Richer	2	faub. Poissonnière	du Faub. Montmarte
Rivoli (de)	1	pl. du Marché-St-J.	Saint-Florentin.
Roch (Saint)	2	Saint-Honoré	Nve-des-P.-Champs.
Rochechouart	2	Montholon	barr. Rochechouart.
Rochefoucauld (de la)	2	Saint-Lazare	barr. Montmartre.
Rocher (du)	1	de la Pépinière	barrière Monceaux.
Rocroy (de)	3	place Lafayette	des Abattoirs.
Rohan (de)	11	du Jardinet	c. et pass. du Comm.
Roi-Doré (du)	8	Saint-Louis	Saint-Gervais.
Roi-de-Sicile (du)	7	de Rivoli	Vieille-du-Temple.
Romain (St)	10	de Sèvres	du Cherche-Midi.
Rome (de)	1	de Stockholm	place de l'Europe.
Roquépine	1	d'Astorg	de la Ville-l'Evêque.
Roquette (de la)	7	place de la Bastille	de la Muette.
Rosiers (des)	8	des Juifs	Vieille-du-Temple.
Rossini	2	Grange-Batelière	Laffitte.
Rotonde (de la)	6	marché du Temple	de Vendôme.
Roubo	8	faub. Saint-Antoine	de Montreuil.
Rougemont	2	boulv. Poissonnière	Bergère.
Roule (du)	4	de Rivoli.	Saint-Honoré.
Rousselet-Saint-Germain	10	Oudinot	de Sèvres.
Royale	8	place Thorigny	Thorigny.
Royale Saint-Honoré	1	pl. de la Concorde	pl. de la Madeleine.
Royer-Collard	12	Saint-Jacques	d'Enfer.
Rumfort	1	Lavoisier	de la Pépinière.

Rues	Arr.	Commence	Finit
Sabin (St)	8	d'Aval	du Chemin-Vert.
Sabin (ruelle Saint)	8	Saint-Albin	Popincourt.
Sabot (du)	10	Petite rue Taranne	du Four.
Saintonge (de)	6	du Perche	boulev. du Temple.
Saints-Pères (des)	10	quai Voltaire	de Grenelle.
Salle-au-Comte	6	Rambuteau	aux Ours.
Santé (de la)	12	ch. des Capucins	boul. Saint-Jacques.
Sartine (de)	4	de Viarmes	Coquillière.
Saunerie (de la)	4	q. de la Mégisserie	St-Germain-l'Auxer.
Saussayes (des)	1	faub. Saint-Honoré	de Surêne.
Sauveur (Saint)	5	Saint-Denis	Montmartre.
Savoie (de)	11	Pavée-Saint-André	des Gr.-Augustins.
Schomberg	9	boulev. Morland	de Sully.
Scipion (de)	11	du Fer-à-Moulin	des Fr.-Bourgeois.
Sébastien (Saint)	8	Saint-Pierre	Popincourt.
Sédaine	8	Saint-Sabin	Popincourt.
Seine (de)	10, 11	quai Malaquais	de Tournon.
Sentier (du)	3	de Cléry	boul. Poissonnière.
Sept-Voies (des)	12	du Mont-St-Hilaire	St-Etienne-des-Grès.
Serpente	11	de la Harpe	de l'Eperon.
Servandoni	11	Palatine	de Vaugirard.
Séverin (Saint)	11	Saint-Jacques	de la Harpe.
Sèvres (de)	10	Cherche-Midi	bar. de Sèv. et Vaug.
Simon Finet	7	*voir au mot ruelle*	des Blanchisseuses.
Simon-le-Franc	7	du Temple	Beaubourg.
Singes (des)	7	Ste-Cr.-de-la-Bret.	des Blancs-Manteaux
Soly (de)	3	de la Jussienne	des Vieux-Augustins.
Sorbonne (de)	11	place des Ecoles.	place Sorbonne.
Soufflot	12	place du Panthéon	d'Enfer.
Sourdière (de la)	2	Saint-Honoré	de la Corderie.
Sourdis	7	d'Anjou	des Quatre-Fils.
Spire (Saint)	5	des Filles-Dieu	Sainte-Foy.
Stanislas	11	N.-D.-des-Champs	boul. M.-Parnasse.
Stockholm (de)	1	place de l'Europe	de Lisbonne.
Strasbourg (de)	3, 5	faubourg St-Martin	faubourg St Denis.
Suger	11	pl. St-And.-d.-Arts	de l'Eperon.
Sully (de)	9	Castex	place Morland.
Sulpice (Saint)	11	de Condé	place Saint-Sulpice.
Surène (de)	1	Egl. de la Madeleine	des Saussayes.
Tabletterie (de la)	4	Saint-Denis	pl. Ste-Opportune.
Tacherie (de la)	7	de la Coutellerie	de Rivoli.
Taillepin	6	cloître Saint-Merry	Brise-Miche.
Taitbout	2	boulv. des Italiens	de Provence.
Tannerie (de la)	7	p. de l'Hôt.-de-Ville	Saint-Martin.
Taranne	10	Saint-Benoît	des Saints-Pères.
Teinturiers (des)	7	à la Seine	de la Vannerie.
Temple (du)	6, 7	p. de l'Hôt.-de-Ville	boulev. du Temple.
Temple (faubourg du)	5, 6	boulev. du Temple	barr. de Belleville.
Ternaux	8	Popincourt	marché Popincourt.
Terres-Fortes (des)	8	de la Contrescarpe	Moreau.
Thérèse	1	Sainte-Anne	Ventadour.
Thévenot	5	Saint-Denis	du Petit-Carreau.
Thomas-d'Aquin (St)	10	pl. St-Thomas-d'Aq.	du Bac.
Thomas d'Enfer (Saint)	11	Saint-Jacques	d'Enfer.
Thorigny	8	du Parc-Royal	Saint-Anastase.
Tiquetonne	3	Montorgueil	Montmartre.
Tirechappe	3	de Rivoli	Saint-Honoré.
Tiron	7	Saint-Antoine	du Roi-de-Sicile

Rues	Arr.	Commence	Finit
Tivoli (de)	1	de Clichy	place de l'Europe.
Tonnellerie (de la)	3, 4	Saint-Honoré	Halle.
Tour (de la)	5	des Fos. du-Temple	Folie-Méricourt.
Tour-d'Auvergne (de la)	2	Rochechouart	des Martyrs.
Tour des Dames (de la)	2	de la Rochefoucauld	Blanche.
Tournefort	12	Saint Victor.	de Jussieu.
Tournelle (du pont de la)	12	de Bièvre	quai de la Tournelle.
Tournelles (des)	8	Saint-Antoine	boul. Beaumarchais.
Tournon (de)	11	Saint Sulpice	de Vaugirard.
Toustain	11	de Seine	de Félibien.
Tracy (de)	6	du Ponceau	Saint-Denis.
Traverse	10	Oudinot	de Sèvres.
Traversière-Saint-Antoine	8	quai de la Rapée	du F.-Saint-Antoine.
Traversine	12	en démolition	V. r. des Ecoles.
Treilhard	8	boulevart Mazas	Traversière.
Trévise (de)	2	Bergère.	Bleue.
Triperet	12	de la Clef	Gracieuse.
Triperie (de la)	10	Malar	Saint-Jean.
Trois-Bornes (des)	6	Folie-Méricourt	Saint-Maur.
Trois-Canettes (des)	9	des Deux Ermites	de la Licorne.
Trois-Chandelles (des)	8	Montgallet	de Charenton.
Trois-Couronnes (des)	6	Saint-Maur	barr. des 3 Couronn.
Trois-Couronnes (des)	12	Mouffetard	carr. Saint-Hippolyte
Trois-Frères (des)	2	de la Victoire	Saint-Lazare.
Trois-Maures	6	des Lombards	de la Reynie.
Trois Pavillons (des)	8	des Fr.-Bourgeois	du Parc-Royal.
Trois-Pistolets (des)	9	du Petit Musc	Neuve Saint-Paul.
Trois-Portes (des)	12	place Maubert	de l'Hôtel-Colbert.
Trois Sabres (des)	8	des quatre Chemins	barrière de Reuilly.
Tronchet	1	de la Madeleine	de la F.-des-Mathur.
Trudon	1	Boudreau	Nve-des-Mathurins.
Tuerie (de la)	7	Vieille-Tannerie	place du Châtelet.
Turgot	2	Rochechouart	avenue Trudaine.
Turin (de)	1	de Bruxelles	barrière Clichy.
Ulm (d')	12	place du Panthéon	des Ursulines.
Université (de l')	10	des Saints-Pères	av. Labourdonnaie.
Ursulines (des)	12	d'Ulm	Saint-Jacques.
Val-de-Grâce (du)	12	Saint-Jacques	de l'Est.
Val Ste-Catherine (du)	8	Sainte-Antoine	Lafayette.
Valence (de)	12	Mouffetard	Neuve Ste-Catherine.
Valenciennes	2, 3	de Saint-Quentin	Pascal.
Valois (de)	2	Saint-Honoré	Beaujolais.
Vanneau	10	Varennes	de Babylone.
Vannerie (de la)	7	de l'Hôtel-de-Ville	Saint-Denis.
Vannes	4	des Deux-Ecus	de Viarmes.
Vannes (Saint)	6	place Saint-Vannes	Saint-Maur.
Varennes	4	des Deux-Ecus	de Viarmes.
Varennes	10	de la Chaise	boul des Invalides.
Vaucanson	6	place Saint-Vannes	du Vert-Bois.
Vaugirard (de)	11	Monsieur-le-Prince	barr. de Vaugirard.
Vavin	11	de l'Ouest	N.-D.-des-Champs.
Vendôme (de)	6	Charlot	du Temple.
Venise (de)	6	Beaubourg	Saint-Martin.
Ventadour	2	Thérèse	Nve.-des-P.-Champs.
Verderet	5	de la Gr. Truanderie	Mauconseil.
Verneuil (de)	10	des Saints-Pères	de Poitiers.
Verrerie (de la)	7	marché Saint-Jean	Saint-Martin.
Versailles (de)	12	Saint-Victor	Traversine.

Rues	Arr.	Commence	Finit
Vert-Bois (du)	6	du Temple	Saint-Martin.
Vert-Buisson	10	de l'Université	des Cygnes.
Vertus (des)	6	des Gravilliers	Phélippeaux.
Viarmes	4	de Varennes	Oblin.
Victoire (de la)	2	faub. Montmartre	de la Ch.-d'Antin.
Victor (Saint)	12	Lacépède	place Maubert.
Vide-Gousset	3	place des Victoires	du Mail.
Vieilles-Haudriettes	7	du Grand-Chantier	du Temple.
Vieille-du-Temple	7, 8	Saint-Antoine	Saint-Louis.
Vieille-Estrapade	12	place de Fourcy	pl. de l'Estrapade.
Vieilles-Etuves (des)	4	Saint-Honoré	des Deux-Ecus.
Vieilles-Etuves (des)	7	Beaubourg	Saint-Martin.
Vieille-Monnaie (de la)	6	de Rivoli	des Lombards.
Vieille rue Notre-Dame	12	Censier	d'Orléans.
Vieille-Tannerie	7	Vlle-Pl. aux-Veaux	de la Tuerie.
Vienne (de)	1	du Rocher	place de l'Europe.
Vierge (de la)	10	de l'Université	Saint-Dominique.
Vieux-Augustins (des)	3	Coquillière	Montmartre.
Vieux-Colombier (du)	11	place Saint-Sulpice	car. de la Cr.-Rouge.
Vieux-Linge (au)	6	rotonde du Temple	du Temple.
Vignes (des)	12	du Banquier	boulev. de l'Hôpital.
Vignes (des)	1	Gde rue de Chaillot	avenue de Neuilly.
Villedo	2	de Richelieu	Sainte-Anne.
Ville-Faux	5	de la Chopinette	barrière du Combat.
Villejuif (de)	12	av. de la bar. d'Ivry	avenue de l'Hôpital.
Ville-l'Evêque (de la)	1	de la Madeleine	Verte.
Villiot	8	quai de la Rapée	de Bercy.
Vinaigriers (des)	5	quai Valmy	du Faub.-St-Martin.
Vincent-de-Paul (St)	10	pl. St-Th.-d'Aquin	du Bac.
Vingt-neuf-Juillet	1	de Rivoli	Saint-Honoré.
Vintimille	1	de Calais	de Clichy.
Visitation (de la)	10	passage Ste-Marie	de Grenelle.
Vivienne	2, 3	Beaujolais	boulev. Montmartre.
Voirie (de la)	3	faub. Saint-Denis	Ch. de la Chapelle.
Volta	6	Phélipeaux	N.-D.-de-Nazareth.
Voltaire	11	Monsieur-le-Prince	place de l'Odéon.
Vrillière (de la)	4	Cr.-des-Petits.-Ch.	de la Feuillade.
Walt	12	quai d'Austerlitz	de la Gare.
Zacharie	11	quai Saint-Michel	Saint-Séverin.

AVENUES ET ALLÉES.	Arr.	Quartiers.
Antin (allée d')	1	Champs-Elysées.
Arsenal (de l')	9	Arsenal.
Beaucourt	1	du Faubourg du Roule.
Bel-Air (du)	8	Quinze-Vingts.
Boufflers (de)	10	Invalides.
Bourdonnaie (de la)	10	Invalides.
Breteuil (de)	10	Invalides.
Byron (de)	1	Champs-Elysées.
Champs-Elysées (des)	1	Champs-Elysées.
Châteaubriand (de)	1	Champs-Elysées.
Cours-la-Reine (allée)	1	Champs-Elysées.
Ecole-Militaire (de l')	10	Invalides.
Fortunée	1	Champs-Elysées.
Frochot	2	Chaussée-d'Antin.
Gabriel	1	Champs-Elysées.
Hôpital (de l')	12	Jardin des Plantes.
eu-de-Paume	8	faubourg Saint-Antoine.

Avenues et allées.	Arr.	Quartiers.
Lamothe-Piquet (de)	10	Invalides.
Latour-Maubourg (de)	10	Invalides.
Lowendal (de)	10	Invalides.
Maine (du)	11	Luxembourg.
Mandé (de Saint)	8	Quinze-Vingts.
Marbeuf (allée)	1	Champs-Elysées.
Marie (de Sainte)	1	Champs-Elysées.
Marigny (avenue de)	1	Champs-Elysées.
Marché-aux-Chevaux	12	Jardin des Plantes.
Matignon (de)	1	Champs-Elysées.
Montaigne (Allées des Veuves).	1	Champs-Elysées.
Ménilmontant	6, 8	Popincourt, Temple.
Neuilly (de)	1	Champs-Elysées.
Observatoire (de l')	12	Observatoire.
Ormeaux (des)	8	faubourg Saint-Antoine.
Parmentier	8	Popincourt.
Pépinière (de la)	11	Luxembourg.
Percier	1	Roule.
Projetée	8	Quinze-Vingts.
Richerand	5	porte Saint-Martin.
Sable (de)	8	Quinze-Vingts.
Saxe (de)	10	Invalides.
Ségur (de)	10	Invalides.
Soupirs (des)	8	Quinze Vingts.
Suffren (de)	10	Invalides.
Tourville (de)	10	Invalides.
Triomphes (des)	8	faubourg Saint-Antoine.
Trudaine (de)	2	faubourg Montmartre.
Vavin	11	Luxembourg.
Villars (de)	10	Invalides.
Vincennes (de)	8	Quinze-Vingts.

BARRIÈRES.	Arr.	Quartiers.
Amandiers (des)	5	Popincourt.
Arcueil (d') ou Saint-Jacques	12	Observatoire.
Aulnay (d')	8	Popincourt.
Bassins (des)	1	Champs-Elysées.
Batailles (des)	1	Champs-Elysées.
Belleville (de)	5, 6	porte Saint-Martin, Temple.
Bercy (de)	8	Quinze-Vingts.
Blanche	2	Chaussée d'Antin.
Boyauterie (de la)	5	porte Saint-Martin.
Charenton (de)	8	Quinze-Vingts.
Chartres (de)	1	Roule.
Chopinette (de la)	5	porte Saint-Martin.
Clichy	1, 2	Roule, chaussée-d'Antin.
Combat (du)	5	porte Saint-Martin.
Courcelles (de)	1	Roule.
Croullebarbe	12	Saint-Marcel.
Cunette (de la)	10	Invalides.
Denis (Saint)	3, 5	faub. St-Denis et Poissonnière.
Ecole-Militaire (de l')	10	Invalides.
Enfer (d')	12	Observatoire.
Etoile (de l')	1	Champs-Elysées.
Fontainebleau (de) ou d'Italie	12	Saint-Marcel.
Fontarabie (de)	8	Popincourt, faub. St-Antoine.
Fourneaux (des)	11	Luxembourg.
Franklin	1	Champs-Elysées.
Gare (de la)	12	Saint-Marcel.

Barrières.	Arr.	Quartiers.
Grenelle (de)	10	Invalides.
Ivry (d')	12	Saint-Marcel.
Lamothe-Piquet (de)	10	Invalides.
Longchamp (de)	1	Champs Elysées.
Lourcine (de)	12	Saint-Marcel.
Maine (du)	11	Luxembourg.
Mandé (Saint)	8	Quinze-Vingts.
Marie (Sainte)	1	Champs-Elysées.
Martyrs (des)	2	Montmartre, Chaussée-d'Antin.
Monceaux (de)	1	Roule.
Montmartre ou Pigale	1	Chaussée-d'Antin.
Mont-Parnasse	11	Luxembourg.
Montreuil (de)	8	Faubourg Saint-Antoine.
Moulins (des deux)	12	Saint-Marcel.
Neuilly ou Chaillot	1	avenue de Neuilly.
Pantin (de)	5	porte Saint-Martin.
Passy	1	Champs-Elysées.
Perignon	10	Invalides.
Picpus	8	Quinze-Vingts.
Poissonnière	2	faub. Poissonnière et Montmartre
Ramponneau (de)	6	Temple.
Râpée (de la)	8	Quinze-Vingts.
Rats (des)	8	Popincourt.
Réservoirs (des)	.	Champs-Elysées.
Reuilly (de)	8	Quinze-Vingts.
Rochechouart (de)	2	faubourg Montmartre.
Roule (du)	1	Roule, Champs-Elysées.
Santé (de la)	12	Observatoire, Saint-Marcel.
Sèvres (de)	10	Invalides, St-Thomas-d'Aquin.
Trois Couronnes (des)	6	Temple.
Trône (du)	8	Quinze-Vingts, Saint-Antoine.
Vaugirard (de)	10, 11	Luxembourg, St-Thomas d'Aq.
Vertus (des)	5	faubourg Saint Denis.
Villette (de la) ou St-Martin	5	faubourg Saint-Denis.

BOULEVARTS.	Arr.	Commence	Finit
Beaumarchais	8	place de la Bastille	r. Pont-aux-Choux.
Bonne-Nouvelle	3, 5	porte Saint-Denis	boul. Poissonnière.
Bourdon	9	quai Morland	rue Saint-Antoine.
Capucines (des)	1	rue Louis le Grand	r. N. des Capucines.
Denis (Saint)	5, 6	faubourg St-Martin	faub. Saint-Denis.
Enfer (d')	11, 12	b. Mont-Parnasse	barr. d'Enfer.
Filles du Calvaire (des)	6, 8	r. du P.-aux-Choux	boulev. du Temple.
Gobelins (des)	12	barrière d'Italie	barr. des Gobelins.
Hôpital (de l')	12	place Walhubert	barrière d'Italie.
Invalides (des)	10	r. Grenelle S-Germ.	rue de Sèvres.
Italiens (des)	2	Richelieu et Drouot	rue Louis le Grand.
Jacques (Saint)	12	barr. de Lourcine	barrière St-Jacques.
Madeleine (de la)	1	rue Caumartin	pl. de la Madeleine.
Malesherbes	1	r. de la Bienfaisance	rue de Surène.
Martin (Saint)	5, 6	porte Saint-Martin	faub. du Temple.
Mazas	8	quai de la Râpée	rue Traversière.
Montmartre	2	faub. Montmartre	Richelieu et Drouot.
Mont-Parnasse	11, 12	r. d'Enfer	rue de Sèvres.
Morland	9	boulevart Bourdon	quai des Célestins.
Poissonnière	2, 3	faub. Poissonnière	faub. Montmartre.
Santé (de la)	12	rue de la Santé	r. de la Glacière.
Strasbourg (de)	5, 6	boul. Saint Denis	rue de Strasbourg.
Temple (du)	6	r. des Filles du Calv.	faub. du Temple.

CARREFOURS. (1)	Arr.	Quartiers.
Benoît (Saint)	10	Monnaie.
Buci (de)	10, 11	Monnaie, Ecole de Médecine.
Croix-Rouge (de la)	10, 11	Saint-Thomas-d'Aquin.
Gaillon	2	Feydeau.
Moulins (butte des)	2	Palais-Royal.
Odéon (de l')	11	Ecole de Médecine.
Pitié (de la)	11	Jardin des Plantes.
Reuilly (de)	8	Quinze-Vingts.
CITÉS.	Arr.	Quartiers.
Antin (d')	2	d'Antin.
Beaurepaire	5	Montorgueil.
Bergère	2	Faubourg Montmartre.
Berryer	1	place la Madeleine.
Boufflers	6	Temple.
Doré	12	Observatoire.
Holzbacher	6	des Théâtres.
Italiens (des)	2	Feydeau.
Martin (Saint)	5	Faubourg St-Martin, 98.
Odiot	1	Champs-Elysées.
Rodier	2	Montholon.
Trévise	2	faubourg Montmartre.
Valandon	10	Gros-Caillou.
Vindé	1	place Vendôme.
Wauxhall	5	porte Saint-Martin.
COURS, PASSAGES ET GALERIES.		Situation. — Rues
Abbaye Saint-Germain	10	Sainte-Marguerite.
Abbaye Saint-Martin	6	Cloître Saint-Martin.
Aguesseau (du marché d')	1	Madeleine.
Air (du Bel-)	8	du Faubourg Saint-Antoine.
Albret (cour d')	12	des Sept Voies.
Aligre (d')	4	Bailleul.
Amsterdam (cour d')	1	Saint-Lazare.
Ancre (de l')	6	Saint-Martin.
Anes (des)	3	Montmartre.
Angoulême	6	Faubourg du Temple.
Anne (Sainte)	3	Sainte-Anne, pass. Choiseul.
Antoine (du Petit Saint)	7	Saint-Antoine.
Antoine (du faubourg Saint)	8	du faubourg Saint-Antoine.
Arcade (de l')	1	place de la Madeleine.
Arsenal (de l')	9	Neuve de l'Orme.
Asile (de l')	8	passage du Chemin-Vert.
Athènes (d')	4	Saint-Honoré.
Aubert	5	Sainte-Foy.
Avoye (Sainte)	7	du Temple.
Baring (cour)	9	Saint-Lazare.
Barnabites (des)	6	de la Calandre.
Basfour	6	Saint-Denis.
Batave (cour)	5	Saint-Denis.
Batave	2	impasse de Venise.
Bazar Bonne-Nouvelle	5	boul. Bonne-Nouvelle.
— Européen	2	boul. Montmartre.
— de l'Industrie	2, 3	rue et boul Montmartre.
Beaufort	6	impasse Beaufort.
Beaujolais	2	Beaujolais.

(1) Nous n'avons pas cru devoir placer ici les noms des carrefours qui n'ont réellement aucune importance, et qui ne sont jamais indiqués sur les adresses.

Cours et passages.	Arr.	Situation. — Rues
Beauvilliers	2	Montpensier.
Benoît (Saint)	10	place de l'Abbaye.
Benoît (Saint)	11	Saint-Jacques.
Benoît (cour Saint)	6	des Charbonniers.
Bergère (galerie)	2	de la Boule-Rouge.
Bernardins (cloître des)	12	marché aux Veaux.
Biette	6	Ménilmontant.
Bleus (cour des)	6	Grénétat.
Bois de Boulogne (du)	5	faubourg Saint-Denis.
Bons-Enfants (des)	2	rue de ce nom, cl. St-Honoré.
Bons-Enfants (des)	2	cour des Fontaines.
Bons-Enfants (des)	2	rue de ce nom, r. de Valois.
Bons-Enfants (rue Neuve des)	2	r. de ce nom r. Beaujolais.
Boufflers	2	du Temple.
Boulainvilliers	10	du Bac.
Boule-Blanche (de la)	8	Faubourg Saint-Antoine.
Boule-Rouge	2	Richer, faub. Montmartre.
Bourg-l'Abbé	6	rue de ce nom.
Bourgogne (cour de)	8	Sainte-Marguerite.
Brady	5	du faubourg Saint-Martin.
Bretagne	5	du faubourg du Temple.
Briare	2	Neuve-Coquenard.
Brière	3	du faubourg Saint-Antoine.
Café de Foy (du)	2	Montpensier.
Café de Malte (du)	6	boulevart Saint-Martin.
Caire (du)	5	Saint-Denis.
Cendrier	12	Saint-Marcel.
Cerf (du Grand)	5	du Ponceau.
Cerf (de l'Ancien Grand)	5	des 2 Portes-Saint-Sauveur.
César	10	Saint-Dominique-St.-Germain.
Chantiers (cour des)	6	Guérin-Boisseau.
Chantier de l'Ecu (du)	1	Neuve-des-Mathurins.
Chantier de Tivoli	1	Saint-Lazare.
Chapelle (cour de la Sainte-)	11	de la Barillerie.
Chaptal (cour)	2	rue du même nom.
Chariot-d'Or (du)	6	Grénétat.
Charlemagne (de)	9	Saint-Antoine.
Charost (du Petit-Hôtel)	3	des Vieux-Augustins.
Chartres (galerie de)	1	Palais-Royal.
Chaume (du)	3	du Chaume.
Chaumont (Saint)	6	du Ponceau.
Chausson (Saint)	5	du Château-d'Eau.
Chemin-Vert (du)	8	du Chemin-Vert.
Chevajoux	8	faubourg Saint-Antoine.
Cheval-Blanc (du)	6	Saint-Martin.
Cheval-Blanc (du)	8	faubourg Saint-Antoine.
Cheval-Rouge (du)	6	Saint-Martin.
Choiseul	1, 2	Neuve-des-Petits-Champs.
Cholets (des)	12	Saint-Jacques.
Cité ou Prado-Cité	9	r. de la Barillerie, r. Constantine.
Cloître-Saint-Honoré (du)	4	Cr.-des-P.-Champs. r. des B.-Enf.
Cloître-Saint-Jacques-l'Hôpital	5	du Cygne.
Clos-Païen (du)	12	barrière de la Glacière.
Coches (cour des)	1	faubourg Saint-Honoré.
Colbert	3	Neuve des Petits-Champs.
Comédie (de la)	2	Saint-Honoré.
Commerce (du)	6	Bourg-l'Abbé.
Commerce (cour et pass. du)	11	Saint-André-des-Arts.

Cours et passages.	Arr.	Situation.—Rues
Comptes (cour des)	11	cour de la Sainte-Chapelle.
Corderie (cour de la)	6	du Petit-Thouars.
Croix (Sainte)	7	impasse Ste-Croix-de-la-Breton.
Croix-Blanche (de la)	7	Saint-Denis.
Croix de fer (de la)	5	Saint-Denis.
Crussol	6	Ménilmontant.
Dames Saint-Gervais	7	des Francs-Bourgeois.
Damois	8	Saint-Antoine.
Dauphine	10	Dauphine.
Delahaye (cour)	1	de Chaillot.
Delessert	5	de l'Ecluse.
Delorme (galerie)	1	de Rivoli et Saint-Honoré.
Denis (Saint)	6	Grenétat.
Désir (du)	5	du Faubourg-Saint-Martin.
Désirabode	2	des Bons-Enfants.
Deux-Sœurs (cour des)	2	du Faubourg-Montmartre.
Deux-Sœurs (cour des)	9	de Charonne.
Domaine (du)	4	du Bouloy.
Douze-Maisons (des)	1	avenue Montaigne.
Dragon (cour du)	10	carrefour Saint-Benoît.
Droits-Réunis (des)	5	du Faubourg-du-Temple.
Ecuries (des Petites)	3	du Faubourg-Saint-Denis.
Entrepôt (de l')	5	des Marais.
Etoile	5	Thevenot.
Eustache (de Saint)	3	église Saint-Eustache.
Fermes (de l'hôtel des)	4	de Grenelle-Saint-Honoré.
Feuillet	5	des Ecluses-Saint-Martin.
Flore (de)	9	place du Palais-de-Justice.
Fontaines (cour des)	2	des Bons-Enfants.
Foy (de)	2	de la Chaussée-d'Antin.
Foy (Sainte)	5	des Filles-Dieu.
François Ier (de)	6	du Ponceau.
François	5	dans la rue Saint-Denis, 328.
Frépillon	6	Phélippeaux.
Gaillard	1	Marbeuf.
Genty	8	de Bercy.
Gervais (Saint)	6	Saint-Gervais.
Graine (de la Bonne)	8	Faubourg-Saint-Germain.
Grammont	1	de Clichy.
Grillé	1	Basse du Rempart
Guillaume (Saint)	2	Richelieu.
Guillaume (cour Saint)	2	Neuve Coquenard.
Harcourt (d')	11	Harpe.
Harlay (cour de)	11	Palais-de-Justice.
Henri IV	2	des Bons-Enfants.
Hilaire (cour Saint)	2	Neuve Coquenard.
Hoche	2	Hoche.
Honoré (Saint)	2	de la Sourdière.
Hôtel des Fermes (de l')		r. du Bouloi, de Grenelle.
Hôtel-Tâchou	9	Marché-Neuf.
Hullot	2	Montpensier.
Hyacinthe (Saint)	11	de ce nom.
Industrie (de l')	5	du Faubourg Saint Martin.
Isly (d')	6	faubourg du Temple.
Jabach	7	Saint-Merry.
Jean-Bart	4	quai de la Mégisserie.
Jean-de-Latran (Saint)	12	Saint-Jean de Beauvais.
Jeu de Boule (du)	6	des Fossés-du-Temple.

18.

Cours et passages.	Arr.	Quartiers
Joinville	8	du Faubourg-du-Temple.
Joseph (cour Saint)	8	de Charonne, de Lappe.
Josset	6	du Vert-Bois.
Josset	5	passage Saint-Antoine.
Jouffroy		boulevart Montmartre.
Juiverie (cour de la)	8	Contrescarpe Saint-Antoine.
Jussienne (de la)	2	Montmartre.
Lafayette	6	de Ménilmontant.
Laffite	2	Laffitte.
Laffite et Caillard	4	Saint-Honoré.
Lamoignon (cour)	11	quai de l'Horloge.
Laurette	11	Notre-Dame-des-Champs.
Lemoine	6	Saint-Denis.
Lepelletier	2	Lepelletier.
Longue-Allée (de la)	6	du Ponceau.
Louis (Saint)	9	Saint-Paul.
Louis (Saint)	1	de la Pépinière.
Louis (cour Saint)	8	du Faubourg-Saint-Antoine.
Luxembourg (du)	11	Notre-Dame-des-Champs.
Lycée (du)	2	des Bons-Enfants.
Madeleine (de la)	9	de la Licorne.
Madeleine (de la)	1	place de la Madeleine.
Main-d'Or (cour de la)	8	Faubourg-Saint-Antoine.
Malte (cour de)	2	de la Fontaine-Molière.
Mancel (cour)	1	de la Pépinière.
Manége (du)	10	de Vaugirard.
Marbeuf	1	Marbeuf.
Marchand	4	Saint-Honoré.
Marché des Patriarches (du)	12	Mouffetard.
Marie (Sainte)	10	du Bac.
Marie (Sainte)	1	de Lubeck.
Marie-Popincourt (Sainte)	8	de Charonne.
Marie (Petite-Sainte)	10	gr. passage Sainte-Marie.
Marine (Sainte)		Notre-Dame.
Marmite (de la)	6	des Gravilliers.
Martin (Saint)	6	du Marché.
Masséna	2	rue de ce nom.
Maur (Saint)	10	du Cherche-Midi.
Maur (Saint)	5	barrière du Combat.
Maures (cour des)	6	r. St-Honoré.
Messageries (des)	3	Montmartre.
Miracles (cour des)	5	impasse de l'Etoile.
Miracles (des)	8	impasse Jean-de-Beauce.
Miracles (cour des)	8	de Reuilly.
Moineaux (des)	2	des Moineaux.
Molière	6	Saint-Martin.
Mont-de-Piété (du)	7	des Blancs-Manteaux.
Montesquieu	4	cloître Saint-Honoré.
Montpensier	2	Palais-Royal.
Montreuil	8	du Faubourg-Saint-Antoine.
Navarin	2	Saint-Lazare.
Nemours (cour de)	2	Saint-Honoré.
Noir (Le)	2	Neuve des Bons-Enfants.
Noyers (des)	12	rue de ce nom.
Offices (des)	2	Saint-Honoré.
Ouest (de l')	11	Notre-Dame-des-Champs.
Opéra (de l')	2	boulevard des Italiens.

Cours et passages.	Arr.	Situation.—Rues
Orléans (d')	1	Saint-Lazare.
Orme (galerie de l')	1	de Rivoli et Saint-Honoré.
Panier Fleuri (du)	4	impasse des Bourdonnais.
Panorama (du Petit)	2	Neuve des Petits-Champs.
Panoramas (des)	2	Saint-Marc.
Pavillons (des)	1, 2	Saint-Marc.
Pecquay	7	du Chaume.
Pellechet (cour)	10	du Bac.
Perron (du)	2	Palais-Royal.
Petite Boucherie (de la)	10	de l'Abbaye.
Petits-Pères (des)	3	Notre-Dame-des-Victoires.
Philibert	6	faub. du Temple, r. de l'Orillon.
Philippe (Saint)	1	Faubourg-du-Roule.
Pierre (Saint)	9	Saint-Paul.
Pierre (Saint)	7	r. de la Tacherie, r. St-Martin.
Pivert	8	faub. du Temple, r. de l'Orillon.
Pompe (de la)	4	passage Marchand.
Pompe à Feu (de la)	1	grande rue de Chaillot.
Ponceau (du)	6	du Ponceau.
Pont-Neuf (du)	10	Mazarine.
Popincourt	8	Popincourt.
Prix-Fixe (du)	2	Richelieu.
Puits-de-Rome (cour du)	6	imp. de ce nom, r. Volta.
Puteaux	1	de la Madeleine.
Quinze-Vingts (des)	1	Saint-Honoré.
Radziwill	2	Neuve de Bons-Enfants.
Reine de Hongrie (de la)	3	Montorgueil.
Retiro (cour et place du)	1	Faubourg Saint-Honoré.
Réunion (de la)	7	impasse des Anglais.
Richer (galerie)	2	Geoffroy-Marie.
Roch (Saint)	2	Saint-Honoré.
Rohan (cour et pass de)	11	du Jardinet.
Rome	6	des Vertus.
Sandrié	1	Basse-du-Rempart.
Saucède	6	Bourg-l'Abbé.
Saumon (du)	3	Montorgueil.
Saunier	2	Richer.
Singes (des)	7	Vieille-du-Temple.
Soleil d'Or (du)	1	du Rocher.
Sorbonne	11	Sorbonne.
Sourdière (de la)	2	de la Sourdière.
Tivoli	1	Saint-Lazare.
Thierré	8	impasse Sainte-Marie.
Treille (de la)	2	Chilpéric.
Treille (de la)	11	marché Saint-Germain.
Trinité (de la)	6	Grénéta.
Valence	12	Mouffetard.
Variétés (des)	2	Palais-Royal.
Vaucanson	8	Charonne.
Vendôme	6	de Vendôme.
Venise	6	cour Batave.
Verdeau	2	Grange-Batelière.
Véro-Doda (Galerie)	4	de Grenelle-Saint-Honoré.
Violet	3	Hauteville.
Vigan (du)	3	Montmartre.
Ville-l'Evêque (de la)	1	de l'Arcade.
Virginie (de)	2	Saint-Honoré.
Vivienne (galerie)	2	Neuve des Petits-Champs.

— 320 —

HALLES ET MARCHÉS.	Arr.	Quartiers.
Washington (de)	4	de la Bibliothèque.
Aguesseau (d')	1	Place Vendôme.
Antoine (Saint)	8	Quinze-Vingts.
Beurre et Œufs (aux)	4	La Halle.
Blancs-Manteaux (des)	7	Mont-de-Piété.
Blé (au)	4	Banque-de-France.
Boulainvilliers	10	Faubourg Saint-Germain.
Carré-de-la-Halle (du)	4	La Halle.
Catherine (Sainte)	8	Marais.
Chevaux (aux)	12	Saint-Marcel.
Cuirs (aux)	5	Montorgueil.
Draps (aux)	4	La Halle.
Enfants-Rouges (des)	7	Mont-de-Piété.
Fleurs (aux)	9	Cité.
Fleurs (aux)	1	Place Vendôme.
Fleurs (aux)	6	Temple.
Fleurs (aux)	11	Luxembourg.
Fourrages (aux)	5	Porte Saint-Martin.
Fourrages (aux)	8	Faubourg Saint-Antoine.
Fourrages (aux)	12	Observatoire.
Germain (Saint)	11	Luxembourg.
Halles Centrales.	4	anciennes halles.
Huîtres (aux)	3	Saint-Eustache.
Innocents (des	4	La Halle.
Jacobins (des)	2	Palais-Royal.
Joseph (Saint)	3	Montmartre.
Louis (Saint)	9	rue de ce nom.
Madeleine (de la)	1	Roule.
Marché-Neuf	9	Cité.
Marée (de la)	4	halles centrales.
Martin (Saint)	6	Saint-Martin-des-Champs.
Maubert (de la place)	12	Saint-Jacques.
Patriarches (des)	12	Saint-Marcel.
Poirées (aux)	4	halles centrales.
Popincourt	8	Popincourt.
Rue de Sèvres (de la)	10	Saint-Thomas-d'Aquin.
Temple (du)	6	Temple.
Vallée (de la)	11	Ecole de-Médecine.
Veaux (aux)	12	Jardin-des-Plantes.
Viande (à la)	4	La Halle.
Vins (aux) (*)	12	Jardin-des-Plantes.
ILES.	Arr.	Quartiers.
Cygnes (des)	10	Invalides.
Louis (Saint)	8	du p. Marie au p. de la Tournelle
Palais (du) Cité	11	du p. Neuf au p. l'Archevêché.

IMPASSES.

Amboise (d'), 12, place Maubert.   Antin (de l'allée d'), 1, Ch.-Elys.
Ambroise (St), 8, Popincourt.   Argenson (d'), 7, Marché S-Jean.
Androlas (d'), 12, Saint-Marcel.   Argenteuil (d'), 1, Roule.
Anglais (des), 7, Saint-Avoye.   Aumont (d'), 7, Hôtel-de-Ville.

(*) Voici les noms des rues qui composent la Halle aux Vins : rues de Bordeaux, de Bourgogne, de Champagne et de Touraine. Les personnes qui adressent des lettres dans une de ces rues doivent avoir soin d'ajouter : *Halle aux Vins*.

Impasses.

Babillards (des), 3, faub. Poisson.
Bassins (des), 1, Champs-Elysées.
Baudin, 1, Roule.
Beaudoierie (de la), 7, Ste-Avoye.
Bayard, 10, Invalides.
Beaufort, 6, Lombards.
Beausire (Jean), 8, Marais.
Benoît (Saint), 7, Arcis.
Bernard (St), 8, faub. St-Antoine.
Berthaud, 7, Sainte-Avoye.
Billettes (des), 7, marché St-Jean.
Bizet, 1, Roule.
Blanchisseuses (des), 12, St-Jacq.
Bœuf (du), 7, Sainte-Avoye.
Bœufs (des), 12, Saint-Jacques.
Bon Puits (du), 12, St-Jacques.
Bony, 1, Roule.
Bouffiers, 6, Temple.
Bourdin, 1, Roule.
Bourdonnais (des) 4, St-Honoré.
Bouteille (de la), 3, St-Eustache.
Bouvard, 12, Saint-Jacques.
Brasserie (de la), 2, Palais-Royal.
Briare (de), 2, faub. Montmartre.
Cargaisons (des), 9, Cité.
Carmelites (des), 11, Observatoire.
Catherine (Ste), 6, Porte St-Denis.
Cendrier, 1, Place Vendôme.
Charbonniers (des), 8, Q.-Vingts.
Chat-Blanc (du), 6, Lombards.
Chevalier du Guet (du) 4, Louvre.
Clairvaux, 6, Lombards.
Claude (Saint), 3, Mail.
Claude (St), 8, Marais.
Claude (St), 8, faub. St-Antoine.
Clopin 12, Jardin des Plantes.
Conti, 10, Monnaie.
Coquerelle, 7, marché Saint-Jean.
Corderie (de la), 2, Palais-Royal.
Courbaton, 4, Louvre.
Croix Blanche (de la), 7, ancien marché Saint-Jean.
Croix-Boissière, 1, Ch.-Elysées.
Croix (Sainte), 7, marché St-Jean.
Dany, 1, Roule.
Delaunay, 8, Popincourt.
Dominique (St), 12, Observatoire.
Dominique (St), 10, f. St-Germain.
Echiquier (de l'), 7, Mt.-de-Piété.
Ecole (de l'), 2, f. Montmartre.
Egout (de l'), 5, faub. St-Denis.
Enfant-Jésus (de l'), 10, Invalides.
Etienne-du-Mont (St), 12, St-Jacq.
Etoile (de l'), 10, St-Th.-d'Aquin.
Etoile (de l'), 5, Bonne-Nouvelle.
Faron (Saint), 7, marché St-Jean.
Ferme des Math., 1, Pl. Vendôme.
Férou, 11, Luxembourg.
Feuillantines (des), 12, Observat.
Fiacre (Saint), 6, Lombards.
Fidélité (de la), 5, f. St-Denis.
Filles-Dieu (des), 6, P. St-Denis.
Fleurus, 11, Luxembourg.
Forge Roy. (de la), 8, f. St-Ant.
Fourcy (de), 9, Hôtel-de-Ville.
Grenelle (de), 10, St-Th.-d'Aquin.
Grénétat, 6, Porte Saint-Denis.
Grognerie (de la), 4, Halle.
Grosse-Tête (de la), 3, B. Nouv
Guéménée, 8, Marais.
Guépine, 9, Hôtel-de-Ville.
Hautfort, 12, Observatoire.
Hospitalières (des), 8, Marais.
Jardiniers (des), 8, Popincourt.
Jean-Beausire, 8, Marais.
Jean-Bouton, 8, Quinze-Vingts.
Jérusalem (de), 9, Cité.
Lamartine, 2, faub. Montmartre.
Laurent (St), 5, f. Poissonnière.
Lazare (St), 5, faub. Saint-Denis.
Lilas (des), 8, Popincourt.
Longue Avoine (de la), 12, Observ.
Louis (St), 5, Porte Saint-Martin.
Mallebranche, 1, place Vendôme.
Marais-Rouges, 13, P. St-Martin.
Marché aux Ch. (du), 12, St-Marc.
Martial (Saint), 9, Cité.
Martin (St), 6, St-Martin-des-Ch.
Mauconseil, 5, Montorgueil.
Michel (du Gd St), 5, P. St-Martin
Ménilmontant, 8, Popincourt.
Monnaie (de la), quai Conti.
Montaigne, 1, Champs-Elysées.
Mont-Parnasse (du), 11, Luxemb.
Morlaix, 5, Porte Saint-Martin.
Mortagne, 8, Popincourt.
Moulin Joly, 6, Temple.
Nevers (de), 10, Monnaie.
Nicolas (Saint), 8, Marais.
Opportune (Ste), 5, P. St-Martin.
Paon (du), 11, Ecole-de-Médecine
Peintres (des), 6, Porte St-Denis.
Pellée, 8, Popincourt.
Pierre (Saint), 8, Marais.
Pierre (Saint), 3, Mail.
Planchette (de la), 6, St-Martin.
Plumet, 10, St-Thomas-d'Aquin.
Poissonnerie (de la), 8, Marais.
Pompe (de la), 5, P. St-Martin.
Provençaux (des), 4, Louvre.
Puits de Rome (du), 6, St-Martin-des-Champs.
Putigneux, 7, Hôtel-de-Ville.
Quatre-Vents (des), 11, Luxemb.
Récollets (des), 4, P. St-Martin.
Réservoires (des), 1, Ch.-Elysées.

Impasses.

Reuilly, 8, Quinze-Vingts.
Rohan (de), 11, Ecole-de-Médec.
Robin-prend-Gages, 4, Saint-Honoré, Louvre.
Rome. 6, St-Martin-des-Champs.
Roquette (de la), 8, Popincourt.
Salembrière, 11, Sorbonne.
Saxe (de), 10, Invalides.
Sébastien (Saint), 8, Popincourt.
Sœurs (des deux), 12, St-Marcel.
Sourdis, 4, Louvre.
Tivoli, 2, Chaussée-d'Antin.
Treille (de la), 4. Louvre.
Trois-Fr. (des), 8, Quinze-Vingts.
Trois-Visages (des), 4. Louvre.
Vaugirard (de), 11, Luxembourg.
Versailles (de), 12, Saint-Marcel.
Vert-Buisson (du), 10, Invalides.
Vignes (des), 12, Observatoire.
Voirie (de la), 1, Roule.

PLACES.

André-des-Arts (St). 11, Ecole de Médecine.
Angoulême (d'), 6, Temple.
Ariane, 5, Montorgueil.
Arsenal (de l'), 9, Arsenal.
Bastille (de la), 8, 9, Marais.
Baudoyer, 7, 9, Hôtel-de-Ville.
Beauveau, 1, Roule.
Beauveau (du marc.), 8, Q.-Vingts
Bellechasse, 10, Saint-Germain.
Bertin-Poirée, 4, Louvre.
Biragues, 8, 9, Marais et Arsenal.
Bourbon (du Palais), 10, Invalid.
Bourse (de la), 2, Feydeau.
Boïeldieu, 2, Favart.
Breda, 2, Chaussée-d'Antin.
Breteuil, 10, Invalides.
Caire (du), 5, Bonne-Nouvelle.
Cambrai, 12, Saint-Jacques.
Carré Saint-Etienne (du), 12, Saint-Jacques.
Catherine (Sainte), 8, Marais.
Champ des Capucins, 12, Observ.
Châtelet (du), 4, 7, Louvre et Arcis
Chevalier du Guet (du), 4, Louvre.
Chevaux (m. aux), 12, St-Marcel.
Cl. St-Marcel (du), 12, St Marcel.
Collégiale (de la), 12, St-Marcel.
Concorde (de la) 1, Ch-Elysées.
Conférence (de la), 1, Ch.-Elysées
Corderie (de la), 6, Temple.
Corps Législatif (du) 10 Invalides.
Croix (Ste), 2, Chaussée-d'Antin.
Croix-du-Trahoir (de la), 4, Saint-Honoré.
Dauphine, 11, Palais-de-Justice.
Delaborde, 1, Roule.
Dupleix, 10, Invalides.
Ecole (de l'), 4, Louvre.
Ecoles (des), 11, Sorbonne.
Ec. de Méd. (de l'), 11, Ec. de Méd
Estrapade (de l'), 12, Saint-Jacques et Observatoire.
Etoile (de l'), 1, Champs-Elysées.
Europe (de l'), 1, Chaussée d'Ant.
Eustache (St), 3, Saint-Eustache.
Fidélité (de la), 5, faub. St-Denis.
Fontenoy, 10, Invalides.
François Ier, 1, Champs-Elysées.
Gastine, 4, Halle.
Geneviève (Sainte), 12, Panthéon.
Georges (St), 2, Chaussée-d'Antin.
Germ. l'Auxerrois (St). 4, Louvre
Hôpital (de l'), 12, Saint-Marcel.
Hôp. St-Ant. (de l'), 8, f. St-Ant.
Hôtel de Ville (de l'), 7, 9, Arcis et Hôtel-de-Ville.
Innocents (des), 4, Halle.
Invalides (des), 4, Invalides.
Jean 5 (ancien marché St-Jean) 7, marché Saint-Jean.
Laborde, 1 r. de ce nom.
Lafayette, 3, Faub. Poissonnière.
Laurent (St), 5, Faub Saint-Denis.
Légat (du), 4, Halle.
Louvre (du), 4, Louvre.
Madeleine (de la), 1, pl. Vendôme.
Marcel (Saint), de ce nom.
Marguerite (Ste), 8, f. St-Antoine.
Marguerite (Ste), 10, Monnaie.
Martin (de l'ancien Marché St.)
Matignon, 1, Champs Elysées.
Maubert, 12, Saint-Jacques.
Mazas, 8, Quinze-Vingts.
Michel (St), 11, Ec. de Médecine.
Montholon, 2, Faub. Montmartre.
Morland, 9, Arsenal.
Musée (du), 4, Louvre.
Napoléon, 1, Tuileries.
Nicolas (St), 6, St-Mart.-des-Ch.
Odéon, 11, Ecole de Médecine.
Opportune (Ste), 4, Saint Honoré.
Pal. de Just. (du), 9, Pal. de Just.
Palais Royal (du), 1, 4, Tuileries. et Saint-Honoré.
Panthéon, 12, Saint-Jacques.
Parvis Notre-Dame (du), 9, Cité.
Petit-Pont (du), 9, Cité.
Petits-Pères (des), 3, Mail.
Pont St-Mich. (du), 11, Sorbonne
Pont-Neuf (du), 11, Pal. de Just.
Puits-de-l'Hermite (du), 12, Jardin du Roi, Saint-Marcel.
Richelieu. 2, Feydeau.

Places.

Rivoli, 1, Tuileries.
Rotonde du Temple, 6. Temple.
Scipion, 12, Saint-Marcel.
Sorbonne, 11, Sorbonne.
Sulpice (Saint), 11, Luxembourg.
Temple (du), 6, Temple.
Thom.-d'Aq. (St), 10, f. St-Germ.
Trois Maries (des), 4, Louvre.
Trône (du), 8, Faub. St-Antoine.
Valenciennes (de), 1, Ch.-d'Antin.
Vannes (St). 6, St-Mart.-des Ch.
Vauban, 10, Invalides.
Veaux (aux), 12, Jard. des Plantes
Veaux (Vieille Place aux), 7, Arcis
Vendôme, 1, 2, P. Vend. Pal.-Roy.
Victoires (des), 3, 4, Mail, B. de Fr.
Victor (St), à l'Entrepôt.
Vintimille, 2, rue de ce nom.
Walhubert, 12, Jard. des Plantes.

PONTS.

Archevêché (de l'), 9e et 12e arr., quai de l'Archevêché.
Arcole (d'), 9, pl. de l'Hôt.-de-V.
Arsenal (de l'), 9, quai Morland.
Arts (des), 4, 10. Louvre.
Austerlitz (d'), 8, 12, quai Morland
Bercy (de), 8, 12, Barr. de Bercy.
Bièvre (de), 12, quai de l'Hôpital.
Carrousel (du), 4, 10, quai Malaq.
Change (au), 4, 9, pl. du Châtelet.
Charles (St, salles de l'Hôt.-Dieu
Cité (de la), 9, rue Saint-Louis.
Concorde (de la), 1, p. de la Conc.
Constantine (de), 9, 11, q. St-Bern.
Croullebarbe, 12, boul. des Gobel.
Damiette (de), 9, Ile Saint-Louis.
Doubles (aux), 9, r de la Bûcherie
Grammont (de), 9, q. des Célestins
Grenelle (de), 10, quai de Billy.
Hôpital (de l') 12, sur la Bièvre.
Iéna (d'), 1, 10, quai de Billy
Invalides (des), 1, 10, quai d'Orsay
Louis-Philippe, 9, port au Blé.
Louvre (du), 4, 10, q. Voltaire.
Marie, 11, rue des Nonaindières.
Michel (St), 9, rue de la Barillerie
Notre-Dame, 7, 9, rue St-Martin.
Petit-Pont, 9, 11, rue de la Cité.
Pont-Neuf. 4, 11, p. des 3 Maries.
Pont-Royal, 1, 10, q. des Tuiler.
Tournelle (de la), 9, 12, rue des Deux-Ponts.
Tripes (aux), 12, rue Mouffetard.

PORTS.

Arsenal (de l'), 9, Arsenal.
Blé (au), 9, Hôtel-de-Ville.
Ecole (de l'), 4, Louvre.
Fruits (aux), 12, Saint-Jacques.
Hôp. (de l'), 12, Jard.-des-Plantes
Invalides (des), 10, Invalides.
Nicolas 1, Tuileries.
Orsay (d'). 10, Invalides.
Paul (Saint), 7, Arsenal.
Pierre-St-Leu (de la), 1, Ch-Elys.
Râpée (de la), 8, Quinze-Vingts.
Recueillage (du). 10, Monnaie.
Tuiles (aux), 8, Marais.
Vins (aux), 12. Jardin-des-Plantes

QUAIS.

	Arr.	Commence	Finit
Anjou (d')	9	rue des Deux-Ponts	rue Saint Louis.
Archevêché (de l')	9	quai Napoléon	pont aux Doubles.
Augustins (des)	11	pont St-Michel	Pont-Neuf.
Austerlitz (d')	12	barr. de la Gare	pont d'Austerlitz.
Bernard (Saint)	12	pont d'Austerlitz	pont de la Tournelle
Béthune (de)	9	rue Saint-Louis	pont de la Tournelle
Billy ou de Chaillot	1	pl. de la Conférence	barr. de Passy.
Bourbon	9	rue Saint-Louis	Pont-Marie.
Célestins (des)	9	pont de Grammont	rue Saint-Paul
Conférence (de la)	1	pl. de la Concorde	avenue Montaigne.
Conti ou de la Monnaie	10	Pont-Neuf	pont des Arts.
Ecole (de l')	4	Pont-Neuf	quai du Louvre.
Fleurs (aux)	9	pont Notre-Dame	pont au Change.
Gèvres (de)	7	pont Notre-Dame	pont au Change.
Grands-Degrés (des)	12	pont aux Doubles	p. de l'Archevêché.
Henri IV	9	boul. Morland	quai des Célestins.
Horloge (de l')	11	pont au Change	pl. du Pont-Neuf.
Hôtel-de-Ville (de l')	9	r. Geoffroy-Marie	pl. de l'Hôt.-de-Ville
Jemmapes	5, 6, 8	place de la Bastille	barr. de Pantin.
Louvre (du)	4	quai de l'Ecole	Pont-Royal.

Quais	Arr.	Commence	Finit
Malaquais	10	rue de Seine	rue des Sts-Pères.
Marché-Neuf (du)	9	de la Cité.	de la Barillerie.
Mégisserie (de la)	4	pont au Change	Pont-Neuf.
Michel (Saint)	11	Petit-Pont	pont Saint Michel.
Montebello	12	Petit-Pont	p. de l'Archevêché.
Morland	9	pont d'Austerlitz	pont de Grammont.
Napoléon. ou de la Cité	9	quai de l'Archev.	quai aux Fleurs.
Orçay (d')	10	Pont-Royal	barr. de la Cunette.
Orfèvres (des)	11	pont Saint-Michel	pl. du Pont-Neuf.
Orléans (d')	9	pont de la Tournelle	pont de la Cité.
Ormes (des)	9	rue de l'Etoile	r. Geoffroy-l'Asnier.
Paul (Saint)	9	rue Saint-Paul	rue de l'Etoile.
Pelletier	7	pl. de l'H.-de-Ville	pont Notre-Dame.
Râpée (de la)	8	barr. de la Râpée	pont d'Austerlitz.
Tournelle (de la)	12	quai Saint-Bernard	rue de Pontoise.
Tuileries (des)	1	Pont-Royal	pont de la Concorde.
Valmy	5, 6, 8	place de la Bastille	barr. de Pantin.
Voltaire	10	rue des Saint-Pères	Pont-Royal.

RUES DONT LE NOM N'EST PAS ENTIÈREMENT CHANGÉ.

Grange-aux-Belles   Lancry (de).
Ville-l'Evêque   Bertholet.

AVIS AUX ÉTRANGERS.

Nous nous sommes attaché à donner, dans le cours de cet ouvrage, les renseignements historiques les plus consciencieux sur chaque monument de la Capitale. Il en sera de même pour l'indication des maisons où les étrangers pourront faire leurs achats ; et, à cet effet, nous nous sommes renfermé dans le cercle des maisons de premier ordre, soit comme importance, soit comme réputation de conscience et de loyauté. Ces maisons pourront donc être visitées avec la plus grande sécurité par les acheteurs.

SOIERIES, DENTELLES, CONFECTIONS ET NOUVEAUTÉS.

OUVERTURE EN AVRIL
DES MAGASINS
DE LA
COMPAGNIE LYONNAISE
37, Boulevard des Capucines, 37.

La diversité des articles que tiennent les Magasins de Nouveautés ne leur permettant pas d'offrir un choix aussi varié et aussi considérable que nécessitent le goût et le caprice des Dames, la *Compagnie Lyonnaise* a pensé satisfaire à un besoin réel de la consommation, en créant une Maison spécialement destinée à la vente des *Soieries, Dentelles et Confections.*

Toutes les connaissances et les capitaux nécessaires à une grande entreprise étant à la disposition de la *Compagnie*, les Dames sont assurées de trouver dans ses beaux et vastes Salons les assortiments les plus riches et les conditions de prix les plus avantageuses, la *Compagnie* étant, sans intermédiaire, en rapport direct avec les Fabriques.

SILKS, LACES, READY MADE ARTICLES.

OPENING IN APRIL NEWEST FASHIONS

OF THE WAREHOUSES

OF THE

LYONS COMPANY

37, Boulevart des Capucines, 37.

The quantity of articles kept by Silk mercers, does not allow them to offer as considerable and varied assortment of goods, as the taste of Ladies can require. The *Lyons Company* believes it satisfys a real want in founding an Establishment specially intended for the sale of Silks, Laces and Ready Made articles.

All the intelligence and all the capital necessary for such a large concern are disposed of by the *Lyons Company*. Ladies will be sure of finding in its large and beautiful warehouses all the richest assortments and the cheapest prices. The *Lyons Company* being in direct communication with all its manufacturies.

BIJOUX OR ET IMITATION.

ACHILLE CROCÉ,

53, rue Vivienne.

Coiffures pour bals et soirées. Eventails, perles et jais.

Plumes inaltérables or et platine à pointes diamantées.

Cette maison est la seule à Paris qui soit réputée comme parvenue à une complète imitation et à un fini d'exécution qui donne une entière illusion du vrai bijou.

Hair dresses for balls and evening parties. Fans, Pearls and Jets.

Inalterable feathers of gold and platina with diamond points.

This house is the only one in Paris celebrated for a complete imitation and a finished execution which represents the real jewel with the certainty of illusion.

Kopfputz für Bälle und Abendgesellschaften, Fächer, Perlen und Agathe.

Unveränderliche Federn von Gold und Platina, mit diamantenen Spitzen.

Dieses Haus ist das einzige, welches berühmt ist wegen seiner vollkommenen Nachahmung und vollendeten Ausführung, die eine gänzlich täuschende Nachbildung des wirklichen Edelsteines bietet.

BIJOUTERIE.

MAISON DARCHE,

32, rue de la Paix.

Bijouterie, Curiosités, Orfévrerie.

Cette maison est citée par la fashion parisienne comme créatrice des plus délicieuses nouveautés en bijoux. Sa nombreuse clientèle d'étrangers lui vient de ce que chaque article est marqué en chiffres connus et, disons-le aussi, parce que sa réputation de confiance est depuis longtemps expérimentée du public.

Jewels, Curiosities, Goldsmith works.

This establishment is celebrated by the [Parisian fashion for the invention of the most exquisite novelties in jewelry. Its numerous customers from foreign coutries are attracted by each article, being marked in known signs, and also because its reputation has been experienced since a long time by the public.

Juwelen, Raritäten, Goldarbeit.

Dieses Haus wird rühmlichst von der feinen Pariser Welt wegen seiner Erfindung der allerliebsten Neuigkeiten in Goldsachen erwähnt. Seine zahlreiche Kundschaft von Fremden entsteht, weil jeder Artikel mit bekannten Ziffern bezeichnet und seine Responsabilität seit langer Zeit vom Publikum hinlänglich erprobt ist.

DESSINATEUR-BRODEUR.

MARIA-LUSSE,

5, *Passage Choiseuil.*

CHIFFRES ET ARMOIRIES POUR LINGE DE TABLE, MOUCHOIRS ET LINGERIE DE DAMES.

Cette Maison est, dans sa spécialité, placée tout à fait en première ligne. Ses ravissants dessins sont cités parmi les Dames élégantes comme les supérieurs de Paris. Nous la recommandons aux Étrangers à cause de ses prix modérés.

Leçons de broderie, point d'armes et jours de toute espèce.

Ciphers and arms for table linen pocket handkerchiefs and linen for ladies.

This establishment is placed in the first line; its charming designs are mentioned amongst the fashionable ladies as the first in Paris. We recommend it to foreigners for its moderate prices. Lessons of embroidery point d'armes of every description.

Namenszüge und Wappen für Tischzeug, Taschentücher und Damen-Leinen.

Dieses Haus steht im ersten Range wegen seiner Artikel. Seine reizenden Muster werden von den eleganten Damen als die Besten von Paris gerühmt; wir empfehlen es den Fremden wegen seiner mäßigen Preise.

Unterricht in Stickerei und Wappenzeichnen aller Art.

DESSINATEUR BRODEUR

SUR TOUTE ESPÈCE D'ÉTOFFES.

SEULE MAISON MARIUS-VIDAL,

13, *passage Choiseul*, façade du Théâtre-Italien, maison jaune

A MADAME DE POMPADOUR.

Chiffres et Armoiries pour linge de table, Mouchoirs, Pelotes, Sachets, etc.

Inventeur d'une nouvelle broderie très-facile et prompte à exécuter (dite application de jaconas ou nansook dessiné sur une nouvelle création de tulle), inventé et fabriqué par lui et auquel il a donné son nom : d'une solidité parfaite et n'épaississant pas au blanchissage, remplaçant avec avantage le linon, la batiste et la mousseline.

Leçons de broderie, point d'armes et jours de toute espèce.

Ciphers and Arms for table-linen, pocket handkerchiefs, sachets, etc.

Inventor of a new embroidéry, very easy and quick to execute (called appliqué of Jaconet or Nansook drawn on a new kind of net), invented and made by him and to which he has given his name; it is of perfect durability not thickening in washing, much superior to linen, cambric and muslin.

Lessons in embroidery.

Namenszüge und Wappen für Tischzeug, Taschentücher, Sachets ꝛc.

Erfinder einer neuen Stickerei, sehr leicht und schnell auszuführen. Besagte Anwendung von Jaconat oder Nansook, gezeichnet auf eine neue Art von Tüll erfunden und fabrizirt durch ihn, welcher er seinen Namen gegeben hat, von einer vollkommenen Dauerhaftigkeit, wird nicht dicker im Waschen und ersetzt mit Vortheil Linon, Batist und Muslin. Unterricht in Stickerei aller Art.

BAINS.

NEOTHERMES,

MAISON DE SANTÉ ET DE BAINS,

Rue de la Victoire, 56.

Le nouveau Directeur, M. P. BOULAND, vient de réorganiser cet Établissement et d'y apporter des additions importantes.

Appareils hydrothérapiques complets.

Douches de toutes sortes ayant une chûte de 60 pieds, dont on modère la force à volonté. Bassin d'immersion, Bains de lames, Bains de cercles, etc.

Une source *abondante, située dans l'Établissement même, fournit pour l'hydrothérapie de l'eau à 9° Réaumur.*

Douches et Bains simples et médicinaux, de vapeur, Injections et Fumigations de toutes espèces, Appartements meublés à des prix très-modérés (depuis 3 fr. par jour).

La nourriture est l'objet d'un soin particulier. Chaque Pensionnaire continue à recevoir les soins de son médecin particulier.

NEOTHERMES,

MAISON DE SANTÉ AND BATHS,

The new director M. P. Bouland hast just reorganized this establishment and has made important additions.

Complete hydrotherapic apparels.

Douches of every description having a fall of 60 feet, susceptible of being moderated. Deep water Bassin. Waving baths.

A plentiful source situated on the premises furnishes for hydrotherapic purposes water A. 9. 0. Reaumur.

Shower, Vapor and Medical baths.

Douches and fumigations of all sorts. Furnished apartements moderate prices from 3 fr. per diem.

The living is the object of a particular care, every boarder receives at his will the assistance and attendance of his own doctor.

BONNETERIE POUR HOMMES ET POUR DAMES

MAISON DE LA FERME.

ED. GOUSSARD,

84, *rue Neuve-des-Mathurins;* — 37, *rue de la Ferme.*

SPÉCIALITÉ DE BLANC.

Lingerie, Chemises, Trousseaux, Layettes. Expédition en province et à l'étranger (English spoken).

Cette maison est la seule à Paris qui par son importance puisse réunir un choix des plus variés en lingerie pour hommes et pour femmes et qui, par la modicité de ses prix, représente complètement les prix de fabrique.

Speciality of white linen.

Linen, Shirts, and Children dresses. Goods sent to France and foreign countries (English spoken).

This house is the only one in Paris, which by its importance can present the greatest choice of goods to ladies and gentlemen and at completely the same prices as the great manufactories.

Weiße Waarenhandlung für Herren und Damen.

Spezialität für Weißzeug: Leinwand, Hemden, Hochzeitsaussteuer, Kinderzeug.

Expedirt nach der Provinz und dem Auslande.

Es wird englisch gesprochen.

Dieses Haus ist das einzige in Paris, welches wegen seiner Bedeutung die größte Auswahl in Weißzeug für Herren und Damen bieten, und bei seinen geringen Preisen mit den größten Fabriken concurriren kann.

BRODERIE ET LINGERIE.

M#### me #### PAYAN,

13, *rue Vivienne.*

Fabrique et magasin de broderie, Lingerie confectionnée, Trousseaux, Layettes, Robes de bal, Bonnets, Coiffures et articles de haute nouveauté.

Cette Maison est trop universellement connue pour qu'il soit utile de donner des détails sur ses délicieux produits.

Manufactory and warehouse of embroidery, ready made linen, children dresses, ball dresses, caps, hair dresses and articles of the latest fashion.

This house being universally known it is superfluous to give an exact accuont of all its excellent productions.

Fabrik und Waarenlager von Stickereien fertiger weißer Wäsche, Hochzeitgeschenken, Kinderzeug, Ballkleider, und Artikel der neuesten Mode.

Dieses Haus ist allgemein bekannt, daß es gänzlich überflüssig ist, alle seine allerliebsten Artikel aufzuzählen.

DENTELLES.

M#### ME #### LEMAIRE.

25, *Boulevard des Italiens.*

DENTELLES ANCIENNES ET MODERNES.

Cette maison est sans contredit celle dont la réputation est la plus justement méritée.

OLD AND NEW LACES.

This house is without contradiction the first, whose reputation is the most justly merited.

BOTTIER.

J. FORR.

PIERRON, SUCCESSEUR,

72, rue Richelieu,

M. J. FORR, ci-devant *rue Saint-Honoré*, 249, actuellement 72, *rue Richelieu*, fait, sur demande, des envois de bottes et tous les autres articles de sa partie aux États-Unis. Il a obtenu une médaille à l'Exposition de New-York. Maison à Boston ; des Correspondants à New-York et à Londres.

M. J. Forr, boot-maker, has removed from the rue St-Honoré 249, to 72 rue Richelieu. Sends boots to all parts of the United States and all other articles of the trade, if required. Has received a medal at the New York Exhibition. House in Boston; correspondents in New York and in London.—English spoken.

Ehemals rue St=Honoré, 249, gegenwärtig 72, rue Richelieu, versendet auf Verlangen Stiefel und alle anderen Artikel seines Fachs nach den Vereinigten Staaten; hat eine Medaille auf der Kunstausstellung von New York erhalten. Haus in Boston und Correspondenten in New=York und London.

CORSETS.
Mᴹᴱ HYPPOLITE,
9, rue de la Paix.

Fournisseur brevetée de S. M. l'Impératrice, de S. A. Madame la Princesse de Joinville, Madame la Duchesse d'Aumale, S. A. I. la Grande-Duchesse Olga Nicolawna, Princesse royale de Wurtemberg, de S. A. R. Madame la Duchesse de Brabant.

By letters patent Purveyor to Her Imperial Majesty the Empress, to Her Royal Highness the Princess of Joinville, to Her Royal Highness the Duchess d'Aumale, to Her Imperial Highness the Grand Duchess Olga Nicolawna, Royal Princess of Wuremberg and to Her Royal Highness the Duchess of Brabant.

Hoflieferantin J. K. M. der Kaiserin, J. K. H. der Prinzessin von Joinville, J. K. H. der Herzogin von Aumale, J. K. H. der Großfürstin Olga Nicolajeuna königlichen Prinzessin von Würtemberg und J. K. H. der Herzogin von Brabant.

BRODERIES ET LINGERIES.
J. MAXTON,
76, rue Richelieu, près la Bourse.
TROUSSEAUX ET LAYETTES.

Wholesale and Retail house for all made up linen, embroideries, caps and hair dresses.

Hochzeits-Aussteuer und Kinderzeug.

CORSETS.

M.me CLÉMENÇON,

FOURNISSEUR DE PLUSIEURS COURS,

Rue du Port-Mahon, 8, au premier.

C'est à cette Maison que l'on doit l'invention des corps *Pompadour*, si nécessaires aux Dames qui ont de l'embonpoint, et les demi-corps *châtelaine* qui donnent tant de grâce et de noblesse; en un mot, madame Clémençon, en véritable artiste industrielle, a su réunir la grâce aux exigences de l'hygiène.

Stay maker to several courts.

It is to this house that we owe the invention of the "*corps Pompadour*" so necessary to stout persons and the "*demi-corps chatelaine*" which gives so much grace; in fact Mme. Clémencon as a real artist understands to unite the grace with the exigencies of health.

Diesem Hause verdanken wir die Erfindung des Corps Pompadour, so nothwendig für wohlbeleibte Damen, und die Demi-Corps Chatelaines, die soviel Anmuth verleihen. Mit einem Worte, Madame Clémençon, als wirkliche Künstlerin, weiß die Anmuth mit den Anforderungen der Gesundheit in vollkommene Uebereinstimmung zu bringen.

CHAPEAUX.

CHAPELLERIE VIVIENNE.

MAISON GASPARD,

3, *rue Vivienne*.

Cette Maison est celle de la Fashion parisienne; elle dicte les lois de la mode pour cet article.

This establishment is that of the fashion of Paris; it dictates the laws of fashion for this article.

Dieses Haus ist das der pariser Mode-Welt; es dictirt die Gesetze der Mode für diesen Artikel.

CONFECTIONS.

MAISON BRIDAULT,

3, *rue de la Bourse*.

Manteaux, Mantelets, Sorties de bal, Robes de bal, Robes d'étoffes brodées, Articles de haute nouveauté confectionnée, Broderie de soie, Exportation.

Cloaks, mantilas, ball dresses, dresses of embroidered stuffs. Ready made articles of the latest fashion. Silk embroidery, exportation.

Mäntel, Mäntelchen, Ballüberwürfe, Ballkleider, Kleider von gestickten Stoffen, fertige Artikel der allerneuesten Mode. Seidenstickereien. Export.

COUTURE. — ROBES.

Mme DE BAISIEUX,

8, *place Vendôme.*

Breveté de madame la princesse de Joinville, de madame la duchesse d'Aumale et de S. A. R. et I. madame la comtesse d'Aquila.

Robes de ville, robes et manteaux de cour.

Cette maison est citée comme créatrice des plus jolies modes.

By letters patent from Their Royal Highness the Princess of Joinville, the Duchess d'Aumale and of Her Imperial and Royal Highness the Countess of Aquila.

Town dresses, Court dresses and gowns.

This establishment is celebrated for its invention of the prettiest fashions.

Lieferant Ihrer königlichen Hoheiten der Prinzessin von Joinville, der Herzogin von Aumale und Ihrer kaiserlichen und königlichen Hoheit der Gräfin von Aquila.

Stadtanzüge, Hofkleider und Mäntel.

Dieses Haus ist berühmt wegen seiner hübschen Moden.

COUTURE. — ROBES.

Mme ROGER,

25, *rue Louis-le-Grand.*

Fournisseur breveté de S. M. l'Impératrice et de S. A. I. la princesse Mathilde.

Robes de ville, robes de bal.

Manteaux de cour.

Hautes confections.

Dressmaker to Her Imperial Majesty the Empress of the French and Her Imperial Highness the Princess Mathilde.

Town dresses, ball dresses.

Court gowns; latest novelties.

Hoflieferant Ihrer kaiserlichen Majestät der Kaiserin der Franzosen, und Ihrer kaiserlichen Hoheit der Prinzessin Mathilde.

Stadtanzüge, Ball-Toiletten, Hofmäntel.

Neueste Moden.

CONFISEUR.

AUX PALMIERS.

MAISON TERRIER,

254, *rue Saint-Honoré*, vis-à-vis la *rue de l'Echelle*.

Maison bien connue et justement renommée pour la qualité et la variété de ses bombons, ses articles d'étrennes et jolies fantaisies, ses sacs, paniers, boîtes toutes garnies pour voyages. Dragées pour baptême, compotes, thés, sirops, chocolats, etc.

Establishement celebrated for the quality and variety of his bonbons, his articles for new years gift and neat fancy articles, his sacks, baskets filled for travelling. Dragees for cristening, jams, teas, syrups, chocolates, etc.

Sehr bekanntes und wohlberühmtes Haus, wegen der Qualität und Auswahl seiner Bonbons, seiner Neujahrsgeschenke und hübschen Fantasie-Artikel, seiner Säckchen, Körbe, Schachteln zur Reise gefüllt, Kindtaufe-Drageen, Compotte, Thee, Syrups, Chocolade ɪc.

CONFISEUR.

AUX JARDINS D'ARMIDE,

BONNET,

CONFISEUR-DISTILLATEUR,

Place de la Bourse, 31.

Fabrique et magasin de Bonbons fins, Sirops et Liqueurs; *Chocolats de santé* pectoraux et autres; Confitures, Gelées de pommes et de coings, Boîtes pour baptêmes, Dragées, Fruits confits.

La réputation des produits de cette Maison est européenne; aussi est-il inutile que nous fassions son panégyrique.

Confectioner-distiller.

Manufactory and warehouse of bonbons of first quality, syrups and liquors. *Chocolats de santé*, pectorals and other preserves, apple and quince gellies, christening boxes dragees and preserving fruit.

The reputation of the productions of this house is so European, that it is not necessary to make its panegyric.

Conditor und Distillateur.

Fabrik und Waarenlager von feinen Bonbons, Syrups und Liquören, Gesundheits-Chokolade; Brustmittel und Eingemachtes, Aepfel- und Quitten-Gelées, Kindtaufkästchen, Drageen und eingemachte Früchte.

Der Ruf der Produkte dieses Hauses ist ein europäischer. Wir haben daher nicht nöthig, dessen Lobeserhebung zu machen.

DENTISTES.

HATTUTE DURAND,

CHIRURGIEN-DENTISTE DE L'ÉTAT-MAJOR GÉN. DE LA 1ʳᵉ DIV. MIL.,

13, *passage Vivienne*.

Dents et rateliers perfectionnés. Guérison des dents réputées incurables. Trente ans d'exercice et de succès sont un éloge qui n'a pas besoin d'autre recommandation.

Perfectionated teeth. Curing of the most incurable teeth. Thirty years exercise and success are a title which needs no other recommendation.

Vervollkommnete Zähne und Gebisse. Heilung selbst der unheilbarsten Zähne. Dreißig Jahre Erfolg und Praxis sind ein großer Lobspruch, wie alle anderen Empfehlungen. Zahnarzt des Generalstabs der ersten Militär-Division.

DELABARRE,

MÉDECIN DENTISTE DE L'HOSPICE DES ENFANTS-TROUVÉS ET DES ORPHELINS DE PARIS,

2, *rue de la Paix*.

Inventeur du sirop de dentition anti-convulsif.

L'application de ce sirop sur les gencives des enfants facilite la sortie des dents et prévient les convulsions.

Inventor of the anti-convulsive dentition syrup.

The application of this syrup on the gums of infants facilitates dentition and prevents convulsions.

Zahnarzt des Findel- und Waisenhauses von Paris. Erfinder des anti-convulsivischen Zahn-Syrups.

Die Anwendung dieses Syrups auf das Zahnfleisch von kleinen Kindern erleichtert den Durchbruch der Zähne und verhindert Krämpfe.

GANTS.

GUIBERT Jeune, FABRICANT,

1, Boulevard des Capucines,

AU PRINCE DE GALLES.

Cette maison est sans contredit celle dont la réputation est la plus justement méritée; elle fabrique sur modèle et commande, et exécute dans le plus bref délai.
Spécialité de gants mousquetaire.

This house is without contradiction the first, whose reputation is the most justly merited; it fabricates on model and on command, and executes at the shortest notice.
Speciality of gloves Mousquetaire.

Dieses Haus ist ohne Widerspruch dasjenige, dessen Ruf am besten verdient ist; es fabrizirt nach Muster und auf Bestellung in der kürzesten Zeit.
Spezialität der Musketär-Handschuhe.

PRÉVILLE,

14, *Boulevard des Italiens et Passage du Saumon.*

Fabrique de Gants et Chemises, Hautes Nouveautés, Exportation.
Médaille à l'Exposition de Londres.

Manufactory of gloves and shirts of the latest fashion. Exportation.
Medal at the universal exhibition of London.

Fabrik von Handschuhen und Hemden neuester Mode. Export.
Medaille von der Kunstausstellung in London.

HAUTES NOUVEAUTÉS ET GANTERIE.

MAYER Fils,

FOURNISSEUR DE SA MAJESTÉ L'EMPEREUR,

30, rue de la Paix.

Fabrique spéciale de gants de chevreau 1re qualité pour hommes et pour dames à 3 fr. Articles de nouveautés en cravates, mouchoirs et fantaisie pour dames.

Glover to His Imperial Majesty The Emperor of the French.

Special manufactory of kid gloves first quality for ladies and gentlemen at 3 francs. Articles of fashion, stocks, pockets handkerchiefs and fancy articles for ladies.

Hoflieferant Seiner kaiserlichen Majestät des Kaisers der Franzosen. Kaiserliches Wappen.

Vorzügliche Fabrik von Ziegen-Handschuhen erster Qualität für Herren und Damen zu 3 Fr. Modeartikel, als Cravaten, Taschentücher und Fantasie-Artikel für Damen.

FLEURS ARTIFICIELLES.

Mme LOUISE BENARD,

9, rue Neuve-Saint-Augustin,

FOURNISSEUR DE SON ALTESSE IMPÉRIALE ET ROYALE LA GRANDE-DUCHESSE STÉPHANIE DE BADE.

Il est impossible de pousser plus loin la perfection dans l'art des fleurs que cette Maison, qui, dès son début, s'est placée parmi les premières pour ses articles.

Ce sont les fleurs naturelles avec leurs gracieuses formes et leurs riches couleurs, mais avec une fraîcheur inaltérable.

It is absolutely impossible to attain a higher degree of perfection in the art of artificial flowers, that is found in this establishment, which since its foundation has placed itself amongst the first for his articles.

They are like the natural flowers with their gracious forms and rich colours, but with an inalterable freshness.

Es ist unmöglich einen höheren Grad von Vollendung in der Kunst von künstlichen Blumen als dieses Haus zu erreichen, welches seit seinem Entstehen würdig seinen Platz unter den ersten Häusern eingenommen hat, wegen seiner Artikel.

Es sind die natürlichen Blumen mit ihren zierlichen Formen und reichen Farben, aber mit einer unveränderlichen Frische.

FLEURS.

E. HARAND,

15, rue de Choiseuil.

Fabrique et magasin de Fleurs fines, Coiffures et Garnitures de robes, etc.

MÉDAILLE A L'EXPOSITION DE LONDRES.

BREVETÉ SANS GARANTIE DU GOUVERNEMENT.

L'Exposition de Londres, en honorant d'une médaille les produits délicieux de cette Maison, n'a fait que confirmer un succès que le public parisien avait déjà sanctionné.

Manufactory and warehouse for flowers, hair dresses and trimmings for dresses,
Medal at the London exhibition. Patented.
The London exhibition in honouring with a medal the delicious productions of this house has only confirmed the success which the Parisian public already sanctioned.

Fabrik und Magazin von feinen Blumen, Kopfputz und Kleidergarnituren. — Medaille auf der Londner Kunstausstellung. — Patentirt. — Indem die Kunst-Ausstellung v. London die Erzeugnisse dieses Hauses mit einer Medaille ehrte, hat es nur einen Erfolg bestätigt, der schon durch das pariser Publikum anerkannt war.

AUX TROIS COLS.

Passage Jouffroy, 32 et 34.

CLAYETTE-LOISON,

COLS-CRAVATES ET COLS DE CHEMISES.

SEULE MAISON SPÉCIALE A PARIS.

Tous les articles de cette Maison, dont la réputation est justement méritée, sont de premier choix, et d'un prix qui la pose, à Paris, comme une maison toute de confiance.

All articles of this house, whose reputation is justly deserved, are of a select choice and at such prices which give it the greatest confidence in Paris.

Alle Artikel dieses Hauses, dessen Renommée wohl verdient ist, sind von erster Qualität, und von solchen Preisen, welche ihm das allgemeine Vertrauen in Paris verschafft haben.

FOURRURES.

A L'ENFANT JÉSUS.

RÉVILLON, SUCCESSEUR DE GIVELET,

67, rue de Rivoli.

Cette maison, fondée en 1723, jouit depuis sa création d'une grande réputation de conscience nécessaire, il est vrai, pour ce genre d'article.

Toutes les marchandises sont marquées en chiffres connus.

On y trouve un grand assortiment de manteaux de velours garnis de fourrure.

This house, established in 1723, enjoys since its foundation of a grand reputation of confidence necessary, it is true, for this sort of article.

All the goods are marked in known signs.

There is to be found a very large assortment of velvet cloaks trimmed with fur.

Dieses Haus, gegründet im Jahre 1723, genießt seit seinem Entstehen eines großen Rufes von Rechtschaffenheit, welcher allerdings für diese Art von Artikel erforderlich ist.

Alle Waaren sind mit bekannten Ziffern bezeichnet.

Man findet dort einen großen Vorrath von Mänteln mit Sammet.

SPÉCIALITÉS D'ARTICLES DE PARFUMERIE
appliqués à l'hygiène de la toilette.

Amendine, Philocome, Crême benzoïde, Eau de Cologne, autres Vinaigres de toilette, etc.; *Savons dulcifiés* approuvés par la Société d'encouragement. Extraits d'odeurs préparés par

B. FAGUER, successeur de LABOULLÉE,

ANCIEN PHARMACIEN, CHIMISTE BREVETÉ, FOURNISS. DE PLUS. COURS.
ARTICLES POUR LA TOILETTE, GANTERIE, BROSSERIE.
Grand choix D'ÉVENTAILS anciens et modernes, Caves à odeur, Boîtes parfumées pour mouchoirs, linge et gants, etc., etc.

Specialty for Perfumery.

Amandine, Philocome, Benzoïde cream; Eau de Cologne, Acetine vinegar for the toilet.

Dulcified soaps, approved by the "Société d'Encouragement." Extracts of odour prepared by B. Farguer, successor of M. Laboullée, ancien dispensator chemist. Purveyor to several foreign courts. Articles for toilet. Gloves. Brushes.

Great variety of ancient and modern fans.

Odour cases, perfumed boxes for pocket handkerchiefs linen and gloves.

Spezialität für Parfümerie-Artikel angewandt auf die Gesundheits-Toilette. Amendine, Philocome-Benzoïde-Creme, Köllnisches Wasser, Acetine-Toiletten-Essig, dulcificirte Seife genehmigt von der Société d'Encouragement; Wohlgeruch Extracte preparirt von B. Faguer, Nachfolger von Laboullée ehemaligen Apotheker, Chimisten und Hoflieferanten verschiedener Höfe. Toilette-Artikel, Handschuhe, Bürsten. Große Auswahl von altmodischen und modernen Fächern.

MODES.

MAISON BEAUDRANT,

DUSAUTOY, Élève, Successeur.

47, rue Neuve-Saint-Augustin.

MODES, PARURES ET ARTICLES DE COUR.

La maison Beaudrant est pour les modes ce qu'est Constantin pour les fleurs. Contentons-nous donc de dire que les Dames les plus aristocratiques forment sa clientèle.

Articles of millinery and corset dresses.
The house of Beaudrant is for its millinery articles what Constantin is for flowers. It is sufficient to observe, that the most aristocratic ladies are its customers.

Modeartikel, Putz und Hofartikel. — Das Haus Beaudrant ist im Modefache das, was Constantin für Blumen ist. Es ist genügend, zu sagen, daß die aristokratischsten Damen seine Kundschaft bilden.

MODES.

Mᵐᵉ EUPHROSINE LESAS,

5, *Rue Neuve-St-Augustin.*

La rapidité miraculeuse avec laquelle cette Maison s'est élevée, pour ainsi dire, le lendemain de ses débuts, au premier rang du bon goût et surtout d'une inimitable distinction, a renfermé sa réputation dans une clientèle toute choisie dans le monde aristocratique. Nous croyons rendre service aux Dames étrangères en leur recommandant particulièrement cette Maison.

The miraculous rapidity with which this establisment has risen since its beginning, to the first rank of good taste and of unattainable distinction, has limited its reputation to custemers belonging entirelely to the aristocracy. We believe we render a great service to foreign ladies by recommending in a particular way this house.

Die wunderbare Schnelligkeit, womit dieses Haus sich gleich nach seinem ersten Entstehen auf den ersten Rang des guten Geschmacks und einer unerreichbaren Distinction emporgeschwungen, hat seinen Ruf auf eine Kundschaft, die der aristokratischen Welt ausschließlich angehört, beschränkt.

Wir glauben den fremden Damen einen Dienst zu leisten, wenn wir ihnen dieses Etablissement ganz besonders empfehlen.

OMBRELLES, CANNES ET PARAPLUIES.

MAISON FARGE,
LAVAISSIÈRE, SUCCESSEUR,

*Passage des Panoramas, galerie Feydeau, 6,
angle de celle de la Bourse, entrée par la rue Vivienne.*

FOURNISSEUR BREVETÉ DE S. M. L'EMPEREUR.

La réputation de cette Maison est tellement universelle, que nous nous contenterons d'en rappeler l'adresse aux Étrangers.

Purveyor to His Imperial Majesty The Emperor.
The reputation of this establishment is so universally known, that we content ourselves in recalling its address to foreigners.

Hoflieferant S. M. des Kaisers. — Der Ruf dieses Hauses ist so allgemein bekannt, daß wir uns begnügen dessen Adresse den Fremden ins Gedächtniß zurückzurufen.

FOURRURES ET CONFECTIONS.

AUX CHASSES DE SIBÉRIE.

Boulevard des Italiens, 7.

Cette Maison, qui, dès son début, s'est placée au premier rang des maisons de son genre, mérite sous tous rapports la confiance des Étrangers. On y trouve depuis les fourrures les plus simples jusqu'aux plus riches, et à des prix aussi modérés que possible. La confection surtout y est l'objet de soins tout particuliers.

This house which since its beginning placed itself in the first line, deserves in every respect the confidence of foreigners; there will be found the simplest and the richest furs at prices as moderate as possible. The ready made articles are made with a particular care.

TAILLEUR.

A. BUISSON

53, rue Vivienne.

HABITS DE COUR. — BRODERIES OR ET ARGENT.

HAUTES NOUVEAUTÉS.

Cette Maison, dont le cachet et la coupe élégante l'ont placé au premier rang, se recommande encore aux Étrangers par un grand choix d'Étoffes de la plus grande nouveauté. Une grande exactitude et des prix très-modérés lui ont mérité une juste réputation.

Court dresses. Gold and silver embroidered of the latest fashion.
This house, whose elegant cut places it on the first rank, recommends itself besides to foreigners by a great variety of stuffs of the best fashion. Great punctuality and very moderate prices have justified its reputation.

Dieses Haus, dessen eleganter Schnitt es in den ersten Rang gestellt hat, empfiehlt sich noch den Fremden durch eine große Auswahl von Stoffen neuester Mode. Eine große Pünktlichkeit und sehr mäßige Preise haben ihm einen wohlverdienten Ruf zugezogen.

TAILLEUR.

ALFRED

18, rue de la Paix.

FOURNISSEUR DE SA MAJESTÉ L'EMPEREUR.

Tous les articles de cette Maison, dont la réputation est justement méritée, sont de premier choix, et d'un prix qui la pose, à Paris, comme une maison toute de confiance.

Purveyor to His Imperial Majesty the Emperor.

All articles of theis house, whose reputation is justly deserved, are of a select choice and at such prices which give it the greatest confidence in Paris.

Hoflieferant S. K. M. des Kaisers.

BRODERIES ET NOUVEAUTÉS.

MLLE HARAND,

33, rue Neuve-Vivienne.

TROUSSEAUX ET LAYETTES.

Cette Maison jouit d'une réputation de bon goût et de confiance qui l'a placée en premier ordre parmi les Maisons de Lingerie.

This établishment enjoys of a reputation of taste and confidence which has placed it in the first rank.

MODES ET PARURES, PLUMES ET FLEURS.

Mme ANNA, Vve SEMÉRAIRE,

AU PREMIER,

8, rue de Choiseul.

Cette Maison, dont la réputation de bon goût est citée parmi les Dames de distinction, se recommande, malgré ses jolies productions, par la modicité de ses prix.

This house, whose reputation of good taste is know amons the fashionable ladies recommends itself by its beautiful productions and the moderate prices.

COIFFEUR.

MAISON STANISLAS

40, rue Neuve-Vivienne,

Au premier.

Cette Maison, dont les Salons sont les plus confortables de Paris, est la seule qui donne à la toilette des Étrangers des soins tout particuliers, et, disons-le, soins nécessaires aux hommes de distinction; aussi sa réputation est-elle proverbiale, tant par l'habileté des jeunes gens de cette Maison, que par la qualité des parfums que l'on y trouve.

This establishment has the most comfortable rooms of all Paris and is the only one which gives a particular care to the toilet of foreigners absolutely necessary to gentlemen. It has got an universal reputation as much for the dexterity of the coiffeurs as for the quality of its perfumery.

Dieses Haus, dessen Salons die bequemsten und schönsten von Paris sind, ist das Einzige, welches der Toilette der Fremden jene ganz besondere Sorgfalt widmet, die Leuten von Distinction so äußerst nothwendig ist; auch ist sein Ruf sprüchwörtlich geworden, sowohl durch die Geschicklichkeit der jungen Leute des Etablissements, wie auch durch die Qualität der Parfümerien, welche man dort findet.

PHOTOGRAPHIE.

CH. REUTLINGER,

Fournisseur de l'Ambassade d'Angleterre.

112, *rue de Richelieu*, au coin du boulevard Montmartre.

C'est à cet éminent artiste que nous devons l'introduction en France de l'art de la photographie sur papier et sur verre; aussi ses œuvres sont-elles frappées au cachet de l'habileté expérimentée, tant par lui-même que par les artistes distingués qu'il emploie dans ses ateliers.

Photographer to the British Embassady.

It is to this eminent artist we owe the introduction of the photographic art in France; his works distinguish themselves before all others, as well by the photography itself as by the distinguished artists he employs in his establishment.

Diesem ausgezeichneten Künstler verdanken wir die Einführung der Photographie in Frankreich; seine Bilder tragen den Stempel der Vollkommenheit, sowohl durch die Photographie, wie durch die Mitwirkung der berühmten Maler, welche er in seinem Atelier beschäftigt.

RESTAURANT FRASCATI

Boulevard Montmartre, 19 et 21,

et rue de Richelieu, 112, au premier.

Déjeuners à 1 fr. 25.

Les déjeuners se composent de beurre et radis ou d'une sardine, deux plats au choix, un dessert, une demi-bouteille de vin de Macon ou Châblis et pain.

Diners à 2 fr. et 2 fr. 50.

DINERS A 2 FRANCS. — On a potage, trois plats au choix, un dessert, une demi-bouteille de vin de Mâcon ou Châblis et pain. — Pour 2 fr. 50, on a une bouteille de vieux mâcon ou bordeaux.

NOTA. — Le nouveau Propriétaire a l'honneur de soumettre aux amateurs de la gastronomie qu'il ne laissera rien à désirer sur la variation et la qualité des mets. Tous les Salons et Cabinets sont fraîchement décorés ; ils ont aussi l'avantage d'être frais et aérés, donnant tous sur les Boulevards, et garnis chacun d'un balcon magnifique.

Breakfast at 1 fr. 25.

The breakfasts are composed of butter and radishes or of one sardine, two dishes at choice, a dessert, half a bottle of wine (Macon or Chablis) and bread.

Dinners 2 fr. and 2 fr. 50.

Dinner at 2 fr. soup, three dishes, at choice a dessert, half a bottle of wine (Macon or Chablis) and bread.
For 2 fr. 50 a bottle of old burgundy or claret.

Frühstück zu 1 Fr. 25. — Das Frühstück besteht aus Butter und Radis oder einer Sardine, zwei Gerichte nach Belieben, ein Nachtisch, eine halbe Flasche Wein (Macen oder Chablis) und Brod.

Mittagessen 2 Fr. und 2 Fr. 50. — Mittagessen zu 2 Fr. hat man Suppe, drei Gerichte nach Wahl, einen Nachtisch, eine halbe Flasche Wein (Macen oder Chablis) u. Brod. Für 2 Fr. 50 hat man eine ganze Flasche alten Burgunder oder Bordeaux.

TAVERNE ANGLAISE.

The most confortable Establishment in Paris with a beautiful garden.

TABLE ANGLAISE ET FRANÇAISE.

Cette Maison est la seule de son genre où se réunissent les Étrangers de distinction. Elle doit cette faveur à son cachet, aux soins qu'elle apporte dans le service, et surtout à la qualité des mets et des vins.

British tavern.

The most confortable establishment in Paris with a beautiful garden. English and French dinners.

This house is the only one of its kind, where foreigners of distinction can meet. It owes this favour to the elegance of the service, and chiefly to the superior quality of the dishes and wines.

Englische Taverne. — Das comfortabelste Etablissement in Paris mit einem sehr schönen Garten. — Englische und französische Küche. — Dieses Haus ist das Einzige seiner Art, wo Fremde von Distinction sich versammeln. Es verdient diese Gunst durch seinen Geschmack und die Sorgfalt, welche es dem Service widmet und besonders wegen der Qualität seiner Gerichte un d

MAISON MOUREAU,

DUPUIS, Successeur,

40, Palais-Royal.

RESTAURANT A PRIX FIXE.

Dîners. 2 fr.   4 plats. dessert, 1/2 bouteille de vin ⎫ Macon ou
—   2 fr. 50   —   1   —   ⎬ Bordeaux
Dejeûners 1 fr. 50 3 plats, dessert.—2 fr. 1 bouteille.

Avis.—Cette maison est la seule des établissements de bon genre qui donne 4 plats au lieu de 3 pour les dîners; elle est considérée comme la meilleure de Paris. Sa cave surtout est réputée bonne.

Dinner. 2 fr.   4 dishes, dessert, 1/2 bottle of wine ⎫ Burgondy
—   1 fr. 50   ditto.   1   —   ⎬ or claret.
Breakfast. 1 fr. 50 3 dishes, dessert.—2 fr. a bottle or tea.

Notice.—This house is the only of this sort of establishments which allows four dishes instead of three for dinner; it is considered as the best of Paris. Wines are reputed excellent.

Restaurant zu festen Preisen.

Mittagessen, **2 Fr.** 4 Gerichte und Dessert; eine halbe Flasche Wein (Burgunder oder Bordeaux). — 2 Fr. 50 C. 4 Gerichte und Dessert; 1 Flasche Wein Burgunder oder Bordeaux).

Frühstück, 1 Fr. 50 C. 3 Gerichte und Dessert; eine Flasche Wein (Burgunder oder Bordeaux). — 2 Fr. 1 Flasche Wein, oder Thee.

Anmerkung. Dieses Haus ist das einzige Etablissement dieser Art, welches vier Gerichte statt drei zum Mittagessen gibt; es wird als das beste von Paris betrachtet. Seine Weine genießen eines ausgezeichneten Rufes.

HOTEL.

HOTEL SAINTE-MARIE,

69, rue de Rivoli,

Ci-devant HOTEL ROSSIGNOL.

Dans ce magnifique prolongement de la rue de Rivoli, cette Maison est la seule qui, par son confortable et son cachet de distinction, puisse se recommander aux Étrangers.

Un Restaurant de premier ordre est adjoint à l'Hôtel.

L'Hôtel du Nord, place Roubaix et en face du chemin de fer du Nord, est correspondant de l'Hôtel Sainte-Marie.

Hotel Sainte-Marie, 69, rue de Rivoli, formerly Hotel Rossignol.

In the magnificent prolongation of the rue de Rivoli, this house is the only one, which by its comfort and distinction can be recommended to foreigners.

A restaurant of first quality is attached to the hotel.

The Hotel du Nord, Place Roubaix, opposite the Chemin de fer du Nord is corresponding with the Hotel Sainte-Marie.

Hôtel Sainte-Marie, 69, rue de Rivoli, vormals Hôtel Rossignol.

In der prachtvollen Verlängerung der rue de Rivoli ist dieses Haus das einzige, welches seiner Comforts und Eleganz wegen sich den Fremden ganz besonders empfiehlt.

Ein Restaurant ersten Ranges ist mit dem Hôtel verbunden.

Das Hôtel du Nord, place Roubaix, gegenüber dem Chemin de fer du Nord, steht in Verbindung mit dem Hôtel Sainte-Marie.

HOTELS.

HOTEL MEURICE

Rue de Rivoli.

The most confortable hotel in Paris.

HOTEL DE LILLE ET D'ALBION,

Rue Saint-Honoré, 323.

Very confortable hotel with a beautiful garden.

BOTTIER.

CLERCX,

Boulevard des Italiens, 11, ci-devant rue Vivienne, 4.

Médaille à l'Exposition universelle de New-York.

MAISON A NEW-YORK, 720, *Broad-Way.*

Cette maison, placée depuis longtemps en première ligne, se recommande exclusivement par le bon goût et la qualité reconnus de ses articles.

This house placed since a long time in the first line recommends itself by the good taste and the acknowledged quality of its articles.

Medaille bei der großen Ausstellung in New-York.

Haus in New-York, 720, Broadway.

Dieses Haus, welches seit langer Zeit den ersten Rang einnimmt, empfiehlt sich ausschließlich durch seinen guten Geschmack und die anerkannte Qualität seiner Artikel.

BONNETERIE ET GANTERIE.

A. ET J. MAUREL,

67, *Rue de Rivoli*, en face la rue de l'Arbre-Sec.

GANTERIE — RUBANS — BONNETERIE — CHEMISES

Cette Maison, connue pour ses articles de goût et de haute fashion, joint à son comptoir de Bonneterie la Mercerie, les plus hautes nouveautés en rubans, les Chemises, Cravates, Foulards de l'Inde, Flanelles de santé.

Sa Ganterie indécousable est réputée garantie comme une des meilleures de Paris.

Spécialité de Gants de Suède.

Ombrelles, Parapluies, Bretelles, Jarretières.

GLOVES. — RIBBOUS. — CAPS. — SHIRTS.

This establishment known for its articles of taste and latest fashion joins to its millinery, the latest novelties in ribbons, shirts stocks, India pocket handkerchiefs and flannels.

The gloves of this house are warranted not to crack. Sweden leather gloves. Parasols, umbrellas, braces and garters.

Handschuhe, Bänder, Mützen, Hemden. — Dieses Haus, bekannt wegen seines guten Geschmacks und neuesten Moden, verbindet mit seinen Modewaaren die neuesten Artikel in Bändern, Hemden, Cravaten, ostindischen Taschentüchern u. Gesundheits-Flanellen. Seine Handschuhe, dessen Nähte nicht aufgehen, sind berühmt als die Besten von Paris. Spezialität von schwedischen Handschuhen. Sonn- und Regenschirme. Hosenträger und Strumpfbänder.

CHEMISIERS.

MAISON PETIT. — Ve LEDOT, S^{eur} B^{té}.

5, *Boulevard des Italiens*, en face le passage de l'Opéra.

Chemises sans boutons par brevet d'invention. Cette maison possède un grand choix de nouveautés en cravates, mouchoirs et généralement tous les articles pour hommes ; la fashion parisienne la cite comme une des premières de Paris, tant pour son goût que pour la modicité de ses prix.

Shirts without buttons by patent. This house has a great choice of novelties in stocks, pocket handkerchiefs and all general articles for gentlemen. The Parisian fashion is considering it as one of the best in Paris as well for its taste as the cheapness of the goods.

Hemden ohne Knöpfe, Patent. — Dieses Haus besitzt eine große Auswahl Cravaten, Taschentücher und alle sonstigen Modeartikel für Herren. Die feine Pariser Welt betrachtet es als eines der ersten, sowohl wegen seines guten Geschmacks als der Billigkeit seiner Preise.

CORSETS.

Mme SOPHIE DUMOULIN,

BREVETÉE,

44, *rue Basse-du-Rempart,*

Fournisseur de Cours étrangères.

Neuf médailles différentes ont récompensé madame Sophie Dumoulin de l'éminent service qu'elle vient de rendre par son invention du corset sans gousse, dont l'ingénieuse combinaison permet de faire ressortir la grâce des contours, sans nuire ni à la santé ni au développement des jeunes filles.

Quelques contrefaçons, mal réussies, ont voulu se mettre en parallèle; mais l'expérience de quelques Dames trompées en a bientôt fait justice.

Purveyor to several courts.

Nine different medals have rewarded Mme. Sophie Dumoulin for the eminent service she has rendered by inventing the corset without gussets, whose ingenious combination shows the grace of the body without injuring the health, or the developement of young ladies.

Bad imitations have been produced but were soon condemned by the experience of some deceived ladies.

Hoflieferantin mehrerer fremder Höfe. — 9 verschiedene Medaillen haben Mad. Sophie Dumoulin für den ausgezeichneten Dienst belohnt, welchen sie durch die eminente Erfindung der Corsets ohne Zwickel geleistet hat. Diese erfinderische Combination gestattet, die Grazie der Umrisse, ohne der Gesundheit und der Entwickelung der jungen Damen zu schaden. Einige schlechtgelungene Nachahmungen haben sich in Parallele mit diesem Hause stellen wollen, sind aber bald durch die Erfahrung von einigen getäuschten Damen verurtheilt worden.

ROBES. — COUTURE.

MAISON ALEXANDRE GHYS.

10, rue Ménars.

MANTEAUX DE COUR, ROBES DE BAL.

Cette Maison, dont les créations heureuses font fureur dans les Salons parisiens, jouit également d'une grande faveur chez les Dames étrangères.

This establishment, whose successful creations are highly appreciated by the fashionable society of Paris, is likewise in great favour with foreing ladies.

Dieses Haus, dessen glückliche Erfindungen Sensation in den pariser Salons erregen, genießt gleichfalls große Gunst bei den fremden Damen.

ROBES.

Mme PEYTEL,

Rue de la Paix, 1.

Manteaux de Cour, Robes de ville et de bal.

Court trains, town and ball dresses.

Hof-Mäntel, Stadt- und Ballkleider.

ROBES. — COUTURE.

MAISON FAUVET.

Mmes FAUVET et VACHER.

4, rue Ménars, au rez-de-chaussée.

Cette Maison est citée par le cachet de ses Modes, et par les Soieries magnifiques qu'elle possède.

This house is renowned for the distinction of its articles and the magnificent silks it possesses.

Dieses Haus wird rühmend erwähnt wegen seiner ausgezeichneten Modeartikel und der prächtigen Seidenstoffe, die es besitzt.

FLEURS ET PARURES ARTIFICIELLES.

PARURES DE MARIÉES.   COIFFURES DE BAL.

Mᵐᵉ ALEXANDRINE CUVILLIER-BOITIN

ÉLÈVE DE BATTON,

FOURNISSEUR BREVETÉE

DE LL. MM. L'EMPEREUR ET L'IMPÉRATRICE.

FLEURS ARTIFICIELLES,

5, *rue de la Paix*, vis-à-vis l'hôtel Mirabeau.

Cette Maison, déjà favorablement connue, vient de transporter ses Magasins *rue de la Paix*, 5, pour être plus à portée de son élégante clientèle.

This establishment already favourably known has removed its warehouses to No. 5 rue de la Paix, in order to be nearer its customers.

Dieses Haus, bereits vortheilhaft bekannt, hat seine Waarenlager nach No. 5, rue de la Paix, verlegt um mehr in der Nähe seiner eleganten Kundschaft zu sein.

FLEURS ET PARURES ARTIFICIELLES.

CONSTANTIN, B^TÉ,
MARCHAIS FRÈRES, SUCESSEURS,
Rue d'Antin, 7,

FOURNISSEUR BREVETÉ DE SA MAJESTÉ L'IMPÉRATRICE, DE SA MAJESTÉ LA REINE D'ANGLETERRE ET DE TOUTES LES COURS ÉTRANGÈRES,
EXPOSITION DE LONDRES, GRANDE MÉDAILLE.

Cette Maison est trop universellement connue pour qu'il soit utile de donner des détails sur ses délicieux produits.

Purveyor by letters patent to Her Imperial Majesty The Empress, to Her Majesty The Queen of England and to all the foreign courts.
Gold Medal at the London Exhibition. This house being too universally known it would be useless to give particular details of its articles.

Hoflieferantin J. K. M. der Kaiserin, J. M. der Königin von England und aller fremden Höfe. — Goldene Medaille auf der Londner Kunstausstellung.— Dieses Haus ist zu allgemein bekannt, als daß es nothwendig wäre, nähere Details über seine Artikel zuben ge-

PAPETERIE. — POTICHOMANIE.

BUHOT

Passage de l'Opéra, galerie du Baromètre, 27 et 29.

Déjà célèbre par la supériorité, l'élégance et le goût parfait de ses articles de papeterie et d'ébénisterie, portefeuilles, albums, buvards, pupitres, écrans, etc., cette Maison fait aujourd'hui parler d'elle pour le succès de première ligne qu'elle a obtenu dans la confection de la *Potichomanie*. Elle n'a pas de rivale pour l'imitation de ses chinoiseries; elle a su dépasser la nature chinoise.

Son Magasin a toujours la spécialité pour les fournitures d'Administration, Maisons de banque et Agents de change.

Already celebrated for the superiority, elegance and perfect taste of its paper and pasteboard articles, portfolios, albums, blotters, desks and fine screens. This establisment is universally talked off for its first rate success in confectioning articles for *Potichomania*. It stands unrivaled for its chinese imitations, and is believed to surpass even chinese ingenuity.

Special purveyor to banking and commercial houses.

Allgemein berühmt durch die Eleganz und den ausgezeichneten Geschmack seiner Papeteriesachen. Portefeuilles, Albums, Briefmappen, Pulte und Ofenschirme. Man spricht gegenwärtig nur von dem großen Erfolg, welchen dieses Haus in der Verfertigung seiner Potichomania-Artikel erlangt hat. Es hat keinen Nebenbuhler wegen seiner chinesischen Nachahmungen, die selbst die chinesische Natur übertreffen, zu fürchten. Das Haus liefert fortwährend Bureauartikel an alle Administrationen, Bankhäuser und Wechsel-Agenten.

PARFUMERIE.

MAISON GUERLAIN,

15, *rue de la Paix*, au coin de la *rue Neuve-St-Augustin*.

Fournisseur breveté de S. M. l'Impératrice des Français, de LL. MM. la Reine d'Espagne, la Reine de Wurtemberg et des principales cours étrangères.

Parfums, cosmétiques *spéciaux*, rouges, blancs, sachets et sultanes.

Perfumer to Her Imperial Majesty the Empress of the French, their Majesties the Queen of Spain, the Queen of Wurtemberg and the principal foreign courts.

Perfumes, special cosmetics, red and white, sachets and sultanas.

Hoflieferant Ihrer kaiserlichen Majestät der Kaiserin der Franzosen, Ihrer Majestäten der Königin von Spanien, der Königin von Würtemberg und mehrerer fremden Höfe.

Parfümerien, besonders Cosmetiques roth und weiß, Sachets und Sultanes.

MODES.

Mme PERROT-DIÉTRICH.

Boulevard Poissonnière, 13 bis (maison du Pont-de-Fer).

Cette maison jouit depuis longtemps de la faveur des plus élégantes Parisiennes pour ses chapeaux et tous ses articles de modes. Les dames y apprécient surtout cet art particulier d'approprier à la physionomie la coiffure qui lui sied le mieux. Ce qui pour d'autres exigerait une longue étude n'est là qu'une affaire d'inspiration : Elégance, bon goût et science des transformations de la mode.

This establishment enjoys for a long time the favour of the most elegant Parisian ladies for bonnets and all articles of millinery. The ladies appreciate there chiefly this particular art of making to the physionomy the hair dresses which suit the best. What for others would require a long study is there merely an affair of inspiration : Elegance, good taste and science of the transformations of fashion.

Dieses Haus genießt seit langer Zeit die Gunst der elegantesten Pariser Damen wegen seiner Hut- und Putzmacher-Artikel.

Die Damen schätzen dort hauptsächlich diese besondereil Kunst einer jeden Physionomie denjenigen Kopfputz zu geben, der am besten kleidet.

Was für Andere ein langes Studium erfordern würde, ist dort nur Eingebung, Eleganz, guter Geschmack und die Kunst aller Umgestaltungen der Moden.

SPÉCIALITÉ POUR L'HABILLEMENT DES ENFANTS

54, *rue Vivienne* (à côté des Villes de France).

MAISON DEPLANCHE,

FOURNISSEUR DE SA MAJESTÉ LA REINE D'ESPAGNE.

Lingerie. — Layettes simples et riches, toilettes de baptême, toilettes de première communion, articles de fantaisie.
Modes. — Chapeaux et coiffures.
Chapellerie. — Chapeaux feutre, berets, toques et casquettes.
Confection. — Pour Demoiselles : Costumes simples et riches, costumes de cour et cérémonies.
Confection. — Pour Garçons : Costumes simples et riches, costumes de tailleur.

La grande réputation dont jouit la maison Deplanche est due au bon goût et à l'excellente qualité des articles sortis de ses ateliers de confection, de lingerie et de mode, fort recherchés en France et à l'Étranger.

By letters patent of the Queen of Spain.

Linen. — Plain and rich children dresses, christening dresses, dresses for the first communion, fancy articles.
Millinery. — Bonnets and hair dresses.
Hats. — Felt-hats, berrets and caps.
Ready made articles for young ladiss. Court and ceremony costumes.
Ready made articles for boys. Simple and rich costumes. Costumes for tailors,

The gteat reputation the house Deplanche enjoys is the result of the good taste and the excellent qaality of its ready made articles, linen and millinery very much esteemed in France and foreing countries.

Lieferant Ihrer Majestät der Königin von Spanien.

Weißzeug. Einfaches und reiches Kinderzeug, Kindtaufanzüge, Anzüge für die erste Communion, Fantasie-Artikel.

Moden. Hut- und Kopfputz.

Hüte. Filzhüte, Berets und Mützen.

Die große Renommée des Hauses Deplanche begründet sich auf den guten Geschmack und die ausgezeichnete Qualität seiner fertigen Sachen von Weißzeug und Modewaaren, welche in Frankreich und dem Auslande sehr begehrt sind.

SOIERIES.

MAISON MICHAULT

90, rue Richelieu.

Cette Maison, dès son début, s'est posée par le bon goût de ses Étoffes en première ligne. Des dispositions spéciales, et qu'elle seule possédera, ont été demandées aux fabriques de Lyon pour la saison qui va s'ouvrir. Les confections de cette Maison ont également un cachet particulier.

The good taste of this house has placed it since its beginning on the first rank. Special articles which this establishment only will possess have been ordered at Lyon's for the present season. The ready made articles of this establisment have likewise a most fashionable cut.

Seit seinem Entstehen hat dieses Haus wegen dem guten Geschmack seiner Stoffe den ersten Rang eingenommen. Ganz besondere Artikel, welche es nur allein besitzen wird, sind für die bevorstehende Saison in den Fabriken Lyons bestellt worden. Die fertigen Sachen dieses Hauses tragen den Stempel des vollendeten Geschmacks.

NOUVEAUTÉS POUR ENFANTS.

Mme LEMAIRE,

25, boulevard des Italiens.

Cette Maison, toute spéciale pour le bon goût et la grâce de ses jolies petites toilettes d'enfant, s'est tout à coup, dès son début, fait remarquer par la société aristocratique qui maintenant forme sa clientèle. Chaque jour de nouvelles créations augmentent la réputation de madame Lemaire, qui, dans son genre, se classe de droit près de mesdames de Baizieux et Roger.

This house special for the good taste and the grace of all its pretty little dresses for children has made itself distinguish by the aristocracy who form now the principal customers of the establishment. Newly every day a new invention is increasing the reputation of Mme. Lemaire, who is placing herself her articles on the same line as Mrs. de Baiziaux.

Dieses Haus, ausgezeichnet wegen des guten Geschmacks und der Zierlichkeit seiner allerliebsten Anzüge für kleine Kinder hat sich seit seiner Begründung der Aristokratie, die jetzt seine Kundschaft bildet, bemerkbar gemacht. Fast jeden Tag vermehrt sich der Ruf der Madame Lemaire, welche in ihrem Fache sich mit Recht auf eine Stufe mit den Damen Baizian und Roger stellen kann.

MODES.

Mlle SOLLER,

45, *rue Neuve-Saint-Augustin.*

Les Modes de cette Maison ont un cachet de distinction qui lui vaut la clientèle de toute l'aristocratie parisienne.

The articles of this house are of a particular distinction, which attracts the whole aristocracy of Paris.

Die Modeartikel dieses Hauses zeichnen sich ganz besonders aus, wodurch es die Kundschaft der ganzen pariser Aristrokratie erlangt hat.

MODES.

MAISON MONTEL-GALY,

5, boulevard des Capucines,

AU PREMIER.

La distinction des Modes de cette Maison se reconnaît dans les Salons parisiens. Sa clientèle est toute aristocratique; aussi les Dames étrangères ne peuvent-elles mieux choisir pour leurs achats que cette Maison, dont les prix sont aussi modérés que possible.

The elegance of the articles of this establishment is acnowledged by the Parisian fashion; its customers are entirely aristocratic; therefore foreing ladies can make no better choice for their purchases than at this house, whose prices are as moderate as possible.

Der ausgezeichnete Geschmack der Modeartikel dieses Hauses ist allgemein in den pariser Salons anerkannt; seine Kundschaft ist eine gänzlich aristokratische, daher können fremde Damen keine bessere Wahl für ihre Einkäufe treffen, wie dieses Haus, wo die Preise so billig wie möglich gestellt sind.

MODES.

MAISON LEMONNIER.

PELVEY D'EST,

Rue Saint-Honoré, 348, *au premier.*

Les articles de cette Maison sont fort appréciés dans les salons parisiens.

The articles of this house are greatly appreciated by the fashionable society of Paris.

Die Artikel dieses Hauses werden allgemein in den pariser Salons geschätzt.

===

MODES.

Mme ODE,

30, *rue de la Paix.*

FOURNISSEUR BREVETÉ DE SA MAJESTÉ L'IMPÉRATRICE.

MAISON EN GRANDE RÉPUTATION.

By letters patent of Her Imperial Majesty the Empress. Establishement of a great reputation.

Hoflieferantin J. K. M. der Kaiserin. — Haus von rgoßem Rufe.

MODES.

MAISON BIGEY,

51, rue Vivienne.

Toujours devancer les formes les plus nouvelles sans jamais contrarier les lois du goût : tel est le problème résolu par cette maison dont les coiffures n'ont pas été moins remarquées dans les bals de l'aristocratie. Cette maison a obtenu à la ville, comme pour ses articles d'exportation, la réputation la mieux méritée et la plus brillante.

Anticipating always the new forms without interfering with the laws of taste : that is the problem resolved by this house, whose hair dresses have not been less noticed at the balls of aristocracy. This house has obtained for his articles the most deserved and the most brilliant reputation.

Immer den neuesten Formen voreilen, ohne jemals den Gesetzen des guten Geschmacks entgegen zu handeln; dies ist das Problem, welches dieses Haus in seinem Kopfputz, der besonders auf den Bällen der Aristokratie bemerkt wurde, gelöst hat. Dasselbe hat wegen seiner Artikel die wohlverdienteste und glänzendste Renommée erlangt.

TEINTURES ET APPRÊTS.

TEINTURERIE NOUVELLE,

66, rue de Rivoli.

TEINTURES ET APPRÊTS PERFECTIONNÉS

DES ÉTOFFES DE SOIE ET DE LAINE.

SPÉCIALITÉ : Nettoyage irrétrécissant de toutes espèces de vêtements confectionnés, ornés, doublés, ouatés même, sans les défraîchir, les déformer ni les découdre.
Envois en Province.

Immproved diing and dressing of silk and woollen stuffs.
Unshrinking cleaning of all sorts of dresses, plain or not, even when lined and wadded, without spoiling, or unsowing them.
Articles sent to the country.

Vervollkommnete Färberei und Appretur von Seide und Wolle-Stoffen. — Besonders: Uneingehbare Reinigung von allen Arten verzierter, gefütterter und selbst wattirter, gemachter Kleidungsstücke, ohne ihnen die Frische zu nehmen, sie aus der Form zu bringen oder aufzutrennen. — Macht Versendungen nach der Provinz.

JOUETS D'ENFANTS.

A LA BONNE FOI.

MAISON TEMPIER,

27, Boulevard des Italiens.

Les magasins de cette maison, la première de Paris dans son genre, se recommandent surtout par leur extrême variété de tous ces charmants objets qui font la joie de l'enfance.

Depuis la simple poupée nue, jusqu'à la poupée munie de son trousseau, jusqu'à la poupée automate, jusqu'aux jouets mécaniques les plus ingénieux, tout se trouve dans la maison Tempier et à des prix qui rendent facile la satisfaction d'un caprice.

———

The warehouses of this house, the first in this branch, recommend themselves chiefly by the extreme variety of all those objects, which enjoy infancy.

From the simple naked doll to the doll in full dress, the automatic doll and even the most ingenious toys, every thing is to be found at Tempier's Establissement and at such prices which facilitate the satisfaction of any fancy.

———

Die Waarenlager dieses Hauses, des ersten in diesem Fache, empfehlen sich besonders durch die außerordentliche Verschiedenheit von allen denjenigen allerliebsten Gegenständen, welche die Kindheit erfreuen.

Von der einfachen bis zur völlig gekleideten Puppe, der automatischen Puppe und den erfindungsreichsten mechanischen Spielzeugen, alles findet man in dem Hause Tempier und zu solchen Preisen, welche die Befriedigung einer Laune gestatten.

PORCELAINES ET CRISTAUX.

Maison de l'Escalier de Cristal.

LAHOCHE ET PANNIER,

Palais-Royal, 162 à 164.

Pour les voitures, *rue de Valois*, 13, côté de la Banque.

Spécialité pour services de table, Porcelaines de Sèvres et de Paris, Cristaux, Pendules, Lustres et Candelabres, Lampes, Porcelaines et Bronzes, Objets d'art.

Choix de nouveaux modèles d'appareils bronze pour l'éclairage au gaz.

Les Expositions de Londres et New-York ont permis d'apprécier la variété et le grand choix des articles de cette Maison.

Speciality for dinner services, china of Sèvres and of Paris, cristals, clocks, lustres and candelabers, lamps, chinas and bronzes. Works of arts.

Large choice of new models for bronze gas fixtures.

The exhibitions of London and New York have enabled as to appreciate the rich variety of the articles of this house.

Spezialität für Tisch-Service, Sèvres und Pariser Porzellan, Krystalle, Pendulen, Kron- und Armleuchter, Lampen, Porzellan-Bronze-Kunstgegenstände.

Auswahl von neuen Modellen von Bronze-Apparaten für Gasbeleuchtung.

Die Kunstausstellungen von London und New-York haben uns Gelegenheit gegeben die große Auswahl der Artikel dieses Hauses zu beurtheilen.

AMEUBLEMENTS.

LITS-CANAPÉS BREVETÉS.

BRICARD, TAPISSIER,

7, rue Gaillon.

C'est à cette Maison, dont la réputation est établie depuis longtemps à juste titre, que nous devons la charmante invention du Lit-Canapé. Rien n'est si curieux que ce meuble à double usage, d'une commodité sans pareille.

It is to this house whose reputation is duly established, that we owe the charming invention of the sofa bed. There is nothing more curious than this piece of furniture of a double use and of a comfort without parallel.

Diesem Hause, dessen Ruf seit langer Zeit wohlverdient feststeht, verdanken wir die allerliebste Erfindung des Canapee-Betts. Nichts ist sehenswerther als dieses Möbel zum zweifachen Gebrauch und von einer Bequemlichkeit ohne Gleichen.

PARFUMEUR.

MAISON GESLIN,

CAMPROGER, S^{eur},

Boulevard des Italiens (Maison dorée).

SPÉCIALITÉ E'ÉVENTAILS ANCIENS ET MODERNES.

La parfumerie toute hygiénique et de qualité supérieure la classe au premier rang des maisons de ce genre. — Spécialité de gants de chevreau à 2 fr. 50.

ANCIENT AND MODERN FANS.

The parfumes of this house are of a superior quality; they are considebed to be the best in Paris. Kid gloves at fs. 2 50.

HORLOGERIE.

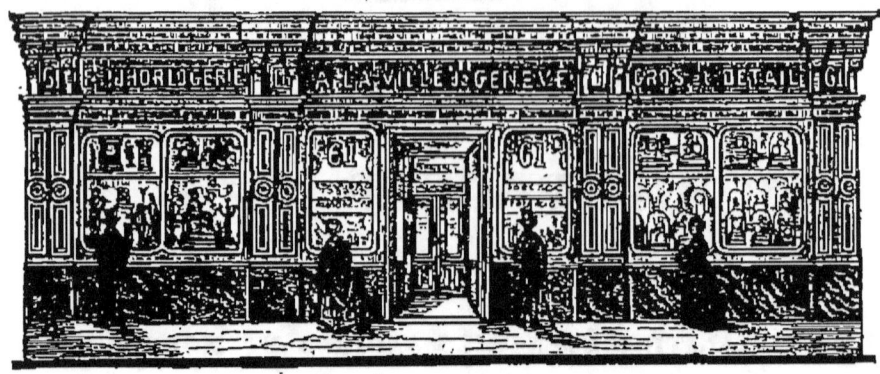

L. KOPENHAGUE

Fabrique et magasin de Montres, Pendules et Bronzes,

PIÈCES D'ART ET DE PRÉCISION,

61, rue de Rivoli, 61.

Cette Maison jouit à Paris d'une réputation de conscience qui nous fait un devoir de l'indiquer aux Étrangers.

Manufactory and warehouse of watches, clocks and bronzes. Pieces of art and chronometers.
This establishment enjoys in Paris a reputation, which imposes to us the duty of indicating it to foreigners.

Fabrik und Waarenlager von Uhren, Pendulen und Bronze. Kunstgegenstände und Chronometer. Dieses Haus genießt eines Rufes von Vertrauen in Paris, der uns die Pflicht auferlegt, es den Fremden bekannt zu machen.

RESTAURANT.

VERY,
PALAIS-ROYAL.

Entrée pour les Voitures, 15, *rue Beaujolais*.

Considéré comme le meilleur et le plus confortable Restaurant de Paris.
Sa réputation est universellement connue.

Entrance for carriages, 15, rue Beaujolais, considered as the best and the most comfortable restaurant of Paris.
Its reputation is universally acknowledged.

Auffahrt für Wagen, 15, rue Beaujolais.
Wird als der beste und comfortabelste Restaurant von Paris betrachtet.
Sein guter Ruf ist der ganzen Stadt bekannt.

CAFÉ DE FOY,
Palais-Royal, 59, Galerie Montpensier.

Cette Maison est spéciale et réputée pour ses Glaces et ses Rafraîchissements. Elle est la première du Palais-Royal, et le point de réunion des Étrangers de distinction.

This establishment is specially renowned for its ice creams and refresments for evening parties. It is the best in the Palais-Royal and the only place where distinguished foreigners meet.

Dieses Haus ist ganz besonders berühmt wegen seines Gefrorenen und seiner Erfrischungen für Abendgesellschaften. Es ist das beste Etablissement im Palais-Royal und der Versammlungsort für Fremde von Auszeichnung.

RELIEUR Bté DE S. M. L'EMPEREUR.

DESPIERRES, place du Louvre, 12.

PAROISSIENS, LIVRES DE MARIAGE, ETC.

BOULANGERIE VIENNOISE.

92, rue Richelieu.

ANCIENNE MAISON ZANG.

PARROD, SUCCESSEUR BREVETÉ.

VÊTEMENTS EN CAOUTCHOUC

LEBIGRE,

112, rue de Rivoli, entre les rues de l'Arbre-Sec et du Roule;

Ci devant 279, rue Saint-Honoré.

MANTEAUX ET CHAUSSURES EN CAOUTCHOUC.

Manteaux, Paletots, Crispins, Étoffes en pièces, soie, laine, coton, Taffetas gommé, *Toiles cirées*, Tabliers, Coussins, Clyssoires, Bretelles, Jarretières, Chaussons, Semelles, Goussets, Tissus élastiques *gutta-percha*.

Avis. — Cette maison est de tout Paris la plus recommandable sous tous rapports.

Between the rue de l'Arbre-Sec and the rue du Roule,

Formerly, 279, rue Saint-Honoré.

Waterproof cloaks aud shoes.

Cloaks, great coats, crispins, silk, wollen, cotton, gummed taffeta and oiled silk stuffs, aprons, cushions, clyster-pipes, braces, garters, socks, soles, pocket-breeches, elastic wearing. Gutta-percha.

Observation. — This house is in every respect the most recommendable in Paris.

Mäntel, Ueberröcke, Crispins von Seide, Wolle, Baumwolle, gummirter Taffet und Wachsleinwand-Stoffe, Schürzen, Kissen, Klystirspritzen, Hosenträger, Strumpfbänder, Socken, Sohlen, Hosentaschen, elastische Gewebe, Gutta-Percha.

Anmerkung. Dieses Haus ist dasjenige, welches vor allen andern in Paris in jeder Beziehung zu empfehlen ist.

PEIGNES EN CAOUTCHOUC,

BREVET DE 15 ANS SANS GARANTIE DU GOUVERNEMENT,

DE LA FABRIQUE DE

FAUVELLE-DELABARRE,

10, *Boulevard Bonne-Nouvelle*, *et* 12, *Boulevard Poissonnière.*

By pattent letters, W. G. O. F. G. of the manufactury of Fauvelle-Delabarrre, 10, boulevart Bonne-Nouvelle.

Privilegirt.
Aus der Fabrik von Fauvelle-Delebarre.

DINER DU COMMERCE

Grande galerie du passage des Panoramas, 24, au premier.

Déjeûner à 1 fr. 60 c. composé d'une demi-bouteille de bordeaux ou mâcon, deux hors-d'œuvre, deux plats au choix, deux desserts.
Diner à 3 fr. Une bouteille de bordeaux ou mâcon, ou une demi-bouteille de vin supérieur, et un menu complet de table d'hôte de première classe.

Cabinets de société.

Avis.—Depuis un an plusieurs créations d'établissements de ce genre viennent d'être faites, mais nous indiquons aux étrangers le DINER DU COMMERCE comme l'établissement le mieux tenu sous tous les rapports.

Chief gallery of the Passage des Panoramas, 23, on the 1st floor.

Breakfast, 1 fr. 60 c. composed of half a bottle of claret or Macon, two entremets, two dishes at choice, two desserts.
Dinner, 3 fr. A bottle of claret or Macon or half a bottle of a superior wine, the dinner of a table d'hote first class.

Private rooms.

Notice.— Since last year several establishements of this description have been founded, but we recommend to foreigners the DINNER OF COMMERCE as the best in every respect.

Große Gallerie im Passage Panorama.

Frühstück, 1 Fr. 60 C., bestehend in einer halben Flasche Bordeaux oder Macon, 2 Entrées, 2 Gerichte nach Wahl, 2 Nachtische.

Mittagessen, 3 Fr. Eine Flasche Bordeaux oder Macon, oder eine Flasche feineren Weines. Das Essen des einer Table-d'Hôte ersten Ranges.

Gesellschafts-Zimmer.

Anmerkung. Seit Jahresfrist sind verschiedene Etablissements dieser Art in Paris gegründet worden, aber wir empfehlen den Fremden das Diner du Commerce als das bei weitem beste in jeder Beziehung.

CAFÉ VÉRON.

Intérieur du Café.

Ce café-restaurant situé boulevart Montmartre, 13, au coin de la rue Vivienne, est le premier établissement du boulevart pour les étrangers. Les cabinets de société, dont l'entrée particulière est par la rue Vivienne, sont d'un luxe et d'un confortable qui ne laissent rien à désirer à la riche clientèle qui favorise cette maison hors ligne.

(Glaces renommées.)

This café-restaurant situated Boulevart Montmartre, 13, corner of the rue Vivienne, is the chief establishment for foreigners on the boulevart. The private rooms, whose entrance is from the rue Vivienne are furnished with an elegance and comfort, according to the prétentions of the rich customers, who are patronizing this establishment.

Dieser Café-Restaurant, gelegen Boulevart Montmartre, 13. Ecke der Rue Vivienne, ist das erste Etablissement für Fremde auf dem Boulevart. Die kleinen Cabinete, deren Eingang von der Rue Vivienne ist, sind mit einem Luxus und einer Bequemlichkeit eingerichtet, welche nichts der reichen Kundschaft, die dieses ausgezeichnete Haus begünstigt, zu wünschen übrig lassen.

CACHEMIRES DES INDES

ET CHALES FRANÇAIS

MARQUÉS EN CHIFFRES CONNUS.

PRIX FIXE.

AUX INDIENS

93, *rue de Richelieu*, près le boulevard des Italiens.

Cette Maison est de celle qu'on appelle Maison de Confiance, chose si rare en articles de son genre; aussi doit-elle à la modicité de ses prix la clientèle distinguée qui s'augmente de jour en jour dans des proportions considérables.

C'est de cette nombreuse clientèle que résulte le renouvellement continuel de marchandises, et qui fait que jamais un châle ne se présente sous les yeux de l'acheteur sans être d'une entière fraîcheur.

On trouve dans ces Magasins tous les produits de la fabrique française, et principalement les cachemires si merveilleusement imités des cachemires des Indes.

Tous les articles sont vendus avec garantie et échangés au gré de l'acheteur. On expédie en Province.

93, *rue Richelieu, close to the boulevart des Italiens.*

This house is one of those called "maison de confiance" a

rare thing for articles of this description, also in consequence of its moderate prices, its distinguished customers increase every day in a very considerable proportion.

The extensive business enables the proprietor to renew continually his stock of goods, therefore a shawll will never be presented for sale without being of an entire freshness.

In this warehouse all the productions of French manufactory and chiefly the wonderful imitation ef Indian cashmere shawls will be foud. All the goods sold are warranted and changed according to the wishes of the public.

Goods will be forwarded to to all parts of France and foreing countries.

Dieses Haus ist eins von denjenigen, welche man **Maison de Confiance** nennt, eine seltene Sache bei Artikeln dieser Art; auch verdankt es der Billigkeit seiner Preise eine ausgewählte Kundschaft, die mit jedem Tage in ganz ungewöhnlichem Verhältniß zunimmt.

In Folge dieses zahlreichen Zuspruchs findet ein fortwährender Umsatz von Waaren statt, der Veranlassung ist, daß nur Shawle von gänzlicher Frische dem Auge des Käufers vorgelegt werden.

Man findet dort alle Erzeugnisse der französischen Fabrikation, und hauptsächlich jene wunderbaren Nachahmungen der indischen Caschemire.

Alle Artikel werden mit Garantie verkauft und auf Wunsch des Käufers umgetauscht.

Man macht Versendungen nach der Provinz und dem Auslande auf einfaches Verlangen.

www.ingramcontent.com/pod-product-compliance
Lightning Source LLC
Chambersburg PA
CBHW071106230426
43666CB00009B/1843